农商银行发展联盟系列丛书

东亚农村金融与众筹制度研究

主　编　陈景善　吴红军

副主编　金　军　金　旭（韩）

中国金融出版社

责任编辑：肖丽敏
责任校对：李俊英
责任印制：陈晓川

图书在版编目（CIP）数据

东亚农村金融与众筹制度研究（Dongya Nongcun Jinrong yu Zhongchou
Zhidu Yanjiu）/陈景善，吴红军主编 . —北京：中国金融出版社，2016.3
　ISBN 978 - 7 - 5049 - 8428 - 9

　Ⅰ.①东…　Ⅱ.①陈…②吴…　Ⅲ.①农村金融—融资模式—金融制
度—研究—东亚　Ⅳ.①F833.103

中国版本图书馆 CIP 数据核字（2016）第 047132 号

出版
发行　**中国金融出版社**

社址　北京市丰台区益泽路 2 号
市场开发部　（010）63266347，63805472，63439533（传真）
网 上 书 店　http：//www. chinafph. com
　　　　　　（010）63286832，63365686（传真）
读者服务部　（010）66070833，62568380
邮编　100071
经销　新华书店
印刷　北京市松源印刷有限公司
尺寸　169 毫米 ×239 毫米
印张　17.75
字数　290 千
版次　2016 年 3 月第 1 版
印次　2016 年 3 月第 1 次印刷
定价　46.00 元
ISBN 978 - 7 - 5049 - 8428 - 9/F. 7988
如出现印装错误本社负责调换　联系电话（010）63263947

《农商银行发展联盟系列丛书》

编 委 会

王继康　广州农商银行董事长

姚真勇　广东顺德农商银行董事长

赵　峰　天津滨海农商银行董事长

安德治　贵阳农商银行党委副书记、行长

刘仲生　青岛农商银行董事长

何沛良　东莞农商银行董事长

王晓健　厦门农商银行董事长

袁义东　潍坊农商银行董事长

高　兵　吉林九台农商银行董事长

王兴源　青海西宁农商银行董事长

李建学　山西尧都农商银行董事长

王自忠　江苏张家港农商银行董事长

李建国　河北唐山农商银行董事长

卞玉叶　江苏大丰农商银行董事长

李振亮　内蒙古乌拉特农商银行董事长

李文祖　新疆天山农商银行董事长

马立军　济南农商银行董事长

应　勇　南昌农商银行董事长

姜国平　烟台农商银行董事长

卢战国　河南济源农商银行董事长

臧正志　江苏射阳农商银行董事长

石耿录　山西襄垣农商银行董事长

李国英　吉林公主岭农商银行董事长

习文军　巴彦淖尔河套农商银行董事长

陈云翔　包头农商银行董事长

徐　林　雅安农商银行董事长

吕永刚　大庆农商银行董事长

罗成林　湖南浏阳农商银行董事长

滕秀兰　福建漳州农商银行董事长

李一平　江苏建湖农商银行董事长

张　涛　河南许昌许都农商银行董事长

安永生　晋城农商银行董事长

董景良　河北邢台农商银行董事长

秦江峰　山西运城农商银行董事长

薛仰舵　山西河津农商银行董事长

渠俊峰　贵州毕节农商银行董事长

洪其华　江苏兴化农商银行董事长

卢贤聪　肇庆端州农商银行董事长

刘荣华　江苏滨海农商银行董事长

张云青　江苏太仓农商银行董事长

章政远　江苏仪征农商银行董事长

王建中　山西平遥农商银行董事长

郝会斌　河北正定农商银行董事长

徐常友　新疆博湖农商银行董事长

刘　军　新疆博乐农商银行董事长

王振东　河北唐山曹妃甸农商银行董事长

李　林　陕西杨凌农商银行董事长

杨江华　新疆沙湾农商银行董事长

孟宪伟　辽阳辽东农商银行董事长

康　欣　兰州农商银行董事长

魏礼亚　江苏镇江农商银行董事长

孟　斌　内蒙古土默特右旗农商银行董事长

杨江华　新疆沙湾农商银行董事长

赵永军　陕西秦农农商银行董事长

杨德彬　哈尔滨农商银行董事长

王俊生　沈阳农商银行董事长

王国斌　大连农商银行董事长

《东亚农村金融与众筹制度研究》

编 委 会

总　　序

农商银行发展联盟自成立以来，始终坚持专业性、公益性的定位，不仅致力于在法律和政策的框架之内推动各地农商银行之间开展理论学习、业务交流、战略合作、履行社会责任等活动，而且重视理论联系实际，每年组织专家、学者以及各地农商银行的相关人员，选定若干专题及省份，组织跨区域的大型农村金融调研活动，进行"农商银行发展联盟系列丛书"项目的调研、编撰和出版工作。从 2015 年开始，农商银行发展联盟积极开展国际交流，尝试借鉴国际上先进的经验，希望能够对国内农商银行在互联网金融时代的转型升级有所启示。

2015 年，农商银行发展联盟多次与东亚的日本、韩国等国家农村金融机构进行交流。尤其在互联网金融时代农村金融面临的挑战与机遇，传统农村金融机构通过众筹平台进行金融创新的模式和策略等方面多次讨论、交换意见。大家一致认为：农村金融的创新与制度规范是配套而行的。制度保障金融创新的顺利进行，金融市场健康发展离不开制度建设。

本书是基于 2015 年 10 月农商银行发展联盟在贵阳召开的"前瞻与领跑：开启中国农村金融新格局——2015（第三届）农商银行发展战略国际论坛"的发言稿组稿编制而成。

本书主要包括两个层面的内容。

首先，关于农村金融方面。韩国农协银行基本垄断了韩国农业金融，其互农、助农模式值得我国借鉴。在本书中，韩国农协银行北京代表处的吴政润代表和孙思宇研究员对此进行了系统分析，而且指出了农村金融与农业金融的不同，给中国农业金融提出若干建设性的建议。另外，本书专

1

门约稿韩国建国大学金旭教授的两篇文章，金教授从事中韩农村经济比较研究，也提出了富于启示的建议。另外，在金融危机中，韩国发生过信用合作社破产的案件，本文选择了信用合作社法律关系分析方面的权威论文，以期得到某些警示。日本农林中央金库是日本农协系统的最高层，为中央一级，是各级农协内部以及农协组织与其他金融机构融通资金的渠道。农林中央金库下设研究所专门进行农村金融研究，该研究所的古谷周三所长专门撰稿系统介绍了日本的农村金融模式。

日韩两国除了上述模式以外，在农村部分农家早已有效利用众筹模式进行筹资。韩国与我国类似，在农业众筹中捐赠型、预购型和回报型比较广泛地被利用，而日本适用比较多的是股权投资型众筹。但是，无论哪一模式均重视农家的信息披露。因此，本书选择了日韩具有代表性的众筹事例加以介绍。此外，关于众筹的类型理解，不同国家略有不同。对此，本书尊重原作者的书稿内容，未予调整。比如，中国学者认为捐赠型众筹不应涵盖营利内容，而韩国认为可以包括营利模式。

其次，关于相应的制度建设方面。日韩两国均与我国类似，在众筹法规尚未完善的情况下，众筹作为创新模式先于制度出现。但是，日韩两国陆续完善了众筹法规，将众筹纳入证券法（日本《证券法》2007 年修改后称为《金融商品交易法》，韩国《证券法》2009 年修改后称为《资本市场法》，本书直接援引）的范畴。为了便于借鉴，本书系统介绍了韩国国会关于众筹立法的研讨过程以及韩国《资本市场法》中涉及众筹的相关规定。日本部分由日本三大律师事务所之一——安德森毛利律师事务所上海办事处首席代表、高级合伙人森胁章律师专门做了介绍并加以分析。关于中国众筹模式与法律研究部分，本书特约中国政法大学互联网金融法律研究院院长李爱君教授赐稿，对中国目前在众筹方面存在的法律问题作了权威解决。

2015 年，日本为了促进农家产品的产业化，发展农村经济，对《日本农业协同组合法》等部分法律进行了修改，本书将其作为最新法规动态作了详尽介绍。

本书集中介绍了东亚农村金融的传统模式与创新模式面临的冲突和挑

战，以及各国发展众筹过程中在制度应对方面的最新动态。

本书是农商银行发展联盟与中国政法大学东亚企业并购与重组法制研究中心共同研究的课题成果。

《农商银行发展联盟系列丛书》编委会
2016 年 3 月 17 日

序

在中国，众筹作为互联网金融的产物，已发展出多种形式，如股权众筹、债权众筹、奖励众筹以及捐赠众筹等，其中又以股权众筹发展最为火热。由于股权众筹发展的复杂化，实务中，只要是通过互联网技术实现的股权融资行为都被冠以"股权众筹"之名，不仅使得股权众筹一词含义泛化，也不利于各类股权融资行为的分类监管。

作为一种通过互联网技术进行股权融资的模式，股权众筹在2015年中国人民银行等十部委联合发布的《关于促进互联网金融健康发展的指导意见》（以下简称《指导意见》）中被表述为："股权众筹融资主要是指通过互联网形式进行公开小额股权融资的活动。股权众筹融资必须通过股权众筹融资中介机构平台（互联网网站或其他类似的电子媒介）进行。股权众筹融资业务由证监会负责监管。"其中，股权众筹融资的法律性质被界定为"公开小额股权融资"活动。由于其具有"公开、小额、大众"的特征，涉及社会公众利益和国家金融安全，因而必须依法监管。在证券业协会发布的《关于对通过互联网开展股权融资活动的机构进行专项检查的通知》中指出："未经国务院证券监督管理机构批准，任何单位和个人不得开展股权众筹融资活动。"随着互联网技术的发展，借助互联网技术进行股权融资的种种模式相继发展起来。从法律层面来看，在我国目前的法律框架下，通过互联网技术进行的股权融资模式可以概括为如下三种模式：股权众筹融资、互联网非公开股权融资以及互联网私募股权投资基金募集。本书在股权众筹方面充分介绍和研究了日本和韩国的相关制度，为我国的众筹立法提供了可资借鉴和研究的基础。

中国政法大学教授，互联网金融法律研究院院长　李爱君

2016 年 3 月 17 日于北京

目　　录

贵阳众筹大会特稿

韩国农协银行的模式

吴政润①

尊敬的各位，大家好！

今天我将用汉语演讲，如果有用词不当之处，请大家原谅。

我是韩国农协银行股份公司北京代表处首席代表吴政润。今天特别荣幸来到这里向大家分享韩国农业金融的经验。我今天主要想向各位介绍的内容就是韩国农协以及韩国农业金融的特点。

各位应该不大了解韩国农协的组织性质。与中国的一般协会不同，韩国农协目前是韩国境内最大的集团公司之一。韩国农业金融中的90%以上都是由韩国农协承担。为了了解韩国农业金融，就必须要了解韩国农协的情况。所以我将先向各位介绍韩国农协的基本情况，再介绍具体的韩国农业金融。

中国称为农村金融，而韩国的说法是农业金融，因为我们是从产业上来划分，而不是从地区上划分。20世纪70年代韩国也将农业金融称为农村金融，但之后随着范围扩大，逐渐演变成了农业金融的概念。

韩国农民作为农协的会员（原语称"组合员"），组建了基层农协。而1000多个基层农协共同出资组建了农协中央会。中央会下设两个子公司，一个农协经济控股公司，还有一个是农协金融控股公司，此外还有诸如教育支援等机构。韩国农民的84%以上都是农协的组合员，组合员通过选举选出基层农协的组合长。基层农协的主要业务有如前所述的三大方面，即农业经济、农业金融以及教育支援业务。此外，再加上韩国农协准会员，占韩国总人口5000万名的30%以上，农协的员工大约有8.6万名。

韩国农协的业务广泛，本人在农协工作了20余年，但至今仍然不能完全了解农协所做的全部业务。韩国农协在韩国农产品的生产与流通中有非常高的占有率。举例来讲，在农产品流通市场中，韩国产地批发市场上流通的蔬菜中超过62%都是由农协生产，粮食中超过52%是由农协所生产。

---

① 韩国农协银行北京代表处所长。

3

韩国农协下设的金融控股公司，下设 7 家子公司，包括银行、证券、保险、资产管理等。经济控股公司下设 14 家子公司，包括流通、制造企业等。在金融方面，韩国农协银行和其他一般的商业银行性质相近，但其业务相当于中国的农业银行、农发行、农村商业银行、农村信用社等涉农金融机构业务的总和。除了一般商业银行业务以外，还经营农业担保基金等业务。在农业经济业务中也是一样，农协从事生产、加工、流通、销售、进出口整个产业链的业务。在畜产品板块中也是类似的。教育支援事业则是为了提高农民的福利，包括生产教育、城乡交流、农民权益保障等诸多事业。总体来讲，韩国农协采用的是农业经济、农业金融和教育支援三个齿轮联动发展的经营模式，概言之就是把金融业务和经济业务融合在一起发展的方式。

下边简单介绍一下韩国农协的农业金融理念。在农民、农村、农业中，韩国选择从产业链的角度经营农业金融，我们认为当生产、加工、流通、销售、进出口整个产业链能够健康循环的时候，农民才能获利。我们经营农业金融的方法就是让农民获益，与此同时消费者还能购得更好的农产品。当农产品好卖的时候，农民才能获益，所以我们认为促进整个产业链的健康发展是农业金融发展的重要目标。

如前所述，农业金融和农业经济融合的方式是实现上述目标的方式，所以韩国农协在从事农业金融的同时也在为农业生产经营服务。正常情况是，生产经营服务应该是无利润甚至是亏损的，但是我们帮助农民赚钱，农民赚钱方能正常还贷。总而言之，实施农业金融才能得到良好的循环。

相比农村金融，农业金融的范围更广，甚至针对城市里餐饮行业的贷款也是包括在农业金融之内。在整个产业链健康循环的时候，农民也挣钱，农村也发展，农业也能发展。这其中的服务也有所不同。除了信贷之外，韩国农协还有诸如农业信用担保、农业政策保险。完整地涵盖这四项内容，方能称之为农业金融。但如果没有政府支持，农业金融是无法推行的。所以韩国农协与韩国政府的关系是紧密的。例如，相当于中国中南海、人民大会堂的韩国总统府青瓦台以及国会大厦中，只有一家银行，那就是韩国农协银行。

具体而言，农业金融贷款评估系统非常重要。韩国农协的评估系统中，非财务分析占到 70%。之所以非财务分析能够占到如此高的比率，就是因为韩国农协拥有关于农业和农业企业的大数据。我们韩国农协有超过 60 多年的历史，在这过程中积累了丰富的大数据。这些大数据作为放贷时的非财务分析依据。

农业金融的风险较大，并且缺乏担保能力，所以我们和韩国政府共同投资设立了担保公司，为农业金融的开展提供担保。受时间所限，关于此点就不再赘述了。

最后本人想向中国的农业金融发展提出三点建议：

第一，建议扩大支农范围，即不仅以农民和农户作为支持对象，而是扩大为对从农资供应、生产、流通、贸易到最终消费整个农业产业链的各个环节作为支持对象。

第二，建议增加支农方式，即不仅是简单地给予补贴或优惠贷款，而是综合采用资金支持与农业经营支援、农业教育支援等相结合的方式开展支农活动。

第三，建议完善农业金融体系，即建议充分利用大数据，构建农业金融所需的专门信用评估、信用担保机制以完善农业金融体系。

韩国农协的互助金融体系介绍

孙思宇[①]

韩国农协（the National Agricultural Cooperative Federation，NACF）是于1961年由（旧）韩国农业银行与（旧）农协合并而成，兼营金融事业（银行、保险等）和经济事业的经济组织。在过去的50余年中，韩国农协通过开展各种业务如销售和供给业务、银行和贷款业务、保险业务和咨询服务等各类服务来支持农业和农村的建设。通过50余年间的努力，截至2014年底韩国农协总资产规模达近3.5万亿元人民币，已成长为拥有公司30个、6000余个网点，在职员工约20万人，客户数量超过3000万名的世界第四大协同组织。

从1969年起，韩国农协即开始开展互助金融业务，并于1976年将互助金融普及到韩国全国。进入20世纪90年代之后，韩国农协通过设立以及并购的方式广泛进入其他金融领域，如证券、保险、期货、资产管理等。直至2012年，韩国农协为了强化专业性，将金融事业从金融控股公司中分离出来，成为独立的金融控股公司。在这个过程中，广泛而有效的互助金融业务始终是韩国农协发展农业金融事业的基础之一。

韩国农协的互助金融的定义：即通过协同组合成员间资金的融通，起到补充资金作用的、内部解决盈余去向的、服务于自身的自有协同组织的金融。不同于一般的银行，互助金融有如下几点差异：在组织形式上，银行是单一法人，而互助金融是由小规模的多个法人组成；在办理业务上，互助金融限于存贷业务；在营业对象上，互助金融限制于只能对成员开展业务；在营业区域上也限制于在固定的管理区域内营业。

虽然与银行相比互助金融受到诸多限制，但由于具有覆盖面广、因地制宜、手续简便灵活等优势，自从1969年在韩国广大的农村地区开展以来，其获得了巨大的成功，大幅提高了农民的生活水平，为普通平民提供了优质的金融服务，大幅减少了韩国农户经营对私下借贷的依存度。历史统计数据显

---

① 韩国农协银行北京代表处，研究员。

示，1971 年韩国农户对于私下借贷的依存度高达 60%，而到了 1990 年已经下降到了不足 14%。

在实现帮助农民资产形成、减少农村高利贷以及稳定地提供务农资金服务的基础上，韩国农协对互助金融体系进行了持续地投入以及改良，例如 1989 年为其构建了专用的互联网网络并且争取到了互助金融储蓄免税的政策。1995 年将其引入韩国金融共同网络；1998 年将其纳入存款保险体系之中；2000 年整合农协、人参协、畜协，加速并购经营不善的协同组合。2001 年为其构建了 ALM 及 EWS（2001）等风险管理体系。经过这一系列的升级，韩国农协的互助金融已经成为能够提供安全的金融服务、稳定创造收益的金融构架，跃升成为地区代表性的金融体系。

伴随着韩国农户经济情况的持续改善，韩国的互助金融实现了更快速的成长。1980 年韩国农户家庭平均金融资产规模为 60 万韩元，到 2014 年达到 7560 万韩元，增长 125 倍。而同期内互助金融的存贷款金额由 8000 亿韩元和 5000 亿韩元，分别增长到了 245 万亿韩元和 168 万亿韩元，增长 300 倍以上。

经过了 40 余年的发展，韩国农协已经构建起上下链接、各司其职的互助金融运营体系。地区互助金融由农民出资构成，直接面向组合成员提供服务并分配经营红利，地区互助金融将闲置资金委托农协投资证券进行管理，代理农协保险公司提供保险产品，并与农协银行进行诸如资金运送、网络连接等业务合作。

韩国农协中央会在该体系中充当类似体系内央行与联合会总部的职责，为地区互助金融提供流动性管理、业务指导与支援，同时接受地区互助金融的资金存入、拆借需求，为地区互助金融构建如经营规章、流程、开发电算系统等基础设置。

未来韩国农协完善互助金融体系将借鉴世界领先合作机构的发展历程，如法国农业信贷银行、荷兰合作银行、德国中央合作银行等，通过大规模开展并购进行系统整合，在强化风控的基础上提供多样化的、一条龙的金融服务。此外韩国农协还将积极进行国际化，在世界主要区域设立分支机构，积极与其他国家的涉农金融机构展开合作，在进行互相交流与学习的同时争取将韩国农协合作金融业务的理念以合作的形式进行推广，构建更广泛协同发展的网络。

日本农村金融的发展与制度构建

——从实践视角探讨其作用及改革方向

古谷周三①　王雷轩②

一、日本农业金融的发展历程与现状

（初期）

至今 100 年前后已有雏形

- 1873 年实施土地改革，确定农地所有权
- 1897 年创设政府性银行
- 1900 年成立类似德国雷发異的合作社，称为"产业组合"

如表 1 所示，当时农户主要利用非正规金融组织

- 政府性银行主要向地主贷款，小农等只能利用商人或当铺等非正规金融组织
- 20 世纪 30 年代发生"昭和农业恐慌"，农民负债很高，政府鼓励农民加入农民产业组合（农协前身）

（第二次世界大战后的重建期）

农地改革⇒同水平自作农出现

- 1947 年通过实施农地改革，出现小规模经营的自作农
- 1952 年颁布《农地法》，法律确认自作农的农地所有权

建立健全农业金融的各项制度

- 日本于 20 世纪 60 年代前后创建了农业金融制度的框架，1961 年颁布《农业基本法》培育自立经营型农户

---

① 日本农林中金综合研究所所长。
② 日本农林中金综合研究所研究员，翻译。

表1 1911 年农户负债情况

	金额比率	贷款人数比率	平均贷款额
正规金融	30.8%	12.1%	244 日元
合作社	2.9	4.6	61
非正规金融	69.2	87.9	75
合计	100.0	100.0	96

资料来源：大藏省理财局农户负债调查。

第二次世界大战后创建的农业金融制度的主要内容

1947 年农地改革后，支援自作农生产经营

• 1947 年出台《农协法》后，成立可开展金融业务的综合农协

• 1947 年出台《农业灾害补偿法》，创建农业共济（保险）制度

• 1953 年创设农业政策性金融机构，农林渔业金融公库

• 1961 年创立农业信用保证协会，对农业融资实施信用担保，充分利用民间资金发展农业

• 1961 年颁布《农业近代化资金融通法》，利用民间资金提供低息长期贷款

• 1961 年出台《农业基本法》

通过建立以上农业金融制度，日本农业金融的正规金融组织占了主导地位，向亲朋好友借款比率从 1951 年的 51.9%→1974 年的 4.1%。

（扩展期）

截至 20 世纪 80 年代中期，为扩展期

• 20 世纪 50~60 年代为促进粮食增产，用于农地改良，开垦农地，修建水利等基础设施的贷款增加

• 后来实施农业生产结构调整，对畜牧业、水果、设施园艺的贷款增多。为促进农户农业经营的自立，增加对现代化设施建设和购买先进农机的贷款

兼业化和农村储蓄增加

• 伴随着日本经济的发展，劳动力从第一产业转移到其他产业；另外农村近处有较多兼业机会，许多种大米的农户可以出门打工，农户收入提高，拥有的金融资产增加

• 种大米的农户出现兼业后，他们的金融资产剧增（1990 年，农民储蓄平均为 2300 万日元，城市住民为 1100 万日元，2.2 倍）。

• 所以日本城乡居民的收入差距没有扩大，于 20 世纪 80 年代基本上解

决了城乡收入差距问题。农业投资规模在此时也达到顶峰后开始止步不前，维持在一定水平。

亿日元

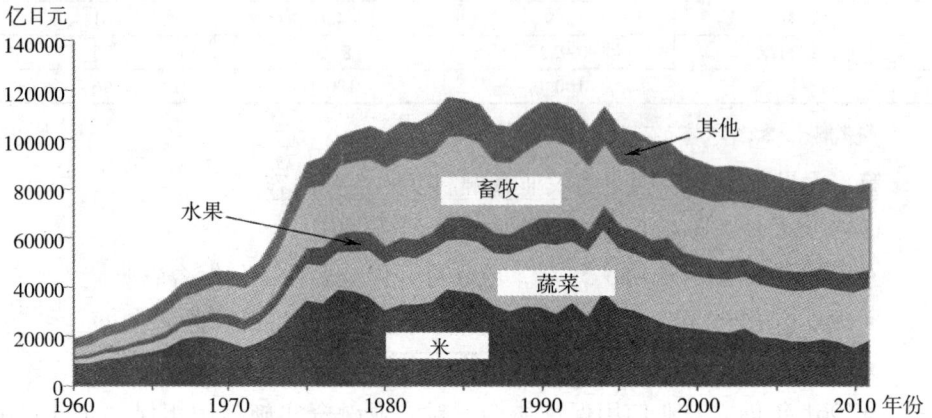

资料来源：农水省《农业生产所得统计》。

图1　农产品农业产值明细

亿日元

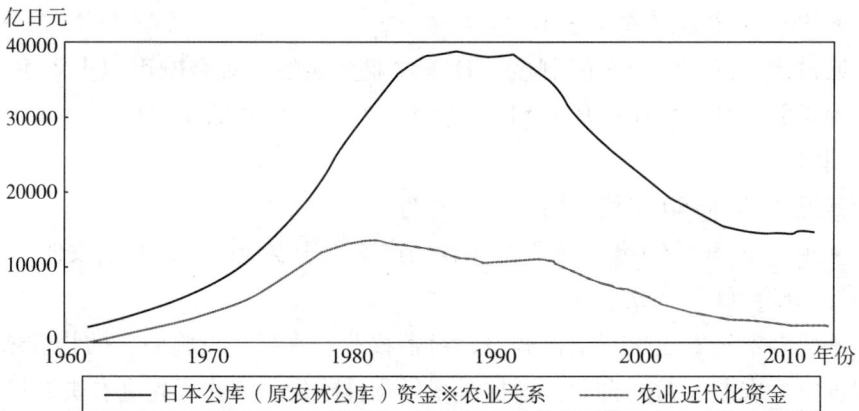

　　——日本公库（原农林公库）资金※农业关系　　——农业近代化资金

资料来源：农业中金《农林渔业金融统计》各年度版。

图2　日本公库资金余额，农业近代化资金余额的长期变动

（缩小期）

20世纪90年代以后日本泡沫经济崩溃，进入通缩时代，农业也进入缩小局面

● 在此期间，农产品销售价格长期低迷，农业人口老龄化，进口自由化

和农业生产资料价格高涨，导致农业投资意愿降低，大米过剩，农业生产进入下行局面

● 农业金融两大供给主体，农协和公库的农业融资也进入减少期间

● 借款利率虽低，但因通缩时代还款压力加大，农民所得也减少，开始出现资金需求低迷，不去借款，优先还款

● 金融是发展的必要条件，而不是充分条件。农业投资的收益变低，不稳定时，即便改变金融环境，也难现效果

● 农业金融也从"面"到"点"

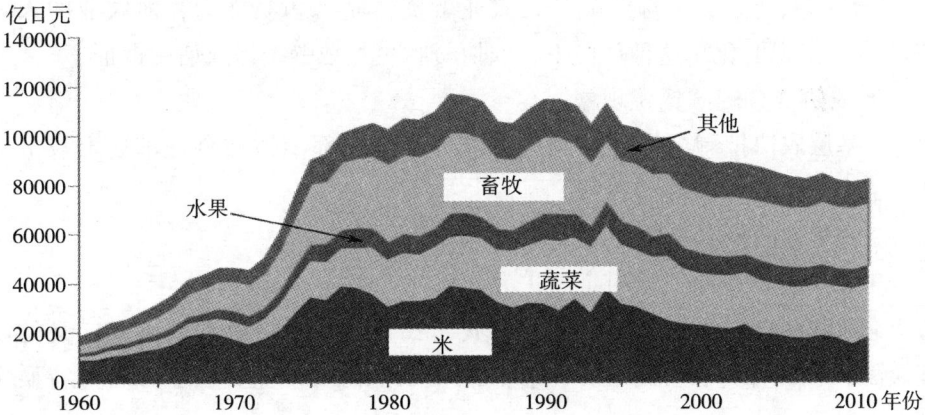

资料来源：农林水产省《农业生产所得统计》。

图3　农产品农业产值明细

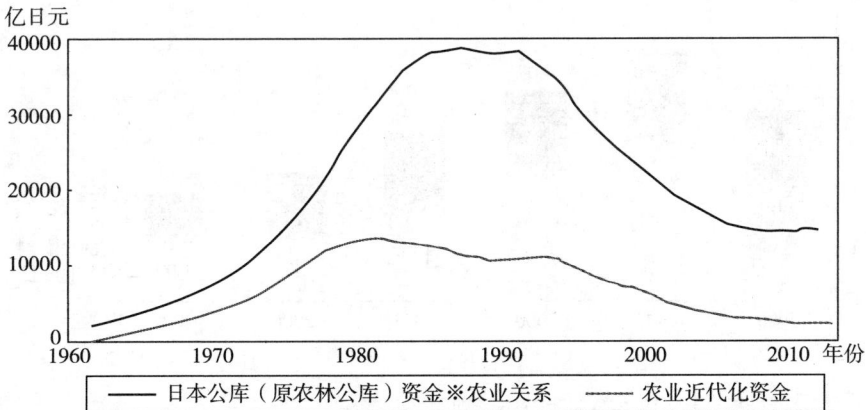

资料来源：农林中金《农林渔业金融统计》各年度版。

图4　日本公库资金余额、农业近代化资金余额的长期变动

20 世纪 90 年代后农业金融供给主体的特征

• 公库在农业金融中的主导地位增强

➤主要金融产品土地改良资金锐减，补贴比率提高（农政由金融向财政补贴方向发展）

➤培育大规模农业经营主体，金融公库提供特色金融产品"超级长期"

• 农协金融出现弱化

➤农业金融整体上进入缩小期，进入 90 年代，特别是农业近现代化资金需求开始锐减

➤伴随农业融资余额的减少，农业融资体制（审贷能力，懂农业的人力资源等）出现弱化在这种环境下，农协贷款更加依赖担保或信用保证

• 农协资金的"错位现象"

➤基层农协把剩余资金存到上部团体，由上部团体在金融市场上投资运用，农林中央金库也是个投行

➤政策性的低息长期资金被充分利用

• 农业金融缩小，农村金融扩大

➤随着城乡一体化和混居化的进展，农协金融的生活性贷款（广义的农业金融，在此称为农村金融）增多，农协农业融资缩小，农业金融的特质性变弱

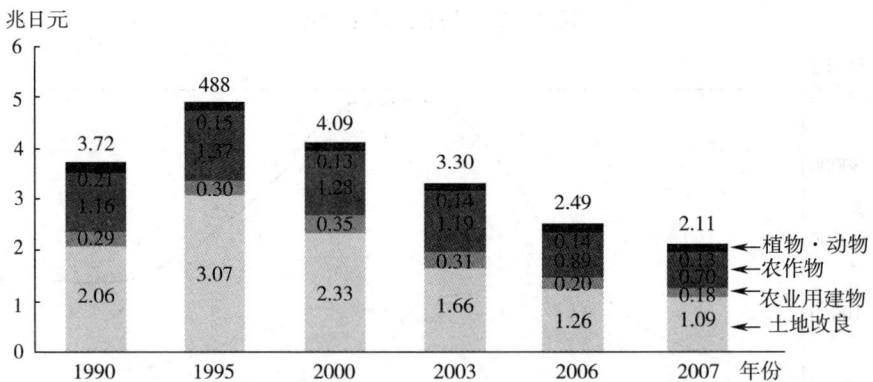

资料来源：农林水产省《农业、粮食、产业经济计算》。

图5 农业总固定资本形成的变化

表 2   农协系统农业相关贷款余额（2014 年 3 月末）

单位：亿日元,%

	存储余额 （A）	贷款余额 （B）	其中农业相关 （C）	余额比率	
				C/A	C/B
共计	—	464752	20805	—	4.5
农林中金	494891	166768	3695	0.7	2.2
信农连	556085	68634	3631	0.7	5.3
农协	915078	229350	13480	1.5	5.9

注：农业相关（C）指，务农者，农业法人及农业关联团体等在农业生产、农业经营中所需的资金、从事农作物的生产、加工、流通业所需必要资金等。

资料来源：农林中金《农林渔业金融统计》2014 年版。

两大供给主体

- 日本政策金融公库（政策性银行）和农协系统（合作组织）两大主体
- 最近一般商业银行也开始提供农业金融服务

政策性融资占农业总融资的 60%

- 公库依靠财政资金直接进行融资
- 民间金融机构提供"近代化资金"给农业经营主体，公库给民间金融机构利息补贴

《农业金融特殊论》

因家庭农业经营中生产和生活无法明确分开，农民资金需求额度小和农业经营高风险（如自然灾害和农产品价格波动大等）·信贷交易费用高·资金回收期间长等，一般民间金融机构不愿意提供金融服务

公库提供长期资金，农协中短期资金

- 公库提供长期低息资金，如农地改良或设备投资等所需资金
- 农协主要提供中短期资金，如中期设备资金或短期运营资金，如购买化肥种苗资金

公库提供"超级长期"的金融产品

- 公库融资具有贷款额度大，还款期限长，可应对较多的资金用途，先前 5 年贷款利率为零等特征，如向个人最大 3 亿日元，最长可达 25 年

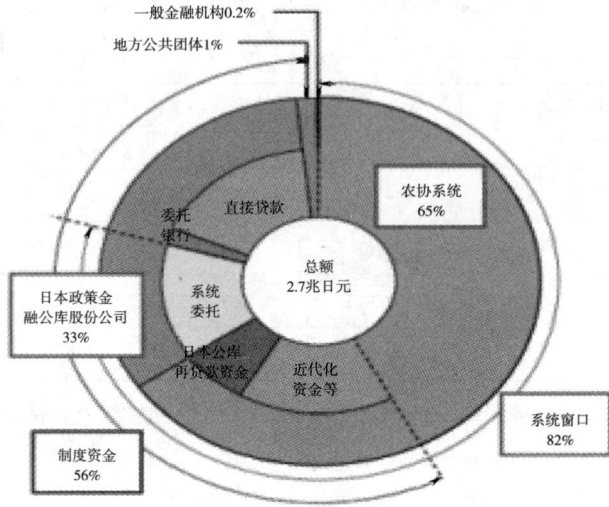

一般金融机构0.2%

地方公共团体1%

农协系统
65%

直接贷款

委托
银行

总额
2.7兆日元

系统
委托

日本政策金
融公库股份公司
33%

日本公库
再贷款资金

近代化
资金等

系统窗口
82%

制度资金
56%

资料来源：农林水产省调研资料。

图6 以农业经营为对象的融资余额（2010 年 3 月末）

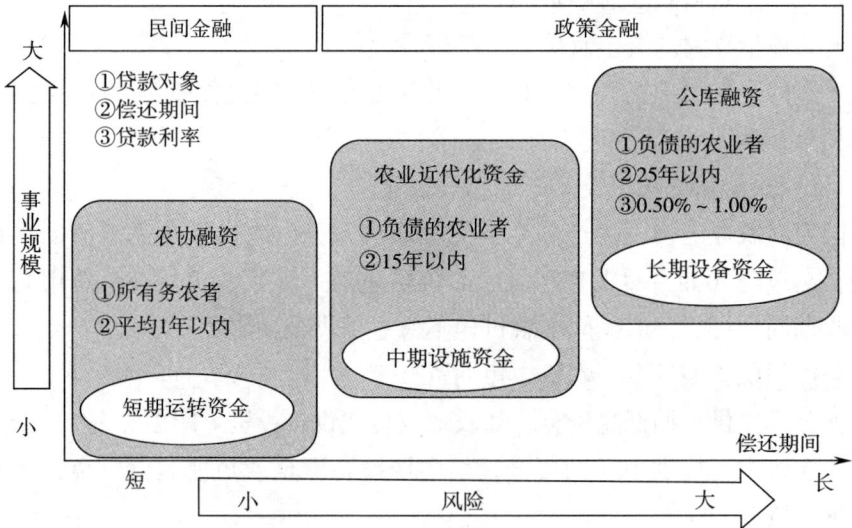

民间金融　　　　　　　　政策金融

大

①贷款对象
②偿还期间
③贷款利率

公库融资

①负债的农业者
②25年以内
③0.50% ～ 1.00%

农业近代化资金

①负债的农业者
②15年以内

事业
规
模

农协融资

①所有务农者
②平均1年以内

长期设备资金

中期设施资金

小

短期运转资金

偿还期间

短　　　　　　　　　　　　　　　　长

小　　　　　风险　　　　　大

图7 农业事业融资的种类与特征

14

二、日本促进农业金融发展的各项制度

国家支农的各项制度

①财政补贴

如果农村农业基础建设没有国家财政补贴，仅依靠农户来负担，就难以实现。

将农村农业基础建设作为国策

- 受益者虽是农户，但政府应该去建设
- 尽量减轻农户负担

日本的实践

- 整备农地，建设维持灌溉设施等由国家进行补助（2/3）＋县市町村的补贴
- 农户负担实际为5%左右，他们也利用超长期、低息的农业政策性机构融资

②农业保险

- 因自然灾害等减产时，在农户之间相互救济的同时，国家必须建立补偿制度解决。

对无法抗拒风险进行补贴

- 对象：风灾水灾，冻害等自然灾害，火灾，病虫害造成的减产
- 机制：建立政策性保险来支援农户自主保险

日本农业保险概要

- 由基层农业保险组合，组合连合会组成的农业保险制度，组合连合会再由中央政府再保险
- 会员加入农业保险组合的保费由中央政府承担一半

③农业贷款保证保险制度

- 为解决担保资产匮乏或他人的信用保证难觅，制定法律设立农业保证保险机构，这个机构由国家出部分补贴

保证金融机构债权

- 有效地保证金融机构的债权

- 促进从他人保证，非正规金融到机构担保，正规金融

<u>日本此制度概要</u>

- 各县设有农业信用保证协会，中央设有农林渔业信用基金两级，开展保证和再保险业务
- 该组织由会员、农协、地方政府、国家出资运营
- 农业金融广泛利用其保证

④制定国家政策，稳定农业经营主体收入

- 比如：本国农业与海外农业生产条件差别补贴，谷物销售收入减少对策，畜牧业等成本不保对策等
- ⇒发挥稳定农业经营的作用

<u>日本的实践——由"价格支持"转为"收入对策"</u>

- 国家对经营大米和其他旱田农作物的主体执行收入稳定对策：直接支付旱地农作物的生产成本差价，对减少的农产品销售收入给予补贴
- 正在研讨将来转变为"收入保险"
- 农畜牧业振兴机构提供对畜牧业、蔬菜、砂糖等的经营稳定对策，供需调整对策，紧急对策

<u>还有其他支持农业经营的各种机构</u>

- 技术指导普及：县农业改良普及中心和农协向农户进行技术指导及普及
- 农地权利转移：市町村农业委员会（独立行政委员会）对农地买卖租借给予批准，对农地转用提出意见，管理闲置农地
- 建立完善财政支农后，在具备了"经营农业可以维持生计"这个前提之后，金融才能发挥作用；同时农村金融供给主体也要根据农业金融的特征，必须建立健全所需的经营体制与经营工具

<u>构建民间金融机构支农的经营机制</u>

①农地担保制度

农户相对资产少，缺担保，为实现资金借贷顺畅而创设的制度。

效果的正反两面性

- 有农地担保，可促进融资
- 但农地流转后成为投资对象，存在危险性
- 必须合理规划利用农地，可转为商业用地时，必须出台相应的政策保

护那些离地农民

<u>日本的实践</u>

● 农地担保和利用农业信用保证机构

● 出台农地法，制约农地权利移动，而且农地租赁多，没有所有权，无法作为担保利用

● 所以农地担保只是象征性的，增加个砝码而已，仅依靠担保的情况较少，重视农户的品德声望，过去的经营情况等

● 靠农户收入来偿还借款

②建立贷款审查与评级制度

● 对借款额度较大的农业经营主体必须进行财务评估，此时需要客观分析与专家判断相结合

<u>构建涉农融资审查体系</u>

● 财务评分 + 按生产种类审查 + 借款人品德声望、生活等进行综合审查

● 根据违约概率来评级，摸清风险大小和资产质量，做好不良债权认定，备有坏账准备金，管理好自己资本

● 根据审查结果来定融资额等

<u>日本的实践</u>

● 合作金融的基层农协做得不到位

● 农协连合会，政策性公库已经建立这种体系。他们同时通过监察和外部检查来提高审查/评价能力

● 生活资金审查时用资产池分析法

③确立不良债权的处理方法与支援借款人重建对策

● 如果没有建立这些机制，带病经营将会拖垮金融机构

<u>同时要加强"防范"</u>

● 对农负债户进行经营建议，做好农业技术指导

● 做好破产处理融资与不良债权的最终处理

● 经营困难的金融机构可合并重建

<u>事例：日本的农协系统</u>

● 农业技术指导与经营重建支援对策相结合

● 农协系统设有专业机构来剥离/最终处理不良债权

● 设有专业性重建部门，进行全国性的、专业性的整合重组

- 农协系统建有自己的存款保险机构，同时又加入国家存款保险机构

④加强金融机构治理

- 根除经营者的粗暴式经营，权利者的融资要求，才不会融资失误

<u>创建完善经营体制</u>

- 提高决策透明化，制定流程规范化
- 保持审贷独立性
- 建立内部监察和外部检查等体系
- 明确高管层责任

<u>日本的实践</u>

- 明确权限规定，保证审查独立，通过建立内外监察等体系，建有 JA 银行系统，进行统一业务管理
- 加上农协连合会监察，及时发现经营问题并迅速处理
- 通过①政府通过补贴及制度建设和政策性金融来直接支农，②构建民间金融机构支农的经营机制，完成日本农业金融制度建设，促进了资金流向农业、农民、农村，农协系统也创建了 JA 银行系统（JA Bank System）

JA 银行系统（支撑农协金融的框架构造和发展战略）

<u>基本框架结构</u>

1. 出发点和目的

农协系统金融机构（JA 银行）包括农协·信连·农林中金，三位一体，为一个大金融机构

2. 依法创建框架结构

- 2003 年 1 月出台实施《再编强化法》、赋予农林中金指导等权限
- 据在农林中金的代表大会决议通过的《基本方针》，会员须遵守业内规章制度

3. 《基本方针》内容

①确保经营健全性，防范破产风险……监测与支援

②开展业务一体化（提供充实的金融服务）……建立金融服务基础设施，共享战略与人才培训

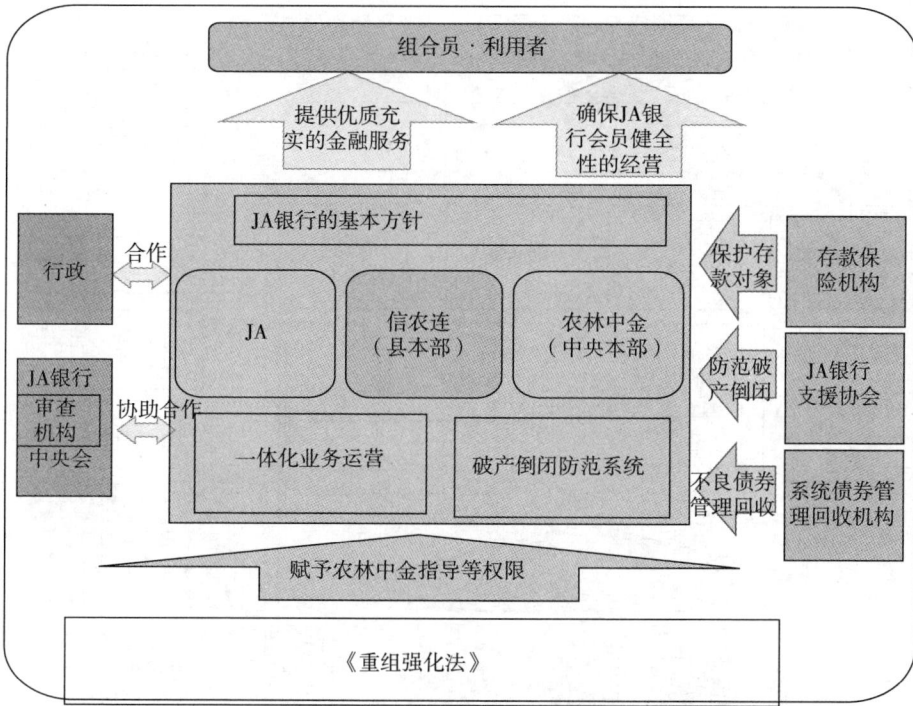

图 8　有关农林中央金库以及特定农业产业协同组合信用业务方面的联合和强化法律

健全经营的框架结构（风险防范体系）

1. 监测和相互监督
- 自设监测标准（自己资本 8% 以上），监测全部 JA
- 县域和全国设置委员会、点检·报告监测结果
- 根据《基本方针》，发现要注意的农协，及时对其进行指导改善

2. 创设风险防范基金
- 各会员抛出定额资金，创设防范及支援基金（JA 银行支援基金）

3. 防范破产倒闭之框架
- 发现与标准有抵触可能性时，及时摘除，责令其尽早改善
- 有必要时可经过审查其经营状况后，启动财务性支援
- 与指导机关（中央会）、监查机关（监查机构）联手，重建其经营

JA银行自律规则＝确保自有资本比率8%

设定评价标准
（8%未满JA等）

相互监视
经营状况

监测经
营状况等

改善指导

发动
支援等

重要事项
县内、全国
协商

JA银行
县本部委员会

JA银行
中央本部委员会

委员……县内关系者

委员……全国关系者

委员会背负向各组织
地区、县城说明责任

治理结构

JA

信连

农林
中金

重组强化法

JA银行
基本方针

根据JA银行
基本方针
指导

信连
（县本部）

农林
中金

和中央会、
审计机关
联合指导

JA

系统独自供给财源初创设基金会

有保全支援
资金的责任

JA银行支援基金

支援

指审
导计

风险防范体系

J
A
中
央
会

全
国
审
计
机
关

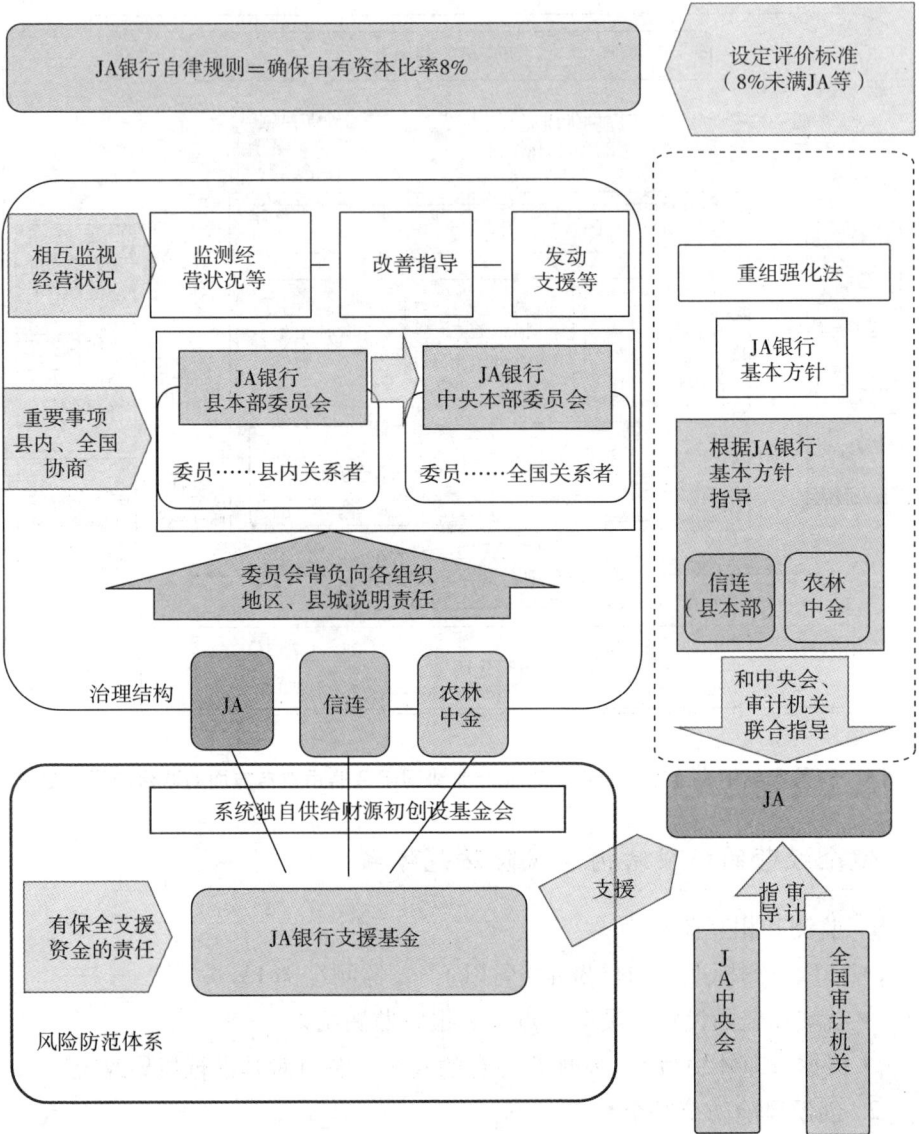

图9　业务一体化运营（本部集中功能和强化现场战力的架构）

1. 业务战略共享

①每3年全会员协议决定发展战略（中期战略）

- 农业融资主银行战略
- 生活贷款主银行战略

②企划、开发与普及金融商品

- 根据地域特性，展开推进战略、发展业务

2. 集中开发共通基础设施

①全国统一开发、运营 IT 系统

实现结算和信息系统一体化

②通过统一事务提高效率、健全体制整备来实现成本下降和标准化

③按功能成立子公司（资金运用、信托、贷款回收、租赁，人才培训，调查研究等）

3. 人才培训·教育研修

- 对经营者·管理者开展教育研修，提高现场战力

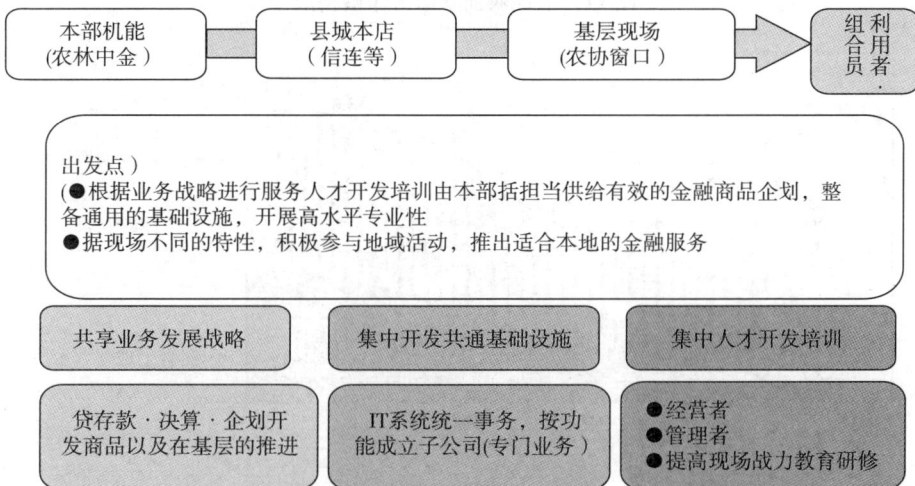

图 10 金融商品·服务·功能的集中化·一元供给

4. 日本农业面临的问题和今后如何发展农业金融

日本农业的缩小

生产基础面出现弱化现象

①农业生产值减少：20 世纪 80 年代产值最高，后因大米生产量减少，逐渐下降（参考第 4 页）

②农民的超老龄化现象：平均年龄 66 岁，特别是种水稻农民，和其他国家相比也颇高；还有农业接班人不足，愿意从事农业的年轻人较少

③休耕地增多：达 40 万公顷，占总耕地的 10% 左右

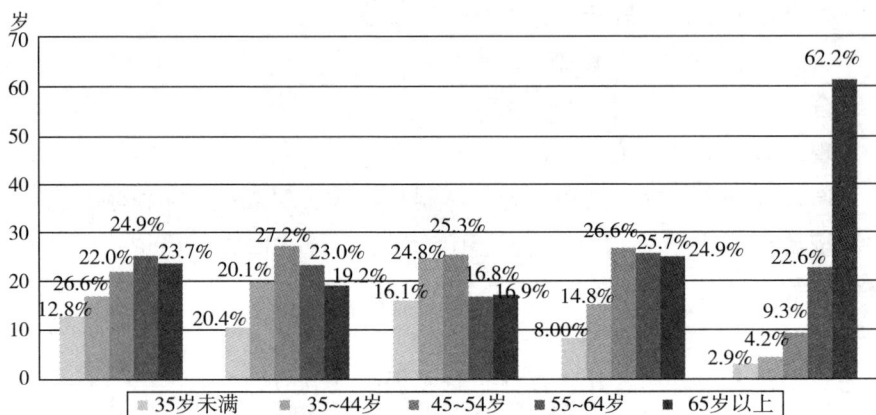

图 11　各地农业从事者年龄构成

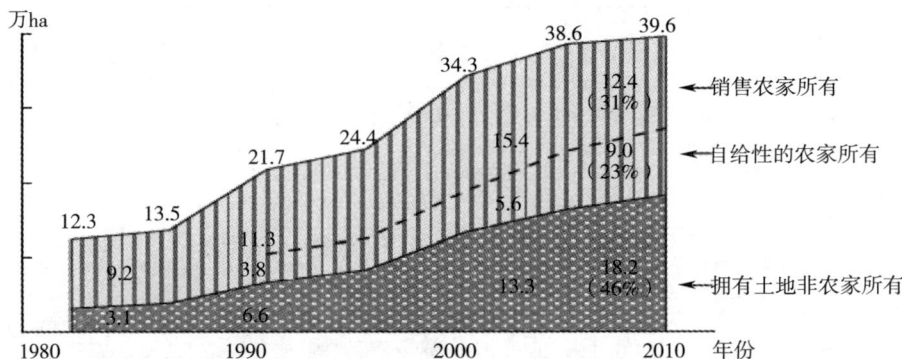

注：1985 年以前农家销售和农家自给部分未区分。

资料来源：农林水产省《农林业普查》。

图 12　农家等区分耕种放弃农地的面积变动

但日本农户经营规模也在扩大，农地集约化在提高

①规模在扩大，集约化程度也在提高

● 畜产和设施园艺的集约化在提高

➢但水稻种植的集约化推进比较缓慢

- 北海道旱田耕种和奶酪业的经营规模集约化程度较高，已经接近 EU 水平
  - 北海道已形成日本的粮食生产基地，在集约化上和日本本州岛上的山区等有很大差距
- 村落共同经营农业，称之"集落营农"，法人的农业经营体在增加中
  - 随着农地利用集约化的推进，这种法人组织还在增加中

表3　　　　　　　　每户农家平均经营规模

年份	1960	1965	1975	1985	1995	2000	2005	2010	规模（倍）
水稻（a）	55.3	57.5	60.1	60.8	85.2	84.2	96.1	105.1	1.9
野菜（a）	8.6	7.4	8.7	9.8	14.8	55.0	53.4	64.4	7.5
果树（a）	20.1	—	36.1	37.8	4.60	56.8	60.7	64.3	3.2
乳用牛（头）	1.1	2.0	6.9	16	27.4	34.2	38.1	44.0	40.0
肉用牛（头）	1.2	1.3	3.9	8.7	17.5	24.2	30.7	38.9	32.4
河豚（头）	2.4	5.7	34.4	129.0	545.2	838.1	1095.0	1437.0	598.8
孵卵鸡（羽）	—	27	229	1037	20059	28704	33549	44987	1666.2
肉鸡（羽）	—	892	7596	21400	31100	35200	38600	44800	50.2

资料来源：农林水产省《农林业统计》、《资产物流统计》。

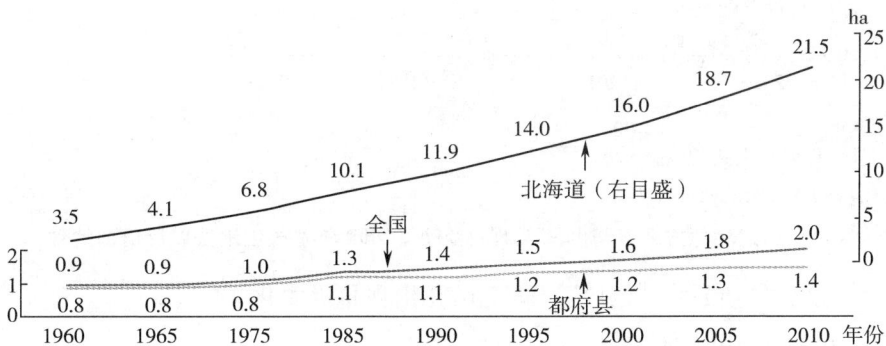

资料来源：农林水产省《农林业统计》。

图13　每户农家销售经营耕地面积

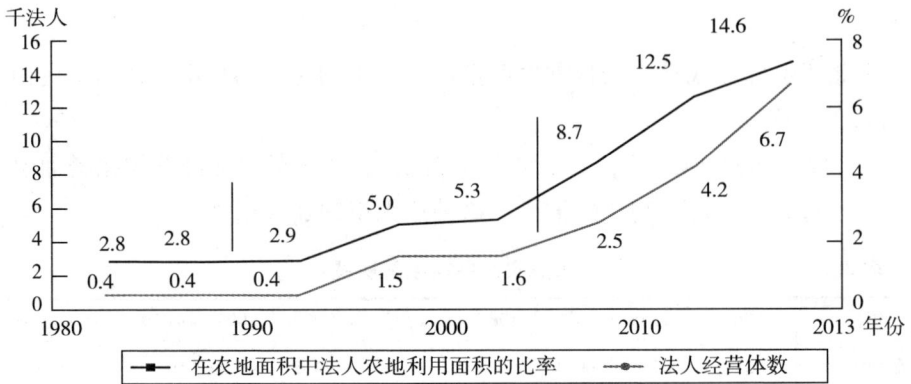

资料来源：基于农林水产省《农林业普查》、《农业构造动态调整》、《耕地及农作物面积》资料编制。

图 14　法人经营数与农业地利用面积

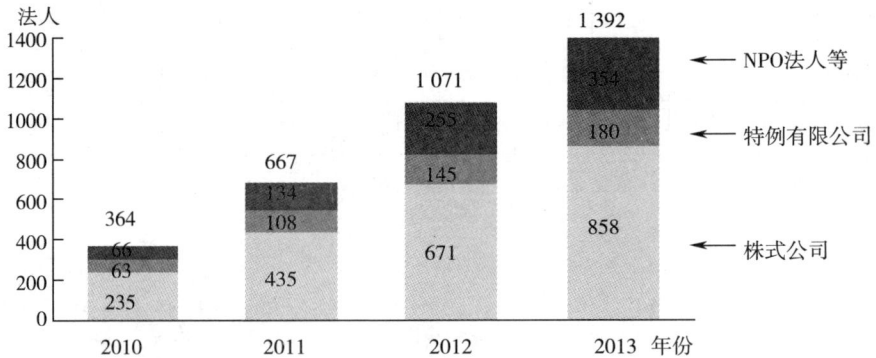

注：每年 12 月末的数据。

资料来源：农林水产省调查。

图 15　通过租凭方式参与的法人数的变动（2009 年修改农地法以后增加的数）

农业骨干人员（"包户"）的老龄化出现积极变化

②正处在人员交接期

• 伴随年龄不同的人口波动，20 世纪 30 年代出生的农业骨干人员开始退出农业

➤如图 16 所示，20 年前农业骨干人员向右移动，现在大多数已经在 75

岁以上

• 推进农地流动化·集约化，促进人员交接更换

➢以租赁方式为主，提高了农地利用的集约化，包户经营农地集约率已经达到48%

• 农业骨干人员中40岁、50岁前后的在增加（年轻人也有一部分）

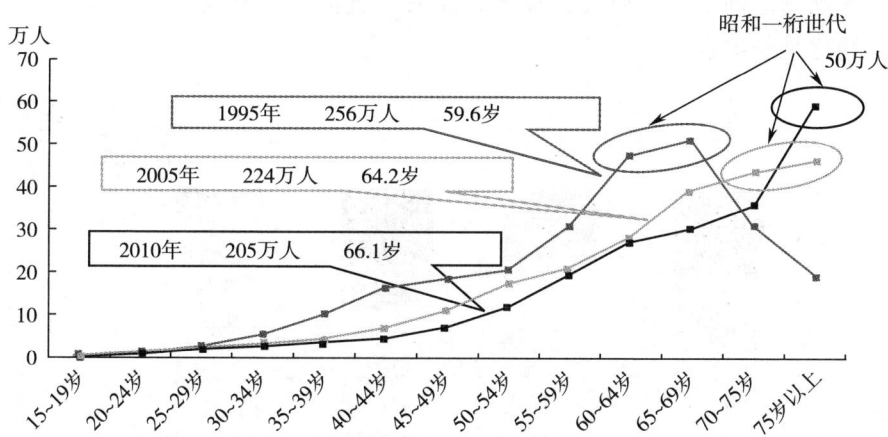

万人

1995年	256万人	59.6岁
2005年	224万人	64.2岁
2010年	205万人	66.1岁

昭和一桁世代

50万人

15～19岁 20～24岁 25～29岁 30～34岁 35～39岁 40～44岁 45～49岁 50～54岁 55～59岁 60～64岁 65～69岁 70～75岁 75岁以上

资料来源：农林水产省《农林业普查》。

图16　昭和年代出生的人（1925年至1988年）

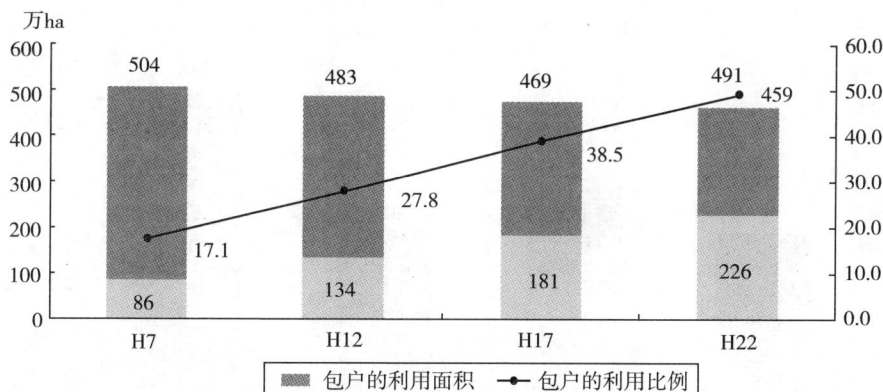

万ha

504
483
469
491
459

86
134
181
226

17.1
27.8
38.5

H7　　H12　　H17　　H22

包户的利用面积　　包户的利用比例

图17　在农地面积中包户的利用面积

问题在种水稻农户上，人员新老交接进展缓慢

③在水稻耕种方面，很难推进人员的新旧交接

●日本有163万销售农产品农户，其中70%（116万）左右农户为水稻农户

➤水稻农户兼业比率高，农外收入较大

➤老龄化比率高，65岁以上占74%

➤耕作面积规模小，1公顷以下的占70%

●预测这种情况今后还会加速，如何推进他们的新老交接，实现规模化和集约化是个难题

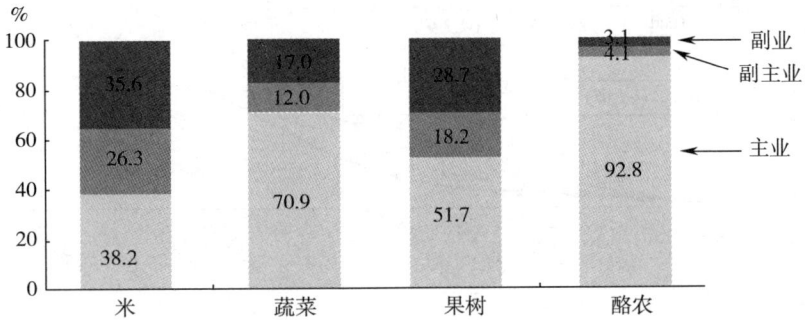

资料来源：农业普查。

图18　在农业生产中主农户的比率

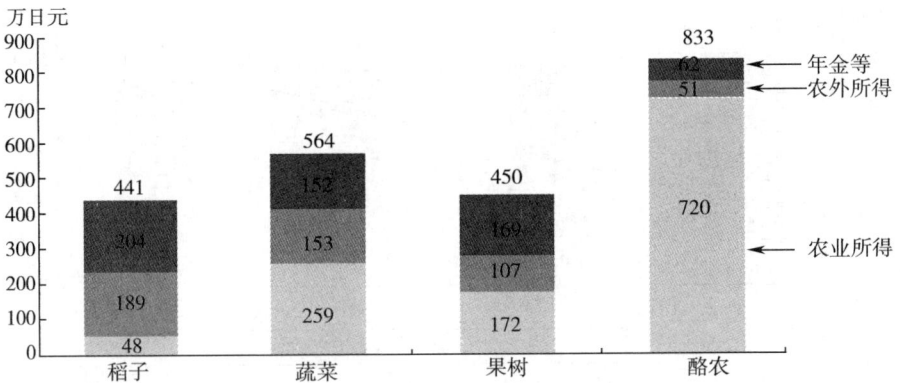

资料来源：农林水产省《营业类型经营统计》。

图19　不同营业类型农家所得

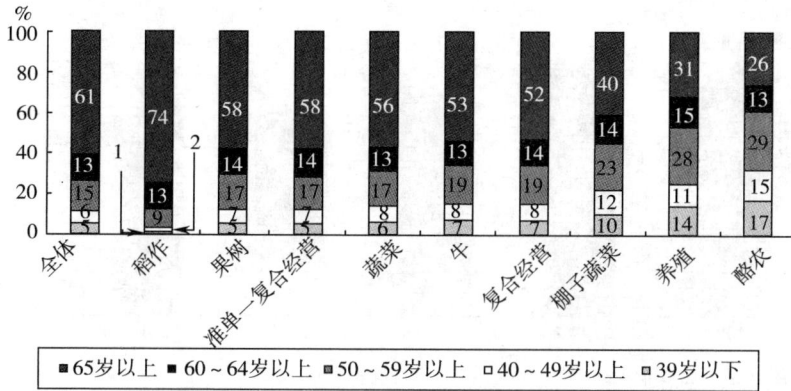

图20 农业经组织农者年龄构成

> 况且这种情况还在继续中，以家庭人员劳动为主。但看他们的经营，除去劳动成本和地租几乎无利可图。

> 法人或集落营农组织开始接手他们的农地；但若转移不顺利，会增加休耕地，弱化地方经济。

阻碍人员交替与新农业经营主体进军农业的其他因素

担心靠农业能否维持生计

• 农业收入低迷

> 最近20年农业产值减少30%左右，农业收入减半

> 农业政策不稳定

• 交易条件的恶化

> 2000年以后进入通缩期，农产品价格也长期低迷

> 但国际上农业生产资料在高涨

> 另外零售业力量较强，农产品无法向消费者提价，进行价格转嫁，导致交易条件恶化

担心农村社会的可持续性

• 人口减少，出现无人村落现象

> 农村人口老龄化达30%，比城市早20年

> 农村工作机会减少，也担心农村的医疗，福利设施，生活基础条件等

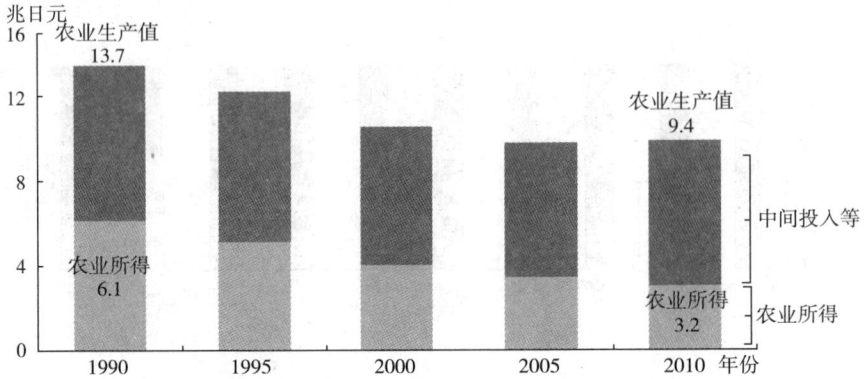

资料来源：农林水产省。

图21　1990—2010年农业生产总值

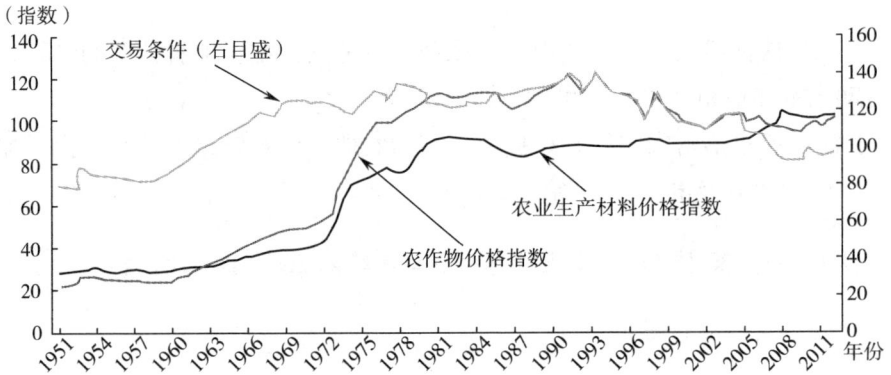

资料来源：农林水产省《农业物价统计调查》。

图22　农业收益的长期倾向

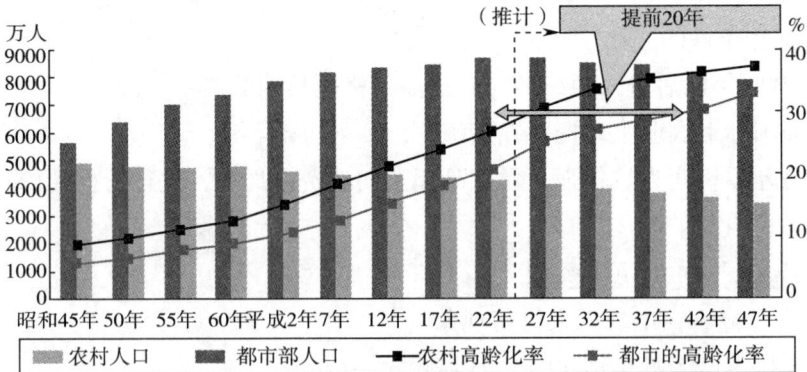

图23　城乡人口老龄化统计

总结日本农业现状和解决其问题的对策

日本农业正处在人员交接期，能否顺利实现交接为最大课题

①推进农地整合，转给农业包户，②促进新农业经营主体参入农业，③调整农业的生产结构，④金融机构要及时提供必要的融资

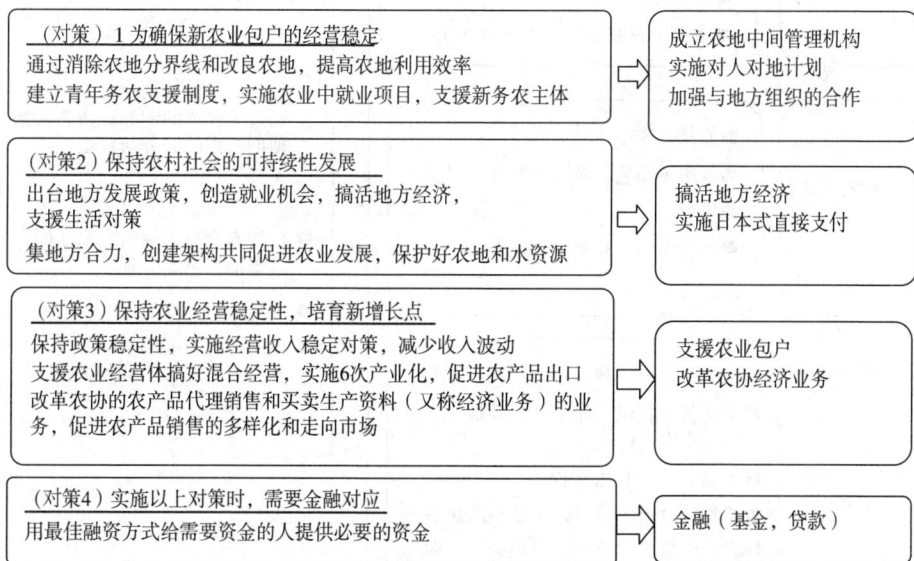

（对策）1为确保新农业包户的经营稳定 通过消除农地分界线和改良农地，提高农地利用效率 建立青年务农支援制度，实施农业中就业项目，支援新务农主体	成立农地中间管理机构 实施对人对地计划 加强与地方组织的合作
（对策2）保持农村社会的可持续性发展 出台地方发展政策，创造就业机会，搞活地方经济， 支援生活对策 集地方合力，创建架构共同促进农业发展，保护好农地和水资源	搞活地方经济 实施日本式直接支付
（对策3）保持农业经营稳定性，培育新增长点 保持政策稳定性，实施经营收入稳定对策，减少收入波动 支援农业经营体搞好混合经营，实施6次产业化，促进农产品出口 改革农协的农产品代理销售和买卖生产资料（又称经济业务）的业 务，促进农产品销售的多样化和走向市场	支援农业包户 改革农协经济业务
（对策4）实施以上对策时，需要金融对应 用最佳融资方式给需要资金的人提供必要的资金	金融（基金，贷款）

图24　地域经济对策

为支援地域经济发展需要促进新规参入，同时需要发现并培育地域经济增长点

农业金融供给方首先要摸清好资金需求的实际情况

农业金融资金需要主体的结构变化（大规模问卷调研结果1）

一般农户的资金需要从"面"到"点"

• 水稻兼业农户和老年农户的资金需要较小（大部分农户自己的机械不能用时，也就退休不干了）

• 搞农地集约经营的青年农户他们有资金需要；而且伴随农地集约规模的扩大，有大规模资金需要的一部分农户出现（点）

➢农产品销售规模较大的农户，集落营农，农业法人等愿意扩大规模，有资金需要

➢分年龄看，还是年轻人有资金需要

哪些农业经营主体需要资金？	●一般小农户 ●家庭农场 ●大型专业农户 ●合作社 ●法人（农业法人，外部企业）	① 具体分析 分析以前和现在的贷款情况（按不同客户，种植农产品，所需资金种类，金融机构等）＝总结出特点与倾向。
何种农业需要资金？	●谷物（米·麦·大豆） ●蔬菜（园艺设施露天种植）花卉 ●果树 ●畜牧业（牛猪鸡），奶酪	② 摸清借款对象情况 通过大规模的问卷调查，摸清他们所需的服务与资金。 ↓ ●一般农户有农业资金需求吗？（生活性资金较强） ●资金不足出现情况
具体需要资金的种类？	●买生产资材（种·苗，饲料·肥料） ●买设备（农机·加工），建保管·集中 ●出货设施←扩大规模 ●建基础设施（灌溉，土地整改） ●农户资金负债整理，自然灾害，收成不好 ●生活资金（房车教育）	●仅通过融资能解决？（可以考虑出资或补助等）

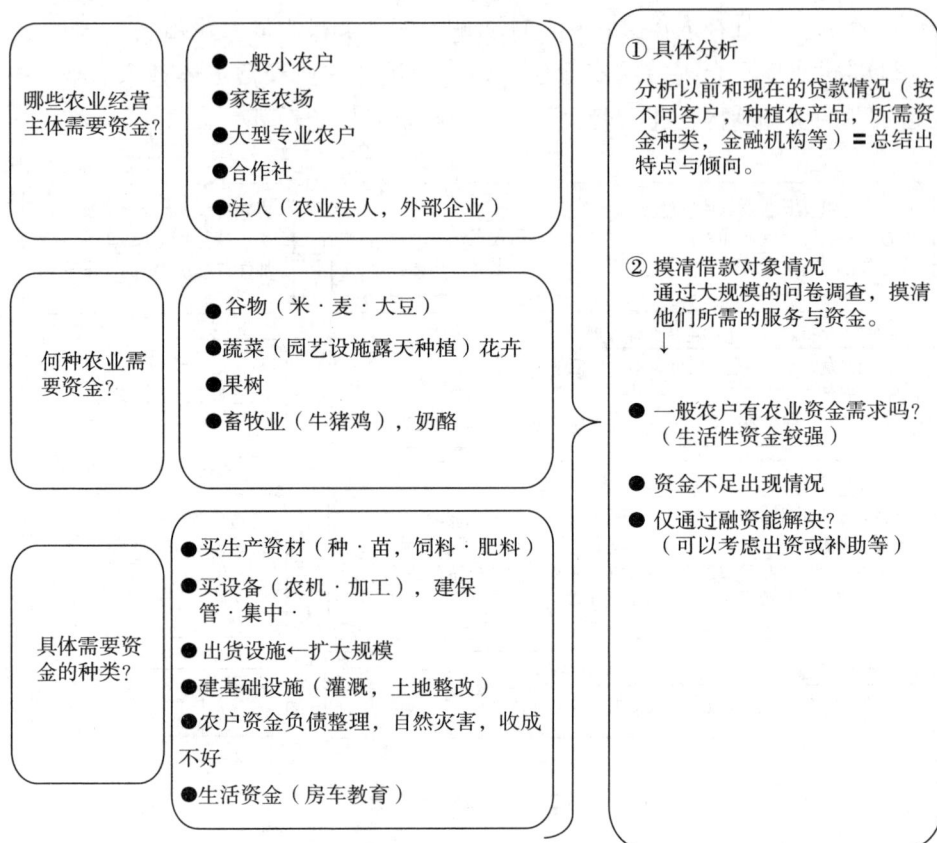

图 25　地域经济培育

➤这种需要反衬出不仅是农地，农机和农业设施等也开始向年轻的农业包户集中（或有组织性的大家共同利用）。

⇒和以前的农村金融资金需要主体以小规模自作农为特征的《农业金融特殊论》性质不同

今后 3 年间农业经营的资金借入需要

今后 3 年间农业经营的资金借入需要

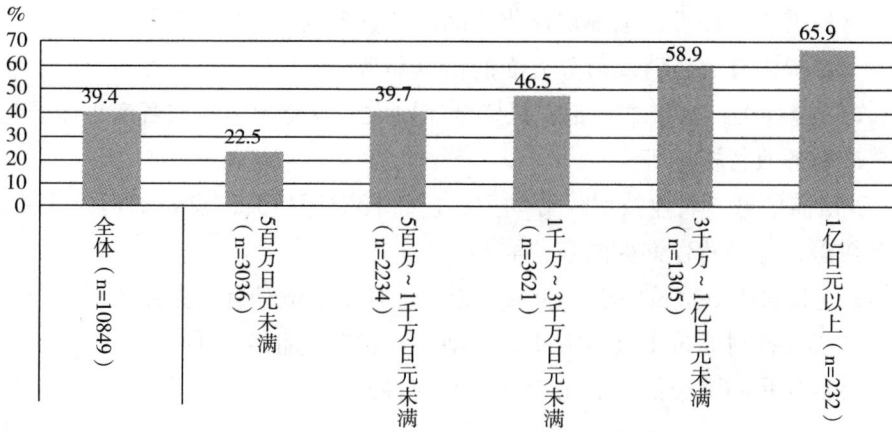

图 26　不需要回答的比率

单位：人，经营体,%

		回答者数			无回答
	全体	12419	33.7	60.9	5.5
年龄段	40 岁未满	722	47.5	48.9	3.6
	40~50 岁未满	1310	45.8	51.8	2.4
	50~60 岁未满	3194	42.1	54.9	3.2
	60~70 岁未满	5024	30.3	65.1	4.6
	70 岁以上	2123	16.7	69.5	13.8
经营形态	个人	9847	32.5	62.7	4.8
	任意组合	1039	28.4	62.7	4.8
	法人（集落营农）	473	42.7	53.7	3.6
	法人（非集落营农）	615	58.5	38.4	3.1

农业金融资金需要主体变化也要求供给主体改变　（大规模问卷调研结果 2）

借方需要和以前不同

• 不仅需要借钱，还需要"资本"帮助

资金筹措手法多样化，比如不买农机，只是租赁等

- 所需资金种类也呈现多样化，如设备资金或运行资金等
- 要提供有关经营或财务方面的信息和帮助

➤资金种类：水稻主要是农机资金需要大，设施园艺地和畜产也需要运行资金或财务改善资金等

➤所需信息：农业技术，劳动力，设备投资等相关信息；如何扩大销路，培育接班人等经营咨询性的商谈需要

➤这和农协不擅长中小企业融资相似。其结果就是有资金需求而没有去对应。有必要探讨通过出资本方式，实施动产担保金融等新手法。

今后 3 年间资金借入的用途（多数回答）

		回答者数	农业机械购置修理	农业生产取得设施修理	经常性运转资金	规模扩大运转资金	取得农地改良	应对经营不善市场恶化运转资金
	全体	4179	67.4	37.2	22.5	22.2	18.2	10.9
销售额	5 百万日元未满	788	68.8	33.1	21.2	21.8	12.4	8.4
	5 百万~1 千万日元未满	820	71.0	35.4	22.6	19.8	15.6	10.9
	1 千万~3 千万日元未满	1630	68.9	39.0	19.8	20.4	17.3	10.4
	3 千万~1 亿日元未满	707	62.4	39.7	25.9	27.7	28.6	13.6
	1 亿日元以上	162	52.5	42.0	38.9	31.5	22.8	16.0
名类	稻作，畑作	1671	80.0	34.1	16.8	23.6	20.8	6.6
	蔬菜	1148	64.5	45.9	18.2	20.5	16.4	12.6
	果树	590	52.5	39.0	35.4	17.3	15.1	19.5
	畜牧	520	54.0	29.2	29.6	29.6	19.2	11.0

注：回答率比较高的前 6 位为止。

现在农业经营面临的课题（多数回答）

单位：人，经营体,%，个

		回答者数	营农技术向上	确保劳动力	设备机械投资	培育继承人	开拓销路	筹集资金
全体		11803	41.7	39.0	36.0	33.0	31.4	19.1
销售额	5 百万日元未满	3811	37.2	29.7	27.2	35.4	29.2	14.5
	5 百万~1 千万日元未满	2537	43.9	38.9	36.8	33.1	33.3	19.2
	1 千万~3 千万日元未满	3721	44.5	44.3	41.9	31.0	32.8	19.9
	3 千万~1 亿日元未满	1299	44.7	49.3	43.0	31.6	29.2	25.6
	1 亿日元以上	244	43.0	49.6	43.9	30.3	40.6	35.7
名类	稻作，畑作	4157	38.5	36.3	39.8	41.9	30.5	20.4
	蔬菜	4028	46.9	41.1	33.2	28.2	32.9	14.8
	果树等	1821	41.5	45.2	30.7	27.9	42.1	18.5
	畜牧	1157	37.6	32.9	41.7	25.7	13.6	28.1
	加工、其他	188	38.3	33.5	38.8	35.6	33.5	25.5

注：1. 未包括没有回答回收的。

2. 回答率比较高的前 6 位为止。

农协金融的"成功与反省"

成功之处

农协也提供生活性资金

● 在城市化过程中，农协系统充分满足了农村出现的生活资金需求。比如全国农村建有 JA 店铺 8435 个，设置 12109 台 ATM。

● 农协系统利用小额金融成功的要素，为农村提供金融服务。

①全国设有金融服务网点（实现规模经营与风险分散）。

②农协开展综合业务，通过与借款人多方面的交往，掌握其经营状况并提供合理建议，确保贷款回收。

③城市中也有农协，通过开展多种综合业务，确保收益。

● 农协系统制定标准化的业务流程

①内部建有信用担保机构，实现融资担保。

②建有全国统一的电子系统，提供统一的金融服务。

不足点

对大农户等服务不到位

• 农协"不擅长的领域"是如何给大农户等提供服务。

①大农户等农业经营类似企业，农协给他们提供金融服务时缺少审贷经验。

②大农户等借款时往往缺乏土地担保，而农协融资往往要求土地担保。

③农协往往要求大农户等销售农产品要全部通过农协等。

• 所以他们开展规模化经营后，利用日本政策金融机构与地方银行，离开农协系统。

• 找到这些不足后，出台了打造《农业融资主银行》

• 农协储蓄强，贷款弱（通过年金友会等形式，加强团结）

①深挖资金需要，提出经营建议。

②技术指导·产品销售·经营管理等相结合。

⇒也许他们需要出资服务等~建立基金投资等

要求贷方（农协）在体制、信息利用、业务方式上发生变化

经营分析·管理能力，体制建设

• 具备对经营体的审查能力，构建好对应体制（如人才方面）

➢有财务资金分析能力（如资金偿还能力，债权如何保全等）

➢精通农业，有对经营者技术的评鉴能力

➢而且还要识别经营者的人品

➢构建信用评价体系

• 构筑信息共享及活用的框架

➢农协内部搞好合作（信用部门和营农，经济部门）

➢普及中心和市町村搞好合作，做好区域资源的保全和培育农业经营体

➢可参考利用公库的对大规模经营主体的评价信息系统（与公库协调，努力克服信息不对称）

• 根据资金用途放贷并做好贷后管理

➢化肥种苗＝运行资金，机械·设备＝长期设备资金，农地改良等＝超长期资金等，超长期等

⇒农协今后有必要改善对应以上方面

如何对大规模农业经营体进行管理：北海道农协社员借贷结算系统

● 农协社员借贷结算系统由北海道在 1963 年实施，该制度设计考虑到农产品销售资金结算比较集中在特定季节，而与农业所需资金的投入和生活资金有季节性差异，设定适当的贷款额度。

● 农协根据社员年度初提出的农业经营计划，设定该农户的最大贷款额度，只要在此额度内，社员可自由借贷。

● 农协利用它实现：

➢结算社员销售农产品，购买生产资料的资金

➢管理未结算交易

➢给社员提供贷款

➢根据农户经营信息来提供建议

● 农户利用它实现：

➢和农协以及农协外的资金结算

➢借款

➢和年初的农业经营计划作比较，进行经营分析

➢确定年度收支表

● 据这个结算系统，可确认审查农户的设备投资和负债等情况，发现问题及时对应。

农协系统实施的"农业融资主银行战略"

重构农业金融的内容

基层农协·县信连·农林中央金库按功能分工，构筑新的涉农融资体制，开拓资金需要，强化提案等对应能力，重回农业金融领域

● 通过贷款和基金满足资金需要

➢创设运营各种农业基金，给经营体提供资本帮助，改善其财务状况

➢创立系统内的低息融资、利息补贴制度等

➢对农业直接补贴

● 培养人才，建立体制

➢培养农业金融专家，创建各种资格取得制度，满足包户的需要

➢支援日本农业经营大学校，培养新务农人才

➢在各县设置农业金融中心

● 从业务上展开支援

➢利用基金等，支援农业六次产业化

➢在国内外举办各种商谈会

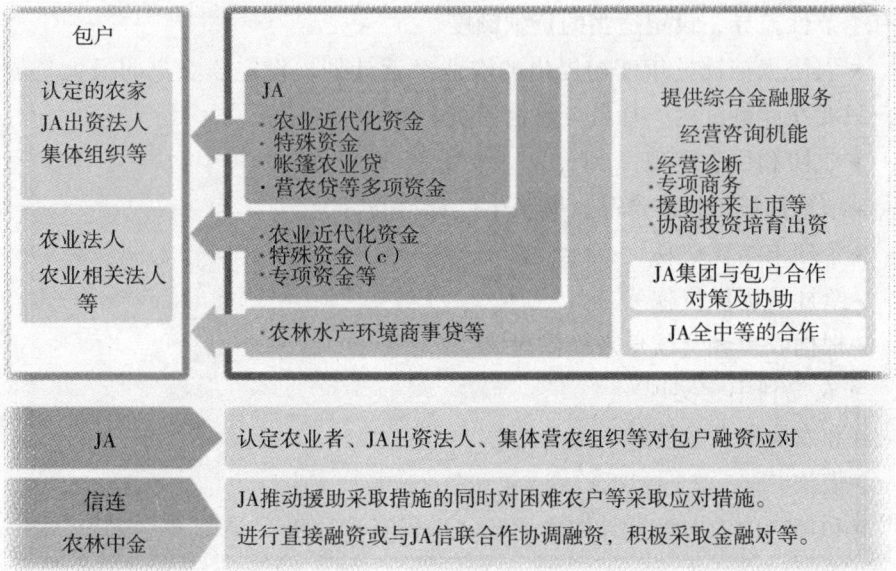

图 27 农业资金支援模式

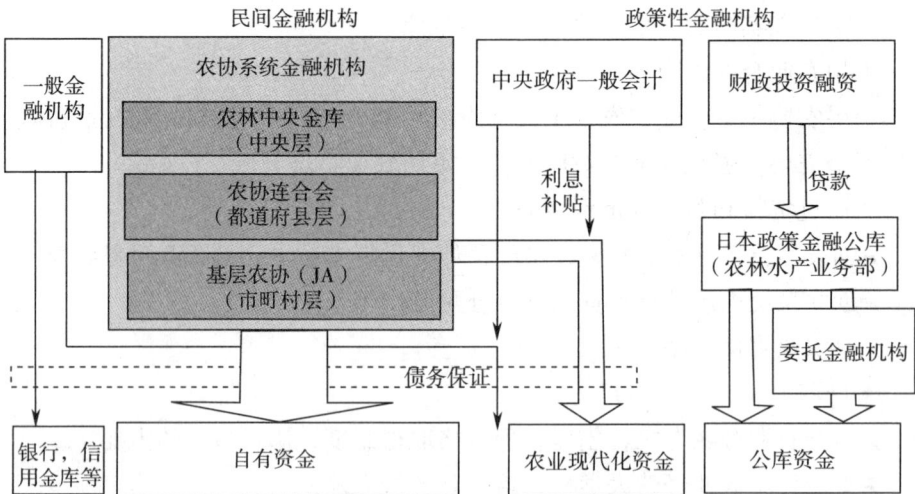

图 28 民间和政府对农业的支援模式

论文专栏

韩国农村金融发展经验对中国农村金融的启示[①]

金　旭[②]

一、背景

农村金融是中国金融体系的重要组成部分。改革开放 30 多年来，中国的社会经济取得了巨大成就，特别是农村地区，但是由于历史因素的影响，中国农村发展的后劲尚显不足，迫切需要农村金融的扶持。从 2005 年中国政府提出社会主义新农村建设方案到 2015 年，中共中央、国务院印发《关于加大改革创新力度加快农业现代化建设的若干意见》。在连续 12 年聚焦"三农"的同时，中央一号文件还明确提出推进农村金融体制改革，要主动适应农村实际、农业特点、农民需求，不断深化农村金融改革创新，实现"三农"的发展离不开金融的大力支持。

国外许多国家都具有丰富的农村金融发展经验，因此研究国外先进国家的农村金融体系建设，可以更好地了解其发展经验，有助于中国农村金融体系的发展，更有助于中国社会发展。同属于东亚国家的韩国农村金融的发展得益于在政府的积极主导下，已演变成特色鲜明的自我金融体系。较日本及欧美国家有所不同，韩国的农村金融政府性支持特点更加明显，且通过农协等直接参与给农民提供政策资金支持，来发展农村经济起到关键作用。韩国农村金融的发展模式很具有借鉴意义。

然而，在中国，由于资料有限，对于韩国农村金融的深度性研究论文较少。因此，下面拟以经济史的视觉来进行比较研究。首先，介绍韩国的农村金融政策的发展历程以及内在逻辑关系；其次，介绍中国的金融政策的发展历程及存在问题；最后，总结出韩国农村金融发展经验对中国的启示的结论部分。

[①] 本论文是韩中社会科学学会 2015 年度春季学术大会发言稿。

[②] 金旭，建国大学国际学部副教授。

二、先行研究及研究方法

农村金融是中国和韩国金融体系的重要组成部分，根据近年来的中国对相关问题研究文献简单综述。中国关于"农村金融"的概念是在 1978 年中共十一届三中全会以后应用的，起步较晚。而中国针对农村金融的研究，大体上从 2000 年以后开始关注的。这是因为中国面临加入 WTO、城乡差距拉大、农村金融全面滞后等一系列社会棘手问题的背景所致。王芳（2005）认为中国所需要的是一个多层次、梯度化的农村金融制度，提出农村金融制度的成败在于能否有效满足微观金融需求。2005 年 10 月，中国共产党十六届五中全会通过《"十一五"规划纲要建议》，提出扎实推进社会主义新农村建设对于相关问题研究也开始进一步展开。王顺（2010）等也提出在新农村建设（2001—2008 年）过程中中国农村金融面临的问题是农村金融体系不健全、风险防范体系较弱、落后于工业经济发展水平。李慧（2014）提出了建设多元化的金融组织体系，建立良好的法律监管环境，发展农村合作金融，以及建立有中国特色的农村保险体系。中国的研究者也向其他一些国家的发展模式上取经。郑蔚（2009）认为中日两国的农村金融市场中存在着不同程度的政府干预，两国均未形成一个自立的、高效率的农村金融体系，提出了中国的农村金融改革在解决农民有效的贷款抵押方式上必须有所创新。邓晓霞（2010）采用对比分析法，找出了中国和印度两国改革与发展的共通性和差异性，为中国经济发展、培育和完善农村金融市场提供参考。熊晓轶和赵向阁（2013）对比分析了美国、法国、德国、日本、印度等 5 国，并提出中国应建立与完善农村金融法律系统提供多样化的农村金融服务的建议。李慧林（2014）针对印度、孟加拉国、巴西等发展中国家与地区的农村金融体系的不同特点，对其制度完备、信贷高效、机构健全等特点进行了阐述。在分析国外农村金融体系先进经验的基础上，论述了合作金融、政府支持、加强合作等是中国亟须借鉴的有益经验。但针对韩国和中国相关农村金融的研究上有空缺部分。

本文也试图采用比较研究方法。可能的创新点有：第一，研究思路新。从经济史逻辑视角，参考了"韩国农政 50 年史"和"韩国农政 40 年史"等大量第一手韩文文献资料，以弥补中文资料的欠缺性。第二，通过韩国农村逻辑内在演变试图找出韩国农村金融的成功和不足之处部分。第三，介绍中国农村金融当前存在的问题点，从韩国的农村金融改革经验上给予启示，来探讨中国合理金融体系的建立问题。

不足点：一是由于时间和篇幅限制，对问题的分析可能还不够透彻；二是实证性分析研究尚显不足；三是侧重于韩国农村金融的研究部分而对中国农村商业性金融的介绍分析不够细致。

三、韩国农村金融的发展历程

1. 农村金融孕育期（1945—1960 年）

韩国从 20 世纪初，随着日本殖民侵略才开始纳入农村金融制度。到了 1933 年成立全国金融组合联合会后首次成立全国性联系网络。随着 1945 年解放到了 20 世纪 50 年代初期，又经过朝鲜战争的摧残后，当时韩国农村金融机构的作用可以说微乎其微。到了 20 世纪 50 年代后期，随着国家经济开发策略的转变，重新确立农业在国民经济中所起到的作用，重新面临对农村金融进行整顿的课题。

对农村金融机构的整顿过程中，1955 年由美国农村金融专家 Edwin C. Johnson 博士和 1956 年 John Cooper 驻菲律宾 ICA 官员两个提案起到重要作用。根据这些提案，韩国政府重新完善了农业银行法和农业协同组合法，进行改组。因此，解散了原金融组合组织，出台了韩国农业银行和专门负责提供农器具和农产品销售的协同组合。一是为建立农村金融一体化体系奠定基础。二是农业银行还负责政策金融业务。三是 1958 年 4 月将农业银行转变成特殊政策性银行。

但是，转化为政策性特殊银行后，农业银行仍有很多问题存在。一是不能解决政策金融的供需矛盾。二是不能解决好农业生产效率问题。三是当时，韩国农业银行资金营运实力较弱，也不能为农业协同组织提供充分资金，两个机构间脱节问题也突出体现。

2. 农村金融初步形成期（1961—1975 年）

1961—1975 年与韩国经济开发计划期间相吻合。1961 年朴政熙军事政变后，所起到的关键作用是整顿农村高利贷私债市场和将旧农业协作组合和农业银行合并，出台综合农协政策。将综合农协的单位农协的功能进行修整、完善，而且又为农村重要信贷工具——相互金融的组织建设、运营体制的建立打下基础。

（1）在1961年5月开始整顿农村高利贷私债市场，将其转化到金融轨道是当时政府的主要目标。

（2）1961年8月15日将旧农业协作组合和农业银行合并，新的综合农协政策在今后韩国农村金融史上具有重要意义。

（3）20世纪70年代开始单位农协形式相互金融发展迅速，使得韩国农业制度建设当中遇到转折点。

（4）农协又加强了拆入资金。

3.组合金融成长期（1976—1990年）

从1970年后期到1990年是韩国农村金融发生质的变化时期。即，从1976年开始全国性单位农协普及，相互金融发展迅速；畜产部门新设专门协同组合——畜协。

1）相互金融发展迅猛、逐渐消除了农户对私债市场的依赖性。

表1　　　　　1980—1990年农户平均使用相互金融及私债依赖率趋势表

单位：千韩元，%

年份	相互金融贷款		相互金融同比存款增长率	农户私债依赖率	农户对农协资金依赖率
	农户平均	同比增长率			
1980	245	66.7	33.6	48.0	48.7
1981	379	54.7	54.7	48.1	49.7
1982	586	54.6	44.2	33.3	63.1
1983	728	24.2	13.9	32.8	64
1984	845	16.1	19.8	31.3	64.3
1985	1060	25.4	25.6	28.9	66.1
1986	1253	18.2	31.2	29.3	65.5
1987	1814	44.8	41.7	21.5	71.9
1988	2461	35.7	44.7	15.3	80.2
1989	3531	43.5	29.6	16.1	78.7
1990	4770	35.1	34.7	13.9	81.5

资料来源：韩国农村经济研究院.韩国农政50年史［G］.第1册，1999：881.

从表1中可以看出：自1976年后，相互金融发展迅猛，这一期间年平均增长率高达36.9%。从1980年开始，相互金融存、贷款大幅度增长，其金融机能和作用非常突出明显。尤其值得一提的是，农户私债依赖率由 1980 年 49%，到了 1985 年减至 28.9%，到了 1990 年骤减 13.9%。

2）扩大提供短期营农贷款资金、防止农户贷款挪作他用。

从 20 世纪 70 年代开始，随着韩国政府推进农业开发政策，非常强调农业政策对金融的促进作用，其支持领域也趋于多元化。主要用于营农、养畜、生产奖励等。

3）以政策金融支持中长期农业开发资金的提供。

随着 20 世纪 70 年代韩国经济快速发展，农业部门也随之面临可持续长期发展问题，即如何以政策金融保证农业开发等资金需求问题。因此，从 20 世纪 70 年代中期开始扩大了包括各种基金的农业开发资金供给。出台相关制度措施。

①作为农业开发可持续发展计划的一个环节，确立中长期农业开发融资制度。

②从制度上简化农户贷款程序。

③建立农林水产业从业人员信用保证基金。

④从 20 世纪 80 年代又增设许多农业基金。

20 世纪 80 年代韩国通过组合金融的推广和发展，对农业的资金供给大幅度提高，而农户对私债市场的依赖程度也骤减。但是，出台的农村金融政策与农业生产政策、价格稳定政策、农渔村社会福利政策等还没能形成互动互联，也没有特别为改善其经济结构调整产生影响力，反而促成农协和畜协的负债增加。但当时的农村金融政策对今后的发展留下了宝贵经验。

4. 农业政策金融拓展期（1990—1999 年）

20 世纪 90 年代随着 WTO 体制转变和韩国加入 OECD 成员国家，农业部门也发生很大变化。农业部门生产形式向专业化、规模化方向发展；以土地集约型农业向资本密集型农业转化很明显。

（1）加大农业贷款力度，相互金融贷款作用显著。

（2）针对 WTO 体制农产品市场开放压力扩大对农村金融支持。

（3）金融危机 IMF 体制下对解决农户负担问题的对策。

1997 年爆发的金融危机，给韩国经济沉重打击，金融体制也要接受 IMF 体制的管制，给农业经济也造成很大负面影响。当务之急要解决农户急速增加的偿还利息等负担问题。而农村金融市场所受的冲击也将会与农协、畜协等金融机构不良贷款、经营效益直接挂钩，后果将不堪设想。为此，韩国政府决定在 IMF 体制下出台解决农户在贷款、高利息负担等方面的对策。

从农户的角度，了解通过专门金融机构的农协、畜协来解决的贷款资金的额度及偿还期限、拖欠规模资金等农户负债情况的正确信息很重要。

针对 IMF 特殊体制下稳定农村市场，1998 年 10 月韩国政府出台了农户负债对策。其主要内容：一是自 1998 年 10 月 1 日至 1999 年 12 月 31 日期间到期政策性贷款的本金和利息可延长 2 年偿还；二是对没有可偿还债务或无负债的农户优先支持长期和短期政策贷款资金；三是对按市场规律运行的农协和畜协的相互组合金融部分，为减少组合员工的利息负担，诱导劝告其下调利率；四是以稳定农产品物价来保障收入，提高农户负债偿还能力；五是对农产品流通环节进行大胆改革，使得农户销售收入提高；六是纳入和阶段性推广 WTO 体制所认可的各种直接支付制度；七是纳入综合资金管理制度，改善政策资金投资和融资制度，以提高政策金融的使用效率性。

（4）农村金融制度的改善

由于在 1988 年针对农村金融修改了农协和畜协相关法规，使得协同组合方式增加具有贯彻民主管理原则规定，其发展速度非常快。

1999 年 8 月又重新制定新的"农业协同组合法"。将农协中央会和畜协中央会通合，变成独立事业机构。但其发展课题是如何去建立更加专业化的"协同组合银行"。

5. 农村金融稳步发展期（2000 年以后）

进入 21 世纪以后，韩国的农村金融仍以农业政策金融和相互金融方式进行对农业的支持。不过，韩国的城市化进程加快、农村市场规模相对萎缩，面临如何去调配政策金融资金问题和农协的运营方式转换问题。

（1）农业政策金融

韩国是农业政策金融较发达国家，具有政府性支持力度和作用很大、支持项目多、细分化、操作复杂、管理难等特点。农业政策金融的资金来源包括政府预算、基金、金融机构提供资金等，但政府性直接支持部分占据最大比重，而且可直接参与支持对象，也导致办事效率低下问题。还有，大部分资金通过农协中央会及其会员组合给农户提供贷款资金，并通过农协回收贷款。为此，还给农业贷款相关金融机构提供贷款损失保全基金等，以弥补贷款损失。

农业政策金融投入农协部分可分为政策性贷款支持部分和政策性预收金部分。从图1中可以看到：1991年到2004年，逐渐递减趋势非常明显。也表明，农协自身资金调控能力增强。

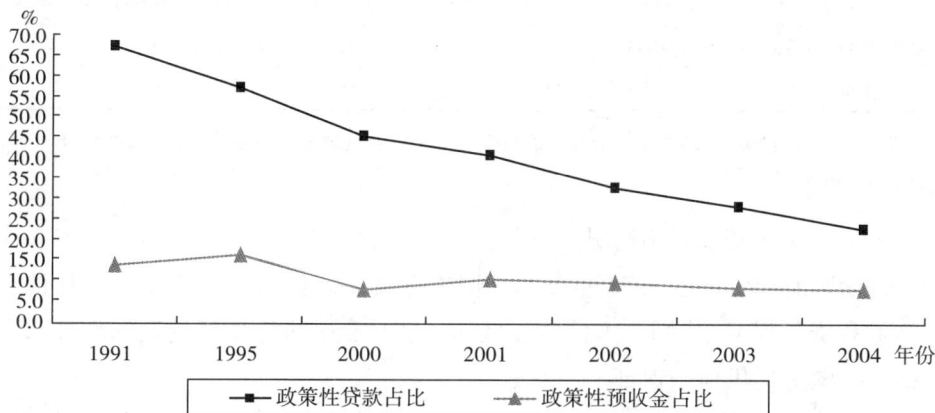

图1 韩国农业政策性金融投入农协中央会趋势表

1990年初期在农协贷款中，政策性金融贷款占比份额曾在50%以上，但进入2000年以后，由于农协自身一般性贷款业务发展很快，政策性金融贷款占比份额骤减。即，由1991年的67.2%减至2004年的22.3%（见表2）。

表2　　　　　　　　　农协中央会贷款中政策性贷款占比　　　单位：亿韩元,%

分类＼年份	1991	1995	2000	2001	2002	2003	2004
贷款余额（A）	92122	162053	443088	487482	544167	633520	698441
政策性贷款余额（B）	61887	92305	199972	196520	177547	175315	155610
比重（B/A）	67.2	57.0	45.1	40.3	32.6	27.7	22.3

资料来源：韩国金融研究院，姜钟满.农村金融的特点及其规模经济分析［G］.2005，12：55.农协中央，内部材料。

农协中央会预收资金当中政策性投入比重，由1991年和1995年的13.6%和15.9%，到了21世纪逐年减少，到2004年减至7.4%（见表3）。

表3　　　　　　　　农协中央会预收资金①当中政策性资金投入比重

单位：亿韩元，%

分类＼年份	1991	1995	2000	2001	2002	2003	2004
预收资金 A）	114335	187387	490572	580180	646042	706903	767944
政策性资金运用（B）	15551	29726	37398	59230	59480	57810	57031
比重（B/A）	13.6	15.9	7.6	10.2	9.2	8.2	7.4

资料来源：韩国金融研究院，姜钟满．农村金融的特点及其规模经济分析［G］．2005，12：55．农协中央，内部材料。

①信用保证基金利用情况

韩国政府和农协于1972年开始共同出资设立农林水产业从业人员保证基金（简称农信保），为因个人信用度低而无法从金融机构得到贷款的农林水产业的从业人员提供信用保证。

在1997年金融危机时，农民的财政状况和信用度出现恶化现象，对农业政策资金的信用保证基金的利用便开始上升。

②贷款损失保全基金

针对不能涉及农信保基金领域的农业政策性贷款投入情况增加，而农民却因信用不佳得不到该政策性贷款情况，于1995年开始设立了贷款损失保全基金。

③政府提供政策性资金运用手续费

为了保全政策性资金运用安全性，韩国政府提供相应手续费。

④政府提供农业贷款利差补偿

为了让金融机构按政府要求为农民提供低息贷款，韩国政府推行贷款利差保全政策。

⑤提供农业综合资金

为了提高农业竞争力，韩国政府于1990年特别提供42兆韩元财政资金。

（2）农协相互金融

作为韩国农村金融的另外一个重要特点的农协相互金融，为整顿农村地区高利贷市场、活跃农村金融市场发挥了很大作用。但其局限性在于只限定

————————

①　预收资金在韩文中可直译表示"预受金"，是指在经济往来中临时接受垫付金或保证金，以后重新偿还资金。在会计上有单独账户。

在组合成员之间，贷款具有使用简便、零星小额等特点。

因为相互金融的主客户以农民为主，因此对其存款利息所得免征所得税。从1992年开始规定对于在相互金融的一般性存款，可在2000万韩元范围内免征利息所得税。由此，来增强与其他金融机构在存款授信领域的竞争力。

1997年金融危机以后，针对当时金融市场动荡不安情况，以保护农协组合储户存款的安全性，于1998年设立存款保险基金。与其他金融机构相同，可保护5000万韩元以内存款限度。

四、韩国农村金融演变内在逻辑分析

1. 韩国农村金融的发展得益于在政府的积极主导下，已演变成特色鲜明的自我金融体系。一是较日本及欧美国家有所不同，韩国的农村金融政府性支持特点更加明显，且通过农协直接参与给农民提供政策资金支持，对发展农村经济起到关键作用。二是政府积极建立各项基金，来维护农村金融发展。三是韩国农村金融市场已发展成为以特殊银行、相互金融、新村金库为主的资金畅通、较成熟、发达的农村金融市场。

2. 从农村金融演变历史来看成功和不足之处

在各期间的农村金融发展都有其演变过程中的成功和不足之处，具体可归纳如下（见表4）：

表4　　　　　　　　　对韩国金融历史演变期间的逻辑分析图

区分	成功之处	不足之处
农村金融孕育期（1945—1960年）	——修改农业银行法和农业协同组合法等法规 ——出台政策金融	——农村私债市场问题严重，政府无力干预 ——农业银行不能兼顾政策金融问题多 ——农业协同组织发展缓慢
农村金融初步形成期（1961—1975年）	——开始整顿农村高利贷私债市场 ——出台综合农协 ——相互金融开始发展	——无法抗衡私债市场 ——农协和相互金融实力和经验不足
组合金融成长期（1976—1990年）	——相互金融发展迅速 ——私债市场开始有效遏制	——农村金融政策和农业生产政策脱节 ——农协和畜协的负债增加

续表

区分	成功之处	不足之处
农业政策金融拓展期 （1990—1999 年）	——相互金融贷款作用显著 ——WTO 体制扩大农村金融支持 ——金融危机 IMF 体制下保护措施 ——农村金融制度的完善 ——彻底遏制私债市场	——机构官僚化 ——机构膨胀后办事效率低下 ——组合金融和政策金融互补性不足 ——金融业务混业型不足
农村金融稳步发展期 （2000 年以后）	——农协等自筹资金实力强 ——政策金融份额明显减少 ——建立各项防范风险基金 ——政策金融支持更加细致化	——相互金融业务范围局限、分散，形成规模化有难度 ——农协混业不足较其他商业竞争压力增强

3. 农业政策金融推行行之有效。一是对遏制私债市场功不可没。二是在新农村建设期间也发挥了重要作用。三是到了 20 世纪 90 年代随着 WTO 体制转变和韩国加入 OECD 成员国家，农业政策金融的作用更显突出。四是到了 21 世纪随着各农村金融机构自筹资金能力不断增强，政策金融份额逐渐缩小。但其支持范围呈更加细致化发展，以提供农户农业生产支持。

4. 农业组合金融。韩国农村金融的成功之处在于扶持组合金融，尤其形成以相互金融中心来建立和完善农村金融体系。其宗旨在于农村金融市场自成一体的良性资金循环体系的建立。通过扶持相互金融来有针对性地遏制私债市场，对保护农民自身利益起到良好效果。

5. 农村金融的发展方向。虽然韩国的农村金融具有自身特点和成功之处，但也存在与发达国家的差距问题。如，相互金融难以形成规模化、农协过于垄断等。因此，其发展课题仍是如何去建立更加专业化的"协同组合银行"。

五、中国农村金融的演变、现状及存在的问题

1. 中国农村金融体制的发展历程

（1）1979—1984 年，农村金融体制的恢复阶段

1978 年 12 月，中共十一届三中全会通过的《中共中央关于加快农业发展

若干问题的决定（草案）》中明确提出"恢复中国农业银行，大力发展农村信贷事业"。1979年2月23日国务院发出《关于恢复中国农业银行的通知》，决定正式恢复中国农业银行。恢复后的中国农业银行是国务院的直属机构，由中国人民银行监管，其主要任务是，统一管理支农资金，集中办理农村信贷，领导农村信用合作社，发展农村金融事业。1982年中国人民保险公司恢复了农业保险，办理养殖业保险和种植业保险。

（2）1985—1996年，中国农村金融体制的发展阶段

国务院1984年国发105号文转发了中国农业银行《关于农信社管理体制改革的意见》，提出了把农信社办成"自主经营、自负盈亏"的群众性合作金融组织。之后，中国农业银行对农信社进行了民主管理、业务管理、组织建设等方面的一系列改革，推动了农信社事业的大发展，1986年后农村信用社建立了县级信用联社。1986年1月，在国务院主持下，邮电部与中国人民银行分别以投资所有者和业务监管者的身份，联合发布了《关于开办邮政储蓄的协议》，决定在北京、天津等12个城市试办邮政储蓄业务。1986年底通过的《中华人民共和国邮政法》将邮政储蓄业务法定为邮政企业的业务之一，从而使邮政储蓄遍布全国，成为在农村中开展储蓄业务的一支重要力量。1993年12月国务院发布成立中国农业发展银行，将政策性金融业务从农业银行和农村信用社业务中脱离出来。1996年国务院发布了《国务院关于农村金融体制改革的决定》，农村信用社与农业银行脱离行政隶属关系。农信社在继续进行改革。

（3）1997—2006年农村金融体制的转换阶段

农业银行和农信社进一步改革。鼓励中小金融机构的发展。各种金融租赁公司、担保公司、中小银行纷纷成立，为农村提供金融业务。1997年，中国农业银行基本完成了作为国家专业银行"一身三任"的历史使命，开始进入了真正向国有商业银行转化的新的历史时期。20世纪90年代后期，国有商业银行在逐利动机下纷纷逃离农村，中国农业银行也开始逐渐撤并基层分支机构，悄悄地退出农村信贷市场。

（4）2006年至今，农村金融体制的逐步开放阶段

2006年银监会鼓励商业银行在农村设网店。2007年3月邮政储蓄银行成立，全面办理商业银行业务。2008年拥有36000个网店，66%以上的网店在农村。从2012年起国家鼓励民间资本进入农村金融服务领域，国家政策为农

村非正规金融合法化提供了有力支持。

2. 中国农村金融现状分析

（1）农村金融机构的组成

目前中国农村正规金融体系有政策性农村金融、合作性农村金融、商业性农村金融以及新型农村金融四类。其中农业发展银行是政策性金融机构；农业银行和邮政储蓄银行为商业性农村金融机构；合作性金融机构有农村信用社、农村合作银行、农村商业银行。以上都属于农村正规金融组织。非正规金融机构有村镇银行、贷款公司、农村合作基金会以及钱庄等（见图2）。

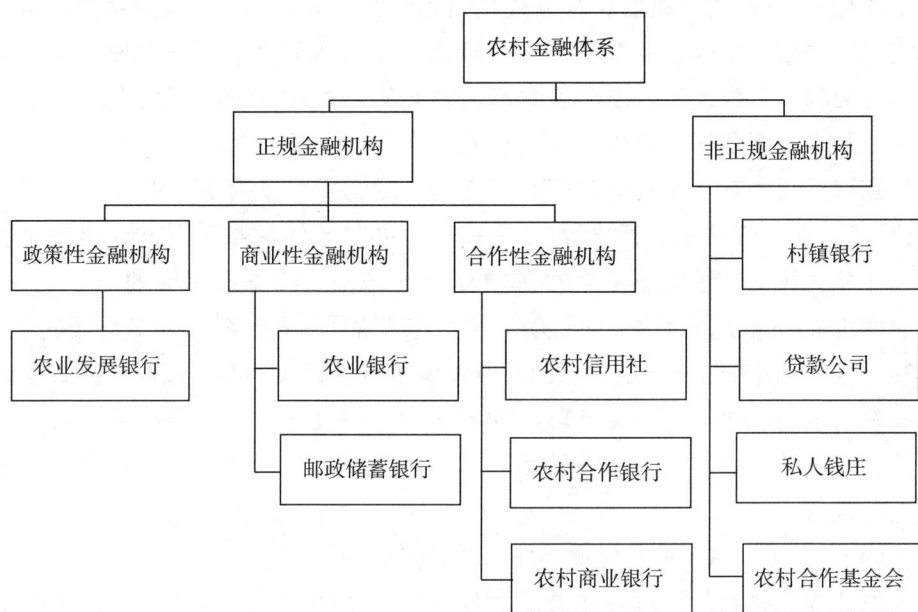

图 2　中国农村金融体系

（2）农村金融现状

当前中国农村发展很快，金融机构的涉农贷款也明显增加。中国人民银行发布的《中国农村金融服务报告（2014）》显示，截至2014年末，涉农贷款（本外币）余额23.6万亿元，占各项贷款比重28.1%，同比增长13%，按可比口径较全年各项贷款增速高0.7个百分点，其中农户贷款余额5.4万亿元，同比增长19%，比各项贷款平均增速高6.7个百分点。按照可比口径，2007年创立涉农贷款统计以来，涉农贷款累计增长285.9%，7年间年均增速为21.7%。以上数据显示，中国对农户的贷款总量并不低，但是中国农民基数大，得到贷款的农户占贷款需求农户的比重不高。通过多年的努力，中国农村金融基础服务覆盖面不断扩大见表5。

表5　　　　　　　　主要涉农金融机构相关情况　　　　单位：家，个，人

机构名称	2012 年		
	机构数	营业性网点数	从业人员数
农村信用社*	1927	49034	502829
农村商业银行	337	19910	220042
农村合作银行	147	5463	55822
村镇银行	800	1426	30508
贷款公司	14	14	111
农村资金互助社	49	49	421
合计	3274	75896	809733

注：＊不包含农村商业银行和农村合作银行。

数据来源：中国银监会。

表6　　　　　　2007—2011 年主要涉农金融机构盈利水平状况　　　单位:%

机构名称	项目	2007	2008	2009	2010	2011
农村商业银行	资产利润率	0.70	0.79	0.80	1.01	1.20
	资本利润率	12.97	13.71	13.36	13.82	15.43
农村合作银行	资产利润率	0.84	1.03	1.05	1.19	1.30
	资本利润率	13.29	15.87	15.85	16.05	17.06
农村信用社	资产利润率	0.45	0.42	0.41	0.36	0.74
	资本利润率	10.36	9.87	9.72	8.34	15.30
新型农村金融机构和	资产利润率				0.34	0.59
邮政储蓄银行	资本利润率				16.17	20.01

数据来源：中国银监会。

中国涉农金融机构的利润率远低于其他四大商业银行（见表6）。这就是商业银行撤离农村的主要原因。2003—2013 年农村金融机构和邮政储蓄银行在银行业金融机构资产的份额也逐年增加，为农村经济增长提供强有力的资金（见图3）。

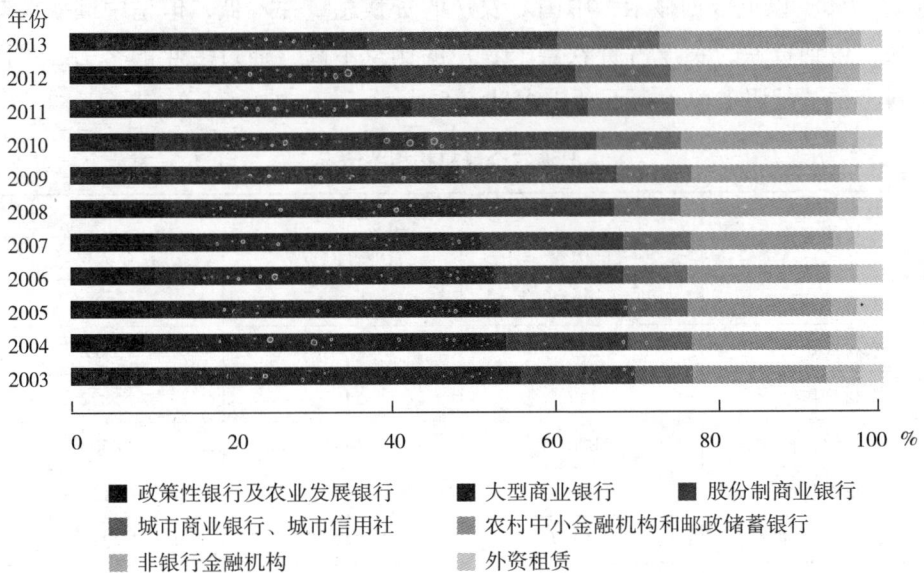

资料来源：中国银监会，http：//zhuanti. cbrc. gov. cn/subject/subject/nianbao2013/1. pdf。

图3　中国主要金融机构资产份额比较图

3. 中国农村金融中存在的问题

（1）我国农村金融体制不完善，无法为农村提供较好的金融服务。余谦（2012）认为近年来正规金融机构和营业网点逐渐减少。以盈利为目的的国有银行和部分商业银行受利益的驱使逐渐从农村退出而投向盈利能力较强的城市和工业。现在四大银行中只有农业银行在乡镇地区还有大量营业网点。国有商业银行不断减少对农村经济发展的金融支持力度，实现自身经济利益最大化，引起农村金融服务供需不足，金融机构的萎缩。相反非正规金融机构营业网点不断增加。李慧林（2014）也提出了中国缺乏多元化农村金融体系问题和发展滞后的农村合作金融的必要性。

（2）民间金融缺乏必要的规范和保护。由于正规金融机构的支农力度不够，非正规金融机构成为农村金融的主体。彭艺（2010）认为大多数正规农村金融机构的手续烦琐、贷款条件较严格，农民无法进行快捷、便利的贷款。这使得农村民间借贷很活跃。农村民间金融的发展，在很大程度上弥补了中国农村正规金融供给不足的现状，成为农村金融市场上一个重要的组成部分。但民间金融借贷利率高，不受央行和银监会的监管，运行机制不完善；未得到中国法律地位和保护，蕴含着较高的金融风险。

（3）农村保险制度不健全。中国农业生产风险大，收益低。普通的商业保险考虑利益，不愿意参与农业保险。而高保费，农民保险意识差，大多数保险机构坐落在县城，乡镇没有农保服务网点，理赔时间长等也导致农民不愿参加农业保险。

六、结论及启示

本文针对目前韩国和中国相应的农村金融部分的比较研究空缺，介绍了1945 年到 2005 年 60 年来的韩国农村金融的发展经验，并提出对中国农村金融的启迪。文中归纳了韩国农村金融发展的成功之处和不足之处。而对中国农村金融的概况及问题点也进行了简单介绍，采用的研究方法论是比较研究。

综上所述，我们可以从韩国农村金融发展经验当中归纳出成功之处和失败之处如下：

1. 韩国农村金融的成功之处在于，根据各个发展阶段的特点积极出台对应政策及保护政策并成功扶持农协和农民互助金融，最终形成农村金融良性自主发展的路子。

2. 农业政策金融推行行之有效，有助于韩国农村金融的健康发展。这一做法对遏制农村私债市场功不可没。并且在突如其来的国际环境的变化冲击下，也能够维持较稳定的农村金融环境，起到了关键性的作用。

3. 韩国农村金融的成功之处还在于扶持农业组合金融，尤其形成以相互金融中心来建立和完善农村金融体系。

4. 韩国的农村金融不足之处在于存在于发达国家的差距问题。如，相互金融难以形成规模化、农协过于垄断等。

中国也在农村金融方面面临类似韩国曾经历过的各种难题，韩国的经验对中国很有借鉴意义，其启迪如下：

第一，借鉴韩国政府在各个发展阶段实施过的保护政策，吸取其经验教训。尤其是，韩国在进入 WTO 和面临金融危机时所采取过的保护政策很值得借鉴。

第二，让农村金融市场达到自我完善的良性循环发展模式值得借鉴。从韩国的经验来看，政府各项扶持举措政策的出台是非常重要的。韩国农村金融的发展得益于在政府的积极主导下来发展农村经济。较日本及欧美国家有所不同，韩国已发展成特色鲜明的自我金融体系。如，政府积极建立各项基金、各种农村金融机构等形成较成熟、发达的农村金融市场经验值得中国借鉴。

第三，借鉴韩国农业互助金融曾解决私债市场问题的运营模式，规范当前中国农村高利贷市场并让其良性化。从韩国农业组合金融的经验和做法中吸取的部分是，在肯定非正规金融存在的前提下，通过法律法规明确其性质及运行原则，在其发展的各个阶段，对其进行引导、规范和监督。

第四，韩国的农业保险制度较为健全，这是其重要的成功经验之一。中国是农业大国，农业具有高风险的特征，应建立以国有农业保险公司为主、民间保险公司为辅的农业保险体系。保险公司的运作应以遵守国家的法律法规为前提，以支持"三农"为导向，国有保险公司切实担负起"管理风险基金、提供风险保障、监管农业保险基层机构"的职责，给农业保险的发展提供一个可操作的平台。

参考文献

［1］李慧林．我国农村金融体系的现状与对策研究［D］．中南林业科技大学硕士论文，2014.5.

［2］熊晓轶，赵向阁．国外农村金融体系发展经验研究［J］．世界农业，2013（1）．

［3］余谦．中国农村金融现状与完善对策分析［J］．前沿，2012（14）．

［4］王顺，刘晓霞，郭帅．三十年中国农村金融改革的透析与启示［J］．金融发展研究，2010（10）．

［5］邓晓霞．中印农村金融体系比较——基于中印农村经济与金融体系框架下的分析［D］．西南财经大学博士论文，2010（10）．

［6］彭毅．中国农村金融体系的历史演进与发展［J］．农业经济，2010（5）．

［7］郑蔚．中日农村金融发展及其瓶颈的比较分析［J］．现代日本经济，2009（6）．

　　[8] 王芳. 中国农村金融需求与农村金融制度：一个理论框架 [J] . 金融研究，2005（4）.

　　[9] 中国人民银行. 中国农村金融服务报告（2014）[Z] . 2015.

　　[10] 中国农业科学院，www. caas. net. cn.

　　[11] 中国农业信息网，www. caein. com.

　　[12] 中国社会科学院，www. cass. cssn. cn.

　　[13] 国务院发展研究中心，www. drc. gov. cn.

　　[14] 中国人民银行，www. pbc. gov. cn.

　　[15] 中国银监会，http：//www. cbrc. gov. cn/index. html.

韩国农业财政内在演变的逻辑分析及其对中国的启示[①]

金　旭[②]

一、综述

韩国农业财政是指国家负责支持农业的公共支出部分。从广义上指国家的综合预算（包括对地方财政支持）。从狭义上指政府性的投资和融资部分。即，包括公共事业费用、电话、通讯、邮电、铁路、电力、公有森林等有关领域的设备投资、外汇资金、粮食储备管理出资等。财政政策主要调节职能可体现在：一是对财政分配的调节；二是对收入分配的调节；三是稳定物价；四是对经济增长速度的调节等。

农业较其他产业很脆弱，因此，无论从提高生产效率还是在对农民的经济收入方面，离不开很多农业财政政策性支持。而在发展农渔业过程中，仅靠单方面的扩大政策是有限的，还必须加强对农水产品的价格管理、农水产品的进出口政策、给予农民扩大副业机会、改善农渔村的外部环境等。因此，韩国政府也非常重视合理调配和投入农业财政，来巩固和发展民族农业。

选择韩国农业财政为研究对象主要考虑到中国实情，即农业发展得益于政府的宏观干预和政策支持。2004 年中国政府中央第 1 号文件中就是考虑加大农业财政支持农民收入问题。李宏（2012）提出了对中国而言"三农"问题是我国新农村建设面临的重要问题，中国农业财政投入政策的完善对推动新农村建设意义重大。仆爱华（2011）认为与发达国家主要依靠市场和价值规律的自发作用来振兴农业不同，中韩两国具有"国家式"农业发展模式。

---

① 本论文是韩中社会科学学会 2015 年度春季学术大会发言稿。

② Associate Professor, Division of International Studies, Konkuk University, 120Neungdong – ro, Gwangjin – gu, Seoul 143 – 701, Korea, (E – mail) jinxv0706@ gmail. com.

可以说，韩国在这种"国家式"农业发展模式上较中国更具有经验优势。当前中国农业财政问题的难点，如王慧娟（2013）和柳银河（2010）所提出的绩效不高，贠菲菲（2014）提出的城乡收入差距过大已经成为我国经济社会可持续发展的巨大障碍等。因此，需要加大对农业财政的支持力度，加强农村基础设施建设，提高农业财政补贴，加大对农业科技和教育的投入。另外，也考虑到针对韩国的农业财政问题细致研究在中国寥寥无几。如，马晓春（2010）研究了20世纪60年代末以来韩国的农业补贴政策；曲婷婷（2009）局限于"新村运动"时期的农业财政政策介绍等。

本文试图从经济史的角度来挖掘韩国政府所推行的农业财政扶持的演变过程，时间可追溯到20世纪70年代至21世纪初，将近30多年。选择这一时期作为研究对象的理由：一是在这一时期韩国政府对农业财政的支持很多采用补助金的方式，和当前中国实情比较贴近。二是因为农业财政支出投入大小与其经济发展阶段紧密相连和吻合。对农业财政的投入应可持续进行——这一问题不容忽视。韩国政府无论在新村运动时期，还是在亚洲金融危机、WTO体制的转换等诸多国内外环境变化的条件下，都丝毫没有放弃加大对农业财政的投入，从而奠定了农业的基础地位，保护了国内农产品市场和农渔民的利益。三是在这一期间韩国农业占国民经济份额相对比较高，与当前中国的实情比较吻合。

从韩国的经验来看，从20世纪70年代新村运动开展、1988年奥运会、1995年WTO体制过渡期、1997年金融危机都已验证了这一点。而这些恰好与中国当前已面临或即将面临的新农村建设历史挑战惊人地相似。韩国政府通过有条不紊地提供财政政策，来提高农业人口素质、解决了农村问题。作为公共政策的一种表现形式，农业财政政策的内容是经济性的，但其目的和效果却远远超出了经济范围。我们从历史演变和发展角度可以观察到，韩国在20世纪70年代扶持的重点是粮食增产，80年代的扶持重点在于针对农村市场商业化带来的冲击部分，90年代着重扶持了农业生产的大规模化和专业化的改造；到了21世纪初期重点支持农业竞争力和农民创收部分。20世纪80年代农业财政的支持方式，基本采取了中央政府直接主导方式，但从20世纪90年代中期开始，更加强调了地方政府向中央政府申请补助金形态，中央—地方政府共同协作方式。不过，这一方式到了21世纪初以后又发生了新的变化，农业财政的支持方式从过去简单以价格和生产为主的补助金方式，变成直接支付方式，目前更加细致化。另外，中国的农业占 GDP 的比重在 2013年末为 10%，韩国的农业占 GDP 的份额只有 2%，而在 2001 年韩国的农业占GDP 的份额为 4%。因此，本文认为 21 世纪初韩国农业发展实情和所采取的中央—地方政府共同协作运用方式更加贴近当前中国的现实问题的研究，并能够找出对中国的启迪部分。韩国农业财政所提供的一些成功和失败经验，可以为当前中国的新农村建设提供可借鉴的宝贵经验。

二、20 世纪 70 年代新村运动过程中的农业财政政策

（一）概况

从 1962 年开始推进经济开发五年规划以来，韩国的经济发展增长速度也明显加快。这正是由于当时以低廉的劳动力和较便宜的原材料供应而确保了廉价产品出口，并为使其经济迈入新兴工业国家打下基础。到了 1965 年韩国的对外出口额仅 1.75 亿美元，而到了 1977 年便实现了首次超过 100 亿美元大关的出口佳绩。在经济发展第一个五年规划（1962—1966 年）、第二个五年规划（1967—1971 年）、第三个五年规划（1972—1976 年）分别实现年平均增长率 7.8%、9.7%、9.7% 的高速增长。

经济高速增长的动力来自工业的迅猛发展，反观农业在第一个五年规划、第二个五年规划、第三个五年规划期间，分别仅增长 5.6%、1.5%、6.1%，远远落后于经济发展速度的增长。随之，从 1960 年开始便有很多年轻人不愿务农，离开农村，导致农村空洞化现象的开始出现。为此，需要出台活跃农渔村发展的政策。于是，1967 年 1 月便出台《农业基本法》；1968 年出台有关稳定农水产品价格基金政策、增加农渔民收入特别事业政策、高价位米政策；1969 年出台双重麦价制政策；1972 年出台收购大麦价格预示制政策等对农产品价格给予政策性支持。但是，1973 年和 1979 年相继出现了中东地区第一次和第二次石油危机，导致国际原材料价格飙升、韩国经济增长受阻、物价上涨飞速等经济恶化现象的出现。这样不利的外部环境，使得财政政策倾斜支持稳定农产品价格等问题日趋严重。

（二）政府预算结构及分配

1970 年农业财政会计可分为：一般会计、财政资金运营特别会计、经济开发特别会计（投资账户、融资账户）、追索权资金管理特别会计。1970 年的重点分配预算体现在设立基金、畜产、经济作物增产等领域（见表 1）。

（三）推进重点农业项目情况

20 世纪 70 年代韩国政府重点推进农业项目，大体可分为三大内容。

1. 积极促进农业基础生产。自从成立新的韩国政府以后，为了搞好农业基础建设可谓煞费苦心，对这一项所支持农业财政份额最大，尤其针对农业用水开发力度很大。而到了 20 世纪 70 年代，不仅继续延续了这一政策惯例，而且还将整理耕地、大单位农业综合开发等项目结合并举推进。尤其是较积极纳入有关农业财政借款，使得该项目推进更得以顺利。

2. 出台增产粮食对策。为了稳定粮食短缺和供应，相继出现很多对策，但直接投入的预算却一直捉襟见肘。到了 1970 年这一窘境得以大大改观。来观察其内容：一是扩大供应改善土壤质量肥料供应；二是支持保温秧苗、早插秧技术，培育"统一水稻"获得成功；三是为了防止病虫害的发生，扩大供应农药和预防器具；四是政府负责建立水稻、大豆、玉米、土豆等主要农作物种子的生产供应体系，即 1974 年 11 月建立了韩国国立种子供应所，并承担这一功能；五是对为稻谷增产作贡献的农户，进行嘉奖，如 1973 年设立"增产王"鼓励制度，对为丰收作贡献农户嘉奖宣传等；六是针对农户缺少抽水机，便在以邑、面①为单位事务所下发和保管抽水机，针对干旱等自然灾害可随时使用。

3. 提高农渔村的通电普及率。（预算由农林部所管辖之外）在 20 世纪 60 年代，韩国的很多农渔村还没有通电现象屡见不鲜。可到了 1971—1976 年，由于韩国政府积极推进对农渔村通电工程，便杜绝了这一现象，实现了全国村村通电。

---

① 邑、面是韩国最小的行政单位，相当于中国乡、村的行政单位概念。

表 1　　　　20 世纪 70 年代每年对主要农业部门财政预算分配情况表

单位：百万韩元

年份	一般会计	财特会计	预算总额合计	主要项目	一般会计	财特会计	支出额合计	备注
1971	17185	12296	29481	基础生产	6460		6460	
				农业用水开发	2118	3445	5563	
				蚕业事业	683		683	
				肥料事业（土壤改良）	1255	1600	2855	
				防治病虫害		1000	1000	
				农产品价格稳定基金		2500	2500	
				普及农具		1267	1267	
1972	18949	8884	27833	农业用水开发	4560	2582	7142	
				蚕业事业	603		603	
				肥料（土壤改良）供应	1189		1189	
				基础生产	10117		10117	
				农业机械化		2307	2307	
1973	22159	4697	26856	农业用水开发	12617	1367	14004	
				基础生产	4221		4221	
				肥料（土壤改良）供应	1266		1266	
				防止病虫害	1021		1021	
1974	25884	5763	31647	农业用水开发	17579	2941	20520	专门支持肥料赤字 424 亿韩元（一般会计）
				基础生产	5144		5144	
1975	61014	8472	69486	增产粮食	4626		4626	
1975	61014	8472	69486	农业用水开发	39810	5908	45718	
				增产粮食	12254	1100	13354	
				基础生产整理	10338		10338	
1976	88379	9632	98011	农业用水开发	25871	9632	35503	
				增产粮食	14646		14646	
				基础生产整理	9739		9739	
				大单位农业综合开发	23990		23990	

续表

年份	一般会计	财特会计	预算总额合计	主要项目	一般会计	财特会计	支出额合计	备注
1977	105786	15721	121506	农业用水开发	32453	10021	42474	
				基础生产整理	9739		9739	
				大单位农业综合开发	23990		23990	
				蚕业事业	1294		1294	
				畜产业	4363		4363	
				农业开发		4700	4700	
				增产粮食	7265	1000	8265	
1978	116851	22280	139131	农业用水开发	41979	11366	53345	
				基础生产整理	13837		13837	
				大单位农业综合开发	32442		32442	
				畜产业	4649		4649	
				农户增收支援	5272		5272	
				农业开发		9014	9014	
				增产粮食	4066	1900	5966	
1979	171418	23635	194953	农业用水开发	63707	11849	75556	附加粮谷管理基金从一般会计支援2680亿韩元
				基础生产整理	26031		26031	
				大单位农业综合开发	36647		36647	
				农户增收支援	27091		27091	
				农业开发		10286	10286	
1980	262023	29121	291144	增产粮食	43051	1400	44901	
				农业用水开发	58350	15221	73571	
				基础生产整理	36097		36097	
				大单位农业综合开发	48764		48764	
				改善流通	12349		12349	
				农业开发		12500	12500	
				农业机械化	23839		23839	

注：排除了赤字保全预算部分。

资料来源：引用韩国农村经济研究院. 韩国农政50年史［G］. 第1册，1999：798.

三、20 世纪 80 年代的农业财政政策

(一) 概况

韩国于 1967 年加入关贸一般协定（GATT）[①]，并开始参与多国国际贸易协商。从 1986 年 9 月到 1988 年，在第 8 次乌拉圭多国贸易协商会议上要求其加速扩大农产品的自由进口，进入加速开放国内农产品市场。

而广大的农渔村在生活环境、文化氛围、信息等诸多方面与城市居民拉开距离，使得农渔村逐渐消失活力。因此，当时提出有必要加强对农渔村市场的各种政策支持，社会舆论压力也很大。但是，政府在没有充分考虑对策的情况下，要面临农、水产品的市场开放压力。这无疑将增加农渔村民的负担，因此，出台相应农业财政政策已刻不容缓。

针对农业价格支持政策难以制定、而脱离农业人口也继续增加等现状，将农业财政策重点倾斜到：间接支援（减轻农渔村民负担对策）、改善农水产品流通环境渠道、改善农渔村生活环境、农业机械化、改善农业结构调整等领域。1989 年 2 月 25 日卢泰愚总统指示确立"农渔村发展对策"，当年 4 月 28 日韩国政府出台并公布了"农渔村发展综合对策"。

(二) 政府预算结构及分配

从 20 世纪 80 年代开始将农水产部的预算从一般会计中提取，将财政融资从财政管理特别会计中提取[②]。另外，又相继设立农业机械化促进基金（1980年）、农渔民后备人才培养基金（1980 年）、水产振兴基金（1979 年）、农渔村区域开发基金（1987 年），这后 4 项基金又合并成农渔村发展基金（1991 年）。

从 20 世纪 80 年代政府预算重点分配项目来看：首先，用于农业用水、耕地整理、改善排水设施、筑堤、大单元农业综合开发等农业基础建设、农业机械化、减轻农户负担等。其次，还投入培养农渔民后备人才、农渔村道

[①] GATT（General Agreement on Tariffs and Trade），又称日内瓦协定。于 1947 年在瑞士日内瓦召开关税壁垒和进出口限制及加强国际贸易协作而召开，最初成员国有 23 个国家。

[②] 从 1988 年开始转变成财政投资和融资性特别会计。

路及路灯增设、建立农水产品批发市场、农渔村结构改善等。即，把零碎农业规模化、进行农渔民职业培训、对定居点生活环境改善、建立农工园地①、引进先进农业设备、对专业农户进行海外培训等（见表2）。

表2　　20世纪80年代农业部门（农水产部管辖）财政预算分配抽样表

单位：百万韩元

年份	一般会计	财特会计	预算总额合计	主要项目	一般会计	财特会计	支出额合计	备注
1981	387635	42649	430284	增产粮食及更新种子	100304	1400	101704	包括1980年水稻冷灾预备费用
				农业机械化（机械化基金）	33839 25000		33839 25000	
				农业用水开发	73795	27049	100844	
				农业基础	36125		36125	
				大单位农业综合开发	90479		90479	另有外资38164
				农业开发资金账户支援		11000	11000	
1985	397131	109537	506668	农业用水开发	115252	25784	141036	
				农业机械化	6678		6678	
				增产粮食	11097		11097	
				扩充基础生产	63069	2797	65866	
				大单位农业综合开发	101943		101943	另有外资3202
				零碎农业资金到援		50000	50000	
				农业开发资金		25000	25000	
1989	1034766	396192	1430958	农业用水开发	270658		270658	
				扩充基础生产	190011		190011	另有粮谷管理基金951200

注：从1988年开始资金管理特别会计变更为财政投资和融资特别会计。随之，从这个会计账户可以支持融资和投资部分。

资料来源：1. 韩国农林部. 预算概要［G］. 各年份筛选.

　　　　　2. 韩国农村经济研究院. 韩国农政50年史［G］. 第1册，1999：811.

---

①　农工园地是指农业和工业园地相结合的产业化发展新园区。

（三）推进重点农业项目情况

20 世纪 80 年代韩国政府重点推进项目包括：农渔村后备人才培训、减轻农渔民负担、农业组合长期负债及预算支援、农渔村公路支援、筹建农水产品批发市场、农渔村地区综合开发事业、稳定农水产品价格、农业机械化、农渔村结构调整等。由此，来增加农渔民收入和减轻负担，并倾斜相应财政预算。

1. 农渔村后备人才培训。针对农渔村年轻人城市化进程加速情况，有必要培养需务农或渔业的青少年。1980 年便设立了农渔民后备人才培育基金，资金来源由政府出资、捐赠资金、畜产振兴基金、营运收益等构成。从 1980 年到 1990 年，韩国政府共出资 600 亿韩元，共培训 17.74 万人次。

2. 减轻农渔民负担。针对旱灾、水灾、雹灾等自然灾害，也曾出台过对贷款减免利息、展期偿还期限等措施。到 1987 年又首次推行了即使没有遭受自然灾害也对生活困难的农渔民减轻利息负担政策，其利差额有政府负担。这一政策在 20 世纪 90 年代也一直延续。

3. 农业组合长期负债及预算支援。韩国政府成立初期，对农业开发用水规定，70% 由政府补助；另外 30% 部分可以分 30 年平均偿还（长期贷款年利率 5%）。而对耕地投资部分 10%~20% 也可按长期贷款形式扶持。但，以组合形式偿还本金、利息、管理费①等时，还是出现了很多弊端，引起农民不满。1989 年 4 月又出台了农地改良特别措施，将农业用水等农业改良项目所发生的长期债，全额纳入国库进行统一补助。为此，政府在 1989 年财政预算中对农业组合长期债支持 222 亿韩元、农业组合管理费支持 335 亿韩元，共计 557 亿韩元（见表 3）。

表3   减轻农渔民负担推进情况表

资金对象	措施内容	政府对策
保全从农资金因贷款利率变动而发生的利差	利率 10%→5%	·86.3.5. 农渔村综合对策 ·89.4.28 农渔村发展综合对策
保全农水产品中期贷款利率变动而发生的利差	利率 10%→5%	·87.3.16. 减轻农渔村负债对策 ·89.4.28 农渔村发展综合对策

---

① 为了充当贷款本金和利息及一些组合管理费，当时按年每 300 坪缴纳 20%~25% 现粮。

续表

资金对象	措施内容	政府对策
保全因购买农器具资金利率变动而发生的利差	利率8%~11.5%→5%	·89.4.28 农渔村发展综合对策
1983—1984年因饲养牛而偿还展期或减免利息时所发生利差	减免利率	·89.4.28 农渔村发展综合对策
从农户负债偿还展期及利息减免	不足0.7ha：无息 0.7~2.20ha：中期资金3% 相互金融5% 每户支持限度：600万韩元	·89.12.30 农渔村负债减免特别措施法

资料来源：韩国农村经济研究院. 韩国农政50年史［G］. 第1册，1999：812.

4. 筹建农水产品批发市场。例如，在1984年竣工的首尔市可乐市场 (Garak Market)① 就是国库支援350亿韩元、首尔市453亿韩元、畜协合作动工完成。类似办法在各地方也展开。

5. 建立农水产品价格稳定基金。从1968年开始立法设立此项基金，到1990年为止，政府共筹措5010.54亿韩元此项基金资金。利用此项基金，用于支持农水产品储备、生产奖励、收购支援、出口支援、生产品物资市场进出调配、扩充流通设施、产地流通环节改善等。

四、20世纪90年代至21世纪初的韩国农业财政政策

（一）概况

从1995年开始，韩国要面对从过去GATT体制，转换成WTO体制②新的国际贸易体制秩序，对农产品的全面开放压力更大。加上1997年金融危机爆发，导致国内经济、金融环境严重恶化。压力来自银行外汇牌价飙升③、银行

---

① www. garak. co. kr.
② WTO 于1993年乌拉圭和谈后创立。
③ 1美元兑换韩元牌价，最高时由900韩元上升到2000韩元。

贷款利率曾高达30%、企业破产、失业人员剧增①等。1998年经济出现负增长率后，经过国际金融合作组织IMF的紧急救助，1999年下半年开始趋于稳定和好转，并逐渐摆脱危机。

金融危机时，农业领域受直接破坏影响力最大的是畜产农户。由于受外汇汇率影响，一头小牛原来价格达100万韩元，后下跌10万~15万韩元，甚至出现过弃养牛的现象。还有，种养水果、蔬菜、花卉等农户也受不同程度影响。不过，到了1999年后，这一现状趋于平稳。因此，20世纪90年代特殊的外部环境造成对农业领域财政预算也大幅度增加，而且支持对象也呈多样化趋势。

（二）政府预算结构（1990年新设会计和新设基金）

为了扩充农业财政资金，韩国政府于1992年设立改善农渔村结构特别会计；1995年设立农特税特别会计、1990年设立农地管理基金（见表4）。

1. 改善农渔村结构特别会计。针对市场开放压力、提高农水产品竞争力，韩国政府以培养农业专门人才、改善农渔村结构环境为目标增加此项支持，并通过农渔村发展基金委托回收。

2. 农特税特别会计。为了确保农业财政安全性，国家在每会计年度将征收农林水产进口关税、配合饲料、畜产设备附加税全额从这个账户提取；从中把相当部分用于改善农渔村结构（1995年占比47%）；另外部分分配于环境部、交通建设部、财政经财院、行政自治部、保健福祉部、教育部、文化体育部、劳动部等有关机构。农业部门将所得财政预算用于耕地整理、整顿事业、促进农产品流通顺畅、改善物流中心信息技术现代化、对农水产系统学校的教育支持、农渔村生活用水开发等项目上。

3. 农地管理基金。此基金有农地管理和农地造成两个专用账户。农地管理专用账户主要针对零碎农业规模化过程中的农地买卖、农地长期租赁、交换等往来通过此账户进行。农地造成专用账户主要管理农地的组成及再开发部分的管理。从资金来源情况来看：农地管理专用账户来自政府预算、出资、债券的发行、国债基金借入款项、融资本金回收等。农地造成专用账户来自农地造成费、农地销售垫付款等。

---

① 金融危机之前失业人员50万~60万人，危机时高达200万人。

表4　　　　　　　　1995 年度农林部门主要财政预算分配表　　单位：百万韩元

区分	预算总额	项目别预算				
		一般会计	财特（投资）	财特（融资）	农特（投资）	农特（融资）
预算规模	6563330	2057853	179076	2778523	2778523	1268078
打农业生产基础	—	—	—	—	—	—
·整顿基础农地	—	—	—	—	—	—
·整理耕地	—	—	—	—	—	—
·农地机械化扩农地路、包装	—	—	—	—	—	—
·耕地整理	38500	—	—	—	38500	—
·改善排水	412899	—	—	—	412899	—
·水利设施保修	15060	—	—	—	15060	—
·农业用水开发	236010	—	—	—	236010	—
大单位农业综合开发	153600	—	—	—	153600	—
零农规模化（农地管理基金）	162576	—	162576	—	—	—
农工园地筹建	17231	—	—	—	9900	7331
农渔村常驻生活圈开发	100000	—	—	—	—	100000
农渔村生活用水开发	40000	—	—	—	40000	—
农渔村废水处理设备	2400	—	—	—	2400	—
农业机械化	402385	—	—	—	113109	289276
改善农水产品流通渠道	756846	—	—	—	394562	362284
培育农渔村特产园地	12945	—	—	—	3975	8970
农产事业：土壤改良剂、农药安全设备等	43658	1440	—	—	24734	17484
畜产：防疫、养牛、畜产品检验	223450	66320	—	—	—	157130
零农资金支援	254000	—	—	254000	—	—
养畜资金支援	24800	—	—	24800	—	—
农渔村观光资源开发	23600	—	—	—	—	23600
农渔村后备人才培养	200000	—	—	—	—	200000
专业农户培养	194000	—	—	—	47000	147000

续表

区分	预算总额	项目别预算				
		一般会计	财特 （投资）	财特 （融资）	农特 （投资）	农特 （融资）
赤字保全						
·粮特证券整理基金	700000	700000	—	—	—	—
·粮特会计专款	697200	697200	—	—	—	—
减轻农户负担						
·负债对策等利差保全	—					
·农渔民子女学费支援	363307	363307	—	—	—	—
·肥料差价损失保全	14428	14428	—	—	—	—
·农地改良组合支援	27651	27651	—	—	—	—
	127830	127830	—	—	—	—
农特会计管理费	757236	—	—	—	757236	—
借款资金汇率损失						
·农协信用借款汇率	2607	2607	—	—	—	—
·农业用水、大单位开发等本金汇率损失	34610	34610	—	—	—	—

资料来源：韩国农村经济研究院. 韩国农政 50 年史［G］. 第 1 册，1999：829.

（三）推进重点农业项目情况

20 世纪 90 年代农业部门预算分工呈更加细分化趋势，大体可分为 10 大项目（见表 5）。

表 5　　20 世纪 90 年代农林部门按各大项目财政预算分配比率表　　单位：%

区分	1991 年	1992 年	1993 年	1994 年	1995 年	1996 年	项目内容
1. 打农业生产基础	25.6	23.2	18.5	8.8	19.3	23.2	农业用水 耕地整理 改善排水 保修水设备 大单位农业综合开发

续表

区分	1991 年	1992 年	1993 年	1994 年	1995 年	1996 年	项目内容
2. 改善农渔村结构	32.5	38.9	11.5	6.8	5.3	2.8	筹建农工园地 开发农渔村常驻生活圈 开发农渔村生活用水 支援农渔村观光休养地 预测进口安全对策
3. 改善农水产品流通渠道	4.3	4.9	6.3	7.7	11.7	10.8	改善农水产品流通渠道 培养农渔村特产园地 农业稳定基金 批发市场 产地储藏加工
4. 减轻农户负担	26.1	21.2	15.6	11.2	8.1	7.5	负债对策等利差保全 支援农地改良组合 支援农民子女学费肥料差价保全（劝买肥料）
5. 农、畜产业	1.3	2.7	3.3	11	6.7	7.8	农业产业项目 （土壤改良剂、防止病虫害等） 畜产产业项目 零农畜产支援资金 蚕业
6. 农业机械化	1.7	1.5	8.9	7.1	6.1	6.1	农业器具供应 农业机械基金等
7. 人才培养	—	—	5.1	5.5	6	5.4	农渔民后备人才培养 专业农户培育
8. 偿还借款事业费	2.4	1.9	0.1	0.1	0.6	0.5	与农业相关汇差损失及本金偿还
9. 赤字保全	—	—	17	24.1	32.8	27.2	让特赤字 肥料账户赤字 农特会计管理（偿还借款）
10. 其他	6.1	5.7	13.7	7.3	3.4	8.7	

资料来源：韩国农村经济研究院. 韩国农政50年史［G］. 第1册，1999：832.

1. 打农业生产基础。此项，在 20 世纪 90 年代财政预算占比仍然最多。从表 5 中也可以看出 1991 年占比 25.6%，到 1996 年占比仍为 23.2% 的高比率。从 1993 年开始将农地基础更新也纳入财政预算；1997 年完成耕地整理 73.8 万 ha，完成总计划的 82%；1997 年完成排水管 8 万 ha，完成总计划 40%；1994 年完成水库 18179 个、蓄水池 5376 个、排水厂 333 个等。

2. 改善农渔村结构。主要从 1995 年开始解决了农渔村生活用水、农加工用水问题；常住人员生活环境改善等。

3. 改善农水产品流通渠道。对此项的财政支持，由 1991 年的占比 4.3%，到了 1996 年增加到占比 10.8%。集中建立地方批发市场、产地储藏加工设备支持、园艺作物流通渠道、农渔村特产园地的建立等。

4. 减轻农户负担。从 1990 年开始对农民子女进行学费支援。即，父母在市、邑、面地区居住、持有不足 1.0ha 农地的农户子弟，到高中为止支援全额学费（包括听课费和入学费）。还有，经过农协销售低于原价的复合肥料，其差价部分也由政府补助。

5. 农、畜产业项目。农业产业项目支持包括：土壤改良剂、防止病虫害、农药安全设备等；畜产业项目支持包括：家畜防疫、畜产机械化、畜产系列化、零碎农户资金支持等。

6. 农业机械化。培育农业机械组织。即，从农业生产到收获、加工为止，提供共同机械化作业而成立农业公社法人（218 所）和共同操作组织（1000 所），政府提供组织费用。提供农器械购买资金。即，从 1993 年开始，给农户提供半价出售农器具，一直延续到 1997 年（根据总统公约）。还有，支援农器具事后管理。即，为了方便农器具的故障修理，提供事后服务所、向农器具生产厂家提供资金支持（融资）、农器具保管仓库设备（政府补助 50%，融资 50%）等。

7. 人才培育。首先，提供贷款支持。为了让务农人员后继有人，在 1997 年每人提供了 2500 万韩元贷款融资（分 5 年偿还、年利率 5%），共支持 107404 人。其次，培养专业农户。即，在水稻、蔬菜、果树等领域专业农户，提供政府资金支持。最后，对先导农业团体的支持。为了将农民农场作为活的教育基地，给一般农民、农水产系列学生提供实习教育等经费支持。

8. 偿还借款事业费。对于大单元综合开发、农业用水开发、开发农地等农业财政借款偿还本金和弥补汇差的预算部分。到 1980 年为止将大部分本金偿还完毕，但汇差部分尚需弥补部分拨入预算。

到 21 世纪初，最主要的课题是面对 WTO 如何正确确立和完善农林财政政策是关键所在。面临 WTO 体制转换，韩国政府有针对性地加大出台农业财政对策。例如，期初投入 42 兆韩元用于改善农渔村结构的投资、融资部分（1992—1998 年）；投入 15 兆韩元用于支持农渔村特别税部分（1994—2004 年）；又投入 45 兆韩元用于农业和农村长期投资、融资部分（1999—2004 年）。其结果，导致国民对农业财政投入过大的质疑以及较其他产业农业附加值相对减少、债务偿还难度较大等问题的出现。

韩国的农林财政预算内容和规模也发生了变化（见表6），演变成由一般会计、农渔村改善结构特别会计、财政融资特别会计、国有财产管理特别会计、负责运营机构特别会计、粮谷管理特别会计、农特税管理特别会计等 7 大项构成。其中，农渔村改善结构特别会计占 64%，一般会计占 30.5%，共计占 94.5%。

表6　　　　　　　　　1998—2002 年农林财政预算规模　　　　单位：亿韩元

年份	1998	1999	2000	2001	2002
一般会计	20965	25099	26676	24758	31624
农渔村改善结构特别会计	52784	48841	53631	59349	56342
财政融资特别会计	4325	3710	2020	1327	2133
国有财产管理特别会计	1704	1289	1225	1315	1344
负责运营机构特别会计	—	—	97	1351	1409
粮谷管理特别会计	12837	13226	12167	11586	12381
农特税管理特别会计	269	495	517	2162	1849

资料来源：金永泽. WTO/DDA 农业协商和今后农林政策方向［Z］. 2003.

20 世纪 90 年代以后，韩国务农的人口比重越来越呈下降趋势[1]，而新的外部环境迫使其向着力于提高农业技术、生产力的方向发展。因此，也给了很多新的课题。即，一是面对 WTO 协商所需财政规模的测算问题。因为，这个将直接涉及城市和农村人口收入均衡问题。二是所支持财政资金来源问题。如，涉及有没有保留农特税意义等。三是怎样更加合理、细致地分配财政支

————————————

① 据韩国农业经济研究院测算，截至 2000 年韩国农业人口占比 10.5%，到了 2011 年有望继续减少为 4% 左右。

出；四是如何更有效提高有关财政资金利用效率。如，对农业综合资金有效利用的监控、评估等。

2000 年初的韩国农业财政政策的制定方向：一是通过有效利用财政手段确定好政策方向。即，认真考虑 WTO 体制下的各种不利因素，有针对性地确立财政政策应付策略。二是农业财政政策与一般财政政策、政府宏观政策应协调发展。如，当政府实行紧缩政策时，不应片面保护特殊领域。农业财政政策也应与利率、劳动力市场雇用水平等政府宏观调控互联、互动。三是提高农业生产力和提高农户收入要并行发展。四是在如何选择农业财政政策手段问题上，应对政府和民间投入区别对待。农林财政政策应仅仅发挥市场机制的补助作用，而不能替代市场自身的规律和作用，应防止副作用的发生。五是分析好农业财政政策对农户各个阶层的影响力。即财政资源的合理分配及效率性。六是应对好对韩国冲击最大的大米市场的开放问题。七是提高财政支出效率性及农业生产系统的先进性（见图 1）。

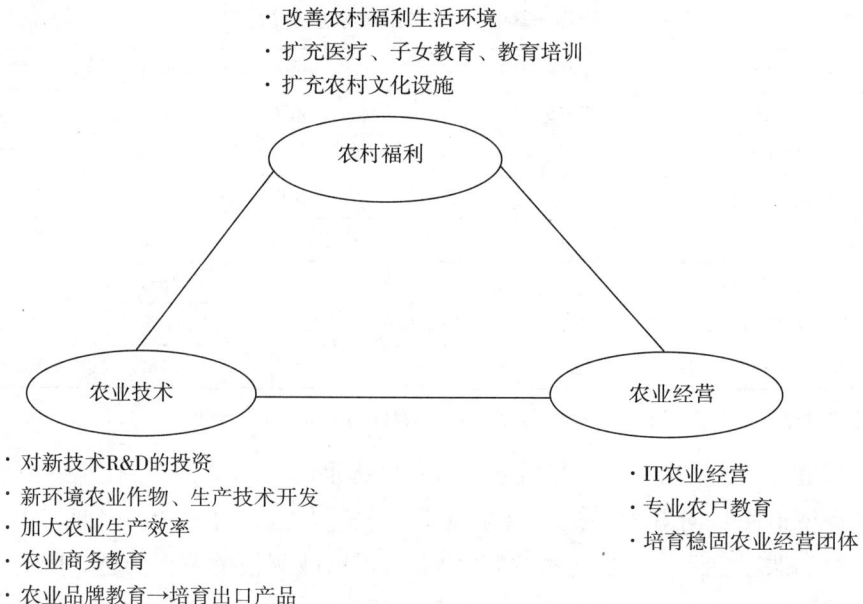

· 改善农村福利生活环境
· 扩充医疗、子女教育、教育培训
· 扩充农村文化设施

农村福利

农业技术　　　　　　　　　农业经营

· 对新技术R&D的投资
· 新环境农业作物、生产技术开发
· 加大农业生产效率
· 农业商务教育
· 农业品牌教育→培育出口产品

· IT农业经营
· 专业农户教育
· 培育稳固农业经营团体

图 1　韩国农业财政投入方向

综上所述，我们从历史演变和发展角度可以观察到 20 世纪 70 年代到 21 世纪初为止，韩国政府针对农业财政的补助根据其实施的政策、手段、对象、运作体系等有阶段性的自身的特征。20 世纪 70 年代扶持的重点在于粮食增产；80 年代的扶持重点在于针对农村商业化带来的市场冲击部分；而 90 年代着重扶持了农业生产的大规模化和专业化的改造；到了 21 世纪代初期重点支持农业竞争力和农民创收部分。农业财政的支持方式，20 世纪 80 年代为止采取了中央政府直接主导方式，但从 90 年代中期开始，更加强调了地方政府向中央政府申请补助金形态，中央—地方政府共同协作方式。不过，这一方式到了 21 世纪初以后又发生了新的变化。宋美岭（2013）等认为，2000 年初的农业财政的支持方式从过去简单的价格和以生产为主的补助金方式，变成直接支付方式。考虑得更加细致化，对象不仅要包括传统农业还要考虑各种农户类别细分化甚至消费者部分。另外，中国的农业占 GDP 的比重在 2013 年末为 10%，韩国的农业为 GDP 的份额只有 2%。而在 2001 年韩国的农业占 GDP 的份额为 4%。因此，本文认为 21 世纪初韩国农业发展实情和所采取的中央—地方政府共同协作运用方式更加贴近当前中国对现实问题的研究，并能够找出对中国的启迪部分。

五、韩国农业财政政策演变的内在逻辑分析

（一）韩国农业的发展得益于国家对农业财政长期持续的投入且力度很大。重点发展时期应是 20 世纪 80、90 年代，而新村运动时期则为其阶段性过渡发展奠定基础。

1. 自 20 世纪 70 年代新村运动开展以来，政府对农林水产预算支出占国家财政预算支出一直呈高价位上升趋势（见图 2）。从 20 世纪 70 年代至 21 世纪农林水产预算支出及其占国家总预算支出情况来看：虽然在新村运动时期也相应重视投入支持农业财政，但因受当时的经济发展调整阶段制约影响，国家财政预算支出较后期也相对低水平运转，从而农业财政预算支出规模也不太大。1970 年平均预算支出 1580 亿韩元，占比 5.7%；从 20 世纪 80 年代开始，由于韩国经济进入高速增长阶段，农业财政规模随之也明显扩大。1980 年平均预算支出 10040 亿韩元，占比 6.4%；到了 20 世纪 90 年代后期虽然经受过金融危机影响，但总体规模还是较高，农业财政平均预算支出 66461 亿韩元，占比 9.57%；到了 21 世纪较 20 世纪 90 年代趋于减少，农业财政平均预算支出 90476 亿韩元，占比 8.0%。

亿韩元

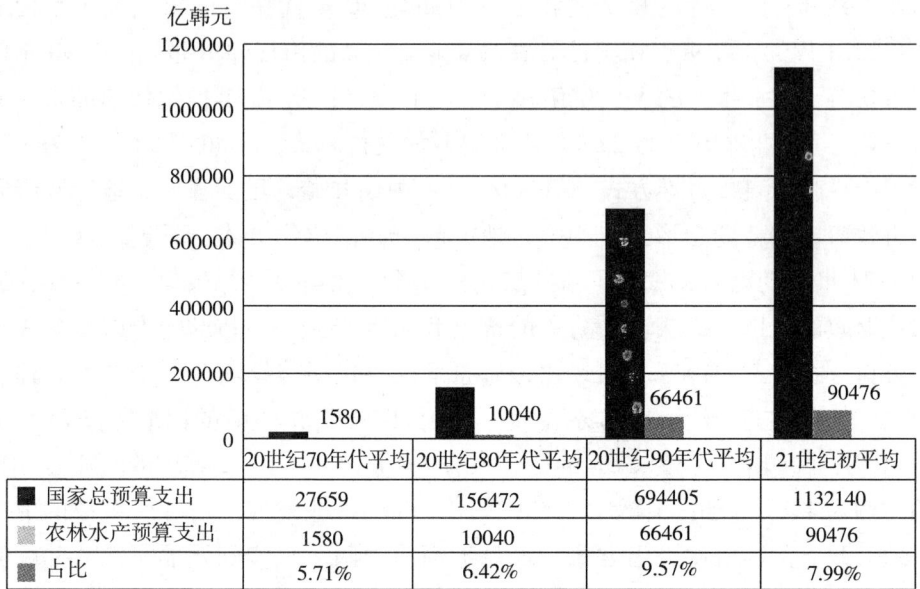

	20世纪70年代平均	20世纪80年代平均	20世纪90年代平均	21世纪初平均
■ 国家总预算支出	27659	156472	694405	1132140
▨ 农林水产预算支出	1580	10040	66461	90476
▦ 占比	5.71%	6.42%	9.57%	7.99%

资料来源：根据表 7 数据绘制。

图 2　国家财政预算支出占比

2. 韩国长期以来一直重视农业财政性预算支出投入，新村运动时期是过渡性发展阶段。对农业生产的发展投入即使在日本殖民统治时期也没有中断过。而经过朝鲜战争的惨重洗礼后，1950 年、1960 年进行战后恢复性农业基础性生产，韩国政府首先强调和治理的便是农业发展财政政策。当时不仅及时解决农渔村的农、畜、水产业的资金周转问题，且针对性整顿高利贷市场、海外借款支持农业、发展农村基金等举措为今后农业重新发展奠定基础。20世纪 70 年代韩国政府对农业生产打基础、粮食增产、政府保证种子的生产供应等提供支持。但其财政预算与 20 世纪 80 年代相比仅是 15% 规模水平。因此，20 世纪 70 年代在农业财政预算规模方面较 80 年代、90 年代、21 世纪初是无可比拟的。而农业财政预算支出内容也发生变化，但都非常重视农业生产基础建设，一直延续下来（见图 3）。因此，也可以说，20 世纪 70 年代新农村运动时期应该是打农业生产基础过渡性发展阶段。

3. 韩国的农业财政支出投入大小与其经济发展阶段紧密相连和吻合。从图 4 中 1972—2002 年农业财政支出同比增幅趋势情况可以看出：1975 年和 1995 年两次出现超过 80% 以上的剧增，是两次最高增长点。20 世纪 60 年代

亿韩元

图表内容：

20世纪90年代
对农业生产打基础、农业机械化、农业机制改善、改善农水产品流通

20世纪80年代
对农业生产打基础、农业机械化

20世纪70年代
对农业生产打基础、粮食增产

农村福利、人才培育、IT教育、新技术研发管理

21世纪初

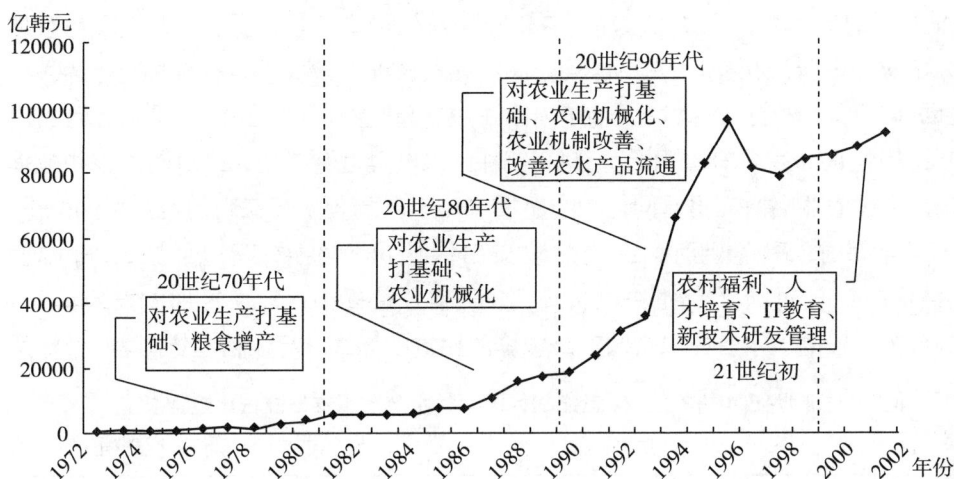

资料来源：根据表 7 的数据绘制。

图 3　韩国农林水产预算支出趋势图

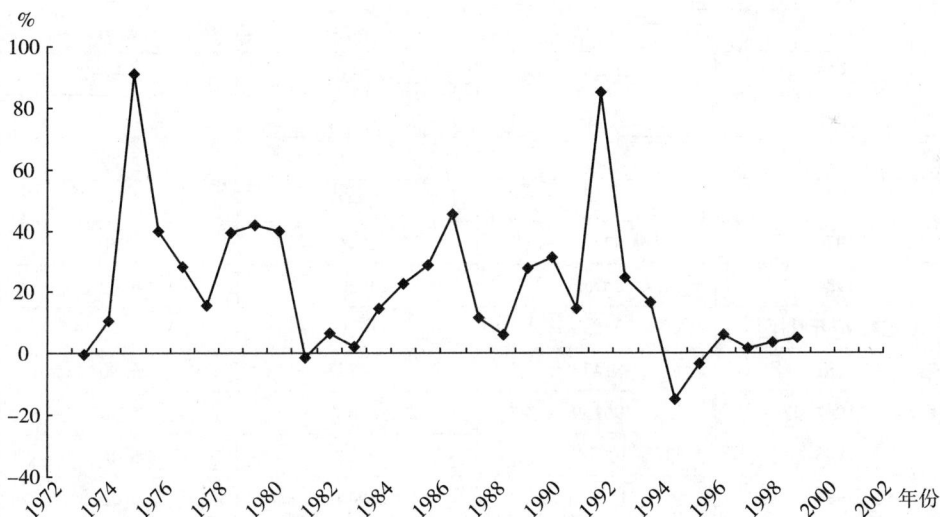

资料来源：根据表 7 的数据绘制。

图 4　农业财政支出同比增幅趋势图

朴正熙统治时期，推进高速工业发展政策加速了城市化进程，导致了大量的农民涌入城市，仅 1967—1976 年韩国有将近 670 万农村人口离农，其规模超

过朝鲜战争时期的避难人群，农业人口从 20 世纪 60 年代的 58.3% 剧减至 1975 年的 37.5%。为激活农村市场，韩国政府从 20 世纪 70 年代后期开始加大了农业财政支出，1975 年曾较同期增幅高达 91.1%，出现最高点。1995 年韩国向 WTO 体制过渡期，为保护国民损失和利益，同时也加大农业财政支出同比增幅提高 85.2%。还有，1988 年韩国汉城奥运会时期，经济腾飞也相应促进加大了农业财政支出，同比增幅超过 40%，是历史上第三高的增长点。但是，1997 年韩国金融危机时，农业财政支出同比出现了最低谷负增长，降幅为 −15.0%，通过国家治理整顿后，从 1999 年开始逐渐得以恢复加大投入。表 7 为各个阶段的农水产支出占国家总预算的比重的详细计算表格趋势图表。

表 7　20 世纪 70 年代至 21 世纪初韩国农林水产预算支出及占比趋势表

单位：亿韩元,%

年份	国家总预算支出	农林水产预算支出	农林水产预算支出占比
	（A）	（B）	（B/A）
1972	7472	457	6.10
1973	6934	456	6.60
1974	10756	505	4.70
1975	16435	965	5.90
1976	23164	1349	5.80
1977	29661	1731	5.80
1978	36302	2003	5.50
1979	52453	2794	5.30
1980	65755	3962	6.00
20 世纪 70 年代平均	27659	1580	5.74
1981	81479	5532	6.80
1982	96199	5466	5.70
1983	107788	5821	5.40
1984	115424	5946	5.20
1985	127007	6810	5.40
1986	142361	8344	5.90
1987	166260	10762	6.50
1988	199628	15658	7.80
1989	245051	17510	7.10

续表

年份	国家总预算支出	农林水产预算支出	农林水产预算支出占比
	（A）	（B）	（B/A）
1990	283520	18552	6.50
20 世纪 80 年代平均	156472	10040	6.20
1991	329295	23699	7.20
1992	366222	31056	8.50
1993	413322	35621	8.60
1994	506553	65967	13.00
1995	594011	82301	13.90
1996	678971	95961	14.10
1997	742225	81541	11.00
1998	837071	78939	9.50
1999	981198	83649	8.50
2000	1045180	85875	8.20
20 世纪 90 年代平均	694405	66461	10.25
2001	1109162	88100	7.90
2002	1155118	92852	8.00
21 世纪初平均	1132140	90476	8.00

资料来源：韩国农村经济研究院. 韩国农政 50 年史 ［G］. 第 1 册，1999：846.

韩国农林部.《预算概要》及《农林业主要统计》，各年度统计表等由笔者重新计算。

（二）韩国政府对农业长期持续的财政投入，对减缓城乡收入差距起到了重要作用（见图 5），但如何防止城乡收入拉大、保护好农民利益仍是当今制定农业财政政策的棘手问题。由于韩国政府重视农业发展，韩国的城乡收入差距拉开的不是很大，甚至出现过农户收入超过城市家庭收入现象。即，从表 8 中，在 1965 年、1975 年、1985 年出现这一现象。不过，从 1990 年开始，这一现象开始出现变化，到了 1997 年农户收入与城市家庭收入比例为 0.856：1，说明城乡收入水平开始拉大，但总体上还是保持在 0.9：1 左右的水平。一方面可以说，韩国政府的长期性农业财政扶持政策导致城乡收入拉开距离不大的主要原因；另一方面，韩国务农人口减少、市场开放压力剧增等因素影响农民生产积极性也导致农村收入水平。因此，如何去增加农民收入、减轻农民负担等也是长期性要考虑的难题之一。在图 5 中也可以看到在 20 世

纪 90 年代中期为止城乡收入差距变化不大，但到了 20 世纪 90 年代中后期和
21 世纪逐渐开始出现拉开。根据金经德和任知恩（2011）的研究，主要是因
为随着韩国的城市化率越来越提高，不同区域间和不同阶层的收入水平开始
拉大所致。

千韩元

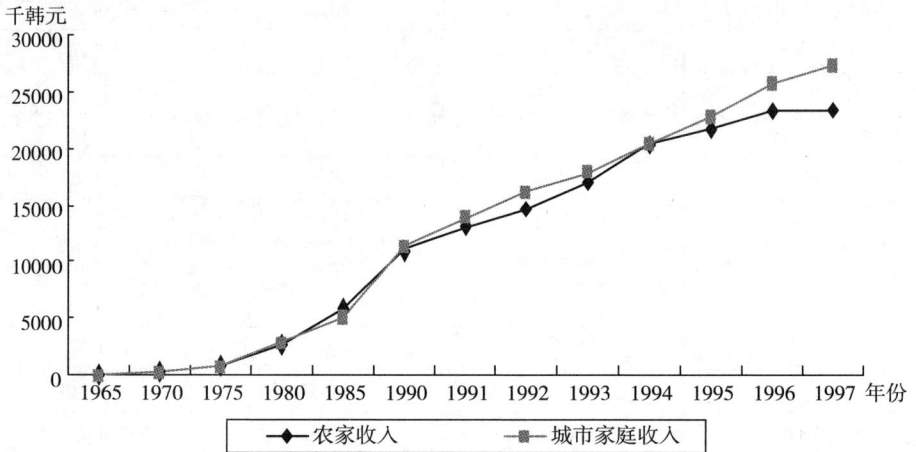

资料来源：根据表 8 的数据绘制。

图 5　韩国城乡收入比较趋势图

（三）韩国财政会计项目、经费项目等更加趋于细致、复杂化，其运作方
式也越来越向电算化、系统化、先进化方向迈进。从 20 世纪 70 年代到 21 世
纪初的韩国农业部门财政预算分配情况表的演变及其科目变化可以说明这
一点。

（四）加大对农村市场教育和福利的财政投入，是改善农村发展结构的有
效途径。一是韩国政府到了 1980 年开始建立农渔村后备人才教育基金加以重
视对农村教育投入。一直作为长期性发展战略来抓。到了 21 世纪以后，为进
一步培养专业化、科技化农业人才继续大力倾斜农业财政政策。二是从 1990
年开始对贫困农民子女进行学费支援，为农村贫困农渔村民提供和解决了实
质性经济困难。三是在改善生活环境、扩充医疗设施、教育投资、文化设施
建设等方面将继续加大支持力度。

（五）针对农业人口减少、市场开放压力加大的新环境，农业财政应该朝
着提高农业技术等方向发展带来很多新的课题。韩国政府大力建设农工园地、
批发市场等为缓解劳动力市场和农民创收提供了便利条件。

（六）灵活运用各种金融工具来发展农业。如，各种农渔村发展基金、优惠贷款利率贴补等。一是各种名目繁多、筹资渠道多样、政府性组织的基金为农业发展作出不少贡献。即，农水产物价格稳定基金、农渔村发展基金、粮谷证券整理基金、种子基金、畜产发展基金、蚕业振兴基金等。二是及时提供农业融资资金和优惠贷款利率政策性补偿。在 20 世纪 60 年代政府直接介入干预高利贷市场，并进行财政性倾斜政策；80 年代出台针对农户的中长期贷款利率、农器具、养牛等很细致的贷款利差进行财政性补贴；在 1997 年每人提供了 2500 万韩元贷款融资（分 5 年偿还、年利率 5%），共支持107404 人。培养专业农户。即，对水稻、蔬菜、果树等领域专业农户，提供政府资金支持等（见表 8）。

表 8　　　　　　　　　　韩国城乡收入比较表　　　　　　单位：千韩元,%

年份	农户收入（A）	城市家庭收入（B）	农户收入/城市家庭收入（A/B）
1965	112	102	109.8
1970	256	292	97.7
1975	873	786	111.1
1980	2693	2809	95.9
1985	5736	5085	112.8
1990	11026	11320	97.4
1991	13105	13903	94.2
1992	14505	16273	89.1
1993	16928	17734	85.4
1994	20316	20416	99.5
1995	21803	22933	95.1
1996	23298	25832	90.1
1997	23448	27448	85.6

资料来源：韩国农村经济研究院. 韩国农政 50 年史［G］. 第 1 册, 1999：841.

韩国农林部. 农林业主要统计［G］. 1998.

六、结论与启示

农业财政支出投入大小与其经济发展阶段紧密相连和吻合。从韩国的经验来看，从 20 世纪 70 年代新村运动开展、1988 年奥运会、1995 年 WTO 体制过渡期、1997 年金融危机都已验证了这一点。而这些，恰好与中国当前已面临或即将面临的历史挑战惊人地相似。因此，无论中国在当前新农村建设还是在 2008 年北京奥运会、WTO 体制转轨过程中必须也应该注意加强对农业财政政策性投入力度。而且，应更加认真地研究整个韩国经济的成功和失败经验，对其他经济领域的发展也有很好的借鉴意义。作为公共政策的一种表现形式，农业财政政策的内容是经济性的，但其目的和效果却远远超出了经济范围。这对中国来讲尤为突出，中国政府应该充分发挥农业财政在全面建设小康社会中的不可替代的作用。

（一）对农业财政的投入应可持续进行——这一问题不容忽视。韩国政府无论在新村运动时期，还是在亚洲金融危机、WTO 体制的转换等诸多国内外环境变化的条件下，30 多年以来灵活调整财政政策都丝毫没有放弃加大对农业财政的投入，从而奠定了农业的基础地位，保护了国内农产品市场和农渔民的利益——这是值得我们学习借鉴的一条宝贵经验。

（二）在农村人口转移城镇过程中，应重视和解决弃耕、弃农问题。从韩国情况来看，在城镇化进程中弃耕、转让农地等现象也曾屡屡发生。对此，韩国政府组建了农渔村振兴公社等政府组织形态，统一收购土地并加以流转。对防止农地流失和实现农业生产规模化经营起到了很重要的作用。这一经验也十分值得中国借鉴。

（三）"国家主导型"环境下要重视市场经济的规律取得的成功经验值得借鉴。无论出台何种农业财政政策也不能违反市场竞争规律，盲目性投资将导致风险问题。农、林、渔产业都有自身脆弱的一面，需政府去保护和完善。但是，不能违背市场竞争原理。若按计划经济模式一味强调保护政策也是片面的。因此，政府出台的财政政策的成功与否，关键是要正确把握和研究好农村市场，建立公平竞争、畅通流通、自由发展的外部环境。

（四）解决好城乡收入差距问题和农村教育的投入，提供了不少财政补助取得了好的效果。以合理的财政性保护政策和税收政策来缩小城乡收入的继续拉大趋势。农村人口趋向于城市化是必然趋势，要防止因农业人口减少而忽视对农村的文化教育。尤其是，农村孩子教育问题应是重中之重。当今的农业生产蕴含科技含量越来越高，因此，即便是农村人口减少也不意味粮食生产能力减弱。据预测，韩国到了 2011 年农业人口将减少到 4% 左右，因此，韩国政府正通过有条不紊地提供财政政策，来提高农业人口素质、解决农村问题。这一条也是十分值得中国借鉴的宝贵经验。

（五）积极运用针对性金融政策工具。韩国政府通过建立各种农村基金、优惠利率补贴政策来支持农村发展的做法，也很值得中国借鉴。

（六）韩国在农业财政政策中失败的教训部分是政策的出台时效应对不足问题。尤其在外部环境急剧变化的情况下，政府应该审时度势，固守过去的政策实施难免会产生副作用问题。

由于资料有限，本文没能对韩国农业财政和经济增长相关性部分进行更加精确的计量分析。还有，21 世纪中期以后的农业财政投入形式的转变为直接支付方的剖析；两国间土地制度的不同点问题，可以和中国的省际间做出个更细致的比较研究部分；2015 年中韩两国拟建立 FTA 前提下的两国间的农业财政政策分析等诸多议题有待于今后继续挖掘研究。

参考文献

［1］王慧娟．我国农业财政政策的绩效研究［J］．商 Business，2013（15）．

［2］宋美岭，朴俊基，金光善，全仁惠（2013）．以提高农业·农业政策可持续性农业财政推进的方向和课题，基本研究报告，韩国农村经济研究院,1－227（韩文）．

［3］李宏．（2012）．农业财政支出政策的未来取向．经济参考研究，42 期．

［4］仆爱华．（2011）．中韩农业支持体系比较研究．山东师范大学，硕士学位论文．

［5］金经德，任知恩（2011）．区域间，阶层间差距实态和要因分析基本研究报告－R653－1，韩国农村经济研究院，1－64（韩文）．

［6］马晓春．（2010）．韩国农业补贴政策及启示，「农业技术经济」，第 7 期．

［7］柳银河．（2010）．中国省级农业财政支出和农民收入区域间比较研究．「中苏研究」，汉阳大学，34，3：91－110（韩文）．

［8］曲婷婷，张海鸥．（2009）．韩国财政支持农村发展的经验与借鉴，

「经济纵横」，第 5 期.

［9］金永泽．（2003）．WTO/DDA 农业协商和今后农林政策方向．「农村经济」，韩国农村经济研究院，4 期（韩文）.

［10］中国农业科学院，www. caas. net. cn.

［11］中国农业信息网，www. caein. com.

［12］中国社会科学院，www. cass. cssn. cn.

［13］韩国农村经济研究院编制，1999，「韩国农政 50 年史」第一卷.

［14］韩国农村经济研究院编制，1999，「韩国农政 50 年史」第二卷.

［15］韩国农林部编制，1989，「预算概要」.

［16］韩国农林部编制，1989，「农林业主要统计」.

［17］韩国农村经济研究院编制，1989，「韩国农政 40 年史」（上）.

［18］韩国农村经济研究院编制，1989，「韩国农政 40 年史」（下）.

［19］韩国农村经济研究院，www. krei. re. kr.

［20］韩国开发研究院，www. kdi. re. kr.

［21］韩国银行，www. bok. or. kr.

［22］韩国农协，www. nonghyup. com.

［23］韩国农政，www. ikpnews. net.

韩国信用合作社的破产与法律关系

林治龙①　　池天慧②

一、金融机构破产的特征

韩国 1997 年经济危机后，银行、证券公司、相互信用金库、借贷公司等相继破产，金融机构破产案件激增。政府为规范金融机构破产，屡次修改"关于改善金融产业结构的法律③"（《金产法》）与《存款人保护法》，并于 2000 年 1 月 21 日制定公共资金管理特别法（《公特法》），通过该法提供的措施（减资、停止高管职务、资产转让、合并、破产申请）大力推进金融机构的退出机制。信用合作社不属于《金产法》所规定的金融机构，不适用《金产法》上关于破产程序的特别规定（第四章金融机构的清算及破产第 15 条至第 23 条）。虽然如此，但因其属于广义的金融机构，在信用协同合作社法（"信用合作社法"）中规定了关于破产申请以及破产财产管理人推荐的特则 2 条。④

一般情况下，金融机构破产的特点赋予金融监管机构宽泛的裁量权，⑤ 赋予其对于破产程序的参与权，为保护存款人投入公共资金设立存款保险，追

---

①　韩国金张律师事务所合伙人。

②　北京市昌平区人民法院民事审判二庭法官助理。

③　*感谢为本文写作协助提供资料并进行说明的金融委员会 Kim Yeonjun 事务官。

金产法上资不抵债金融机构的处理规定概要参见赵廷来、朴镇构. 关于金融产业结构改善的法律的改善方案［Z］. BFL 第 7 号，2004，9：43 - 55.

④　赋予金融委员会破产申请权的第 88 条与赋予其破产财产管理人推荐权的第 88 条之 2。

⑤　宪法法院驳回了就《金产法》上有关于资本减少、新股发行以及减资的条款（第 12 条第 2 款至第 4 款）、有关于重要财产处分的条款（第 11 条第 1 款，第 14 条第 2 款）、有关于管理人选任的条款（第 10 条第 1 款第 4 项，第 14 条之 3）提起的违宪主张。权纯一. 关于处理资不抵债金融机构的争讼［Z］. BFL 第 7 号，2004.9：57 - 80.

究资不抵债责任人的责任等。① 本文限于金融机构中的信用合作社被宣告破产的情形，将笔者担任西江信用合作社②破产财产管理人期间处理破产财团业务所遇到的问题点以破产申请的角度依次说明，同时尝试提出今后的改善方案。

二、信用合作社的破产申请权人与费用负担

（一）申请权人

信用合作社不是商人，是非盈利法人。③ 因此，只要符合"关于债务人重整及破产的法律"（"债务人重整法"）上关于法人的一般破产原因（资不抵债或者支付不能），债权人或债务人即可申请破产。另外，信用合作社也同为金融机构，受金融监管机构的监督，因此存在对申请权人的特例。根据《信用合作社法》第88条，金融委员会对受其经营管理的合作社施行财产审查的结果，其处于资不抵债状态，没有欲并购其的合作社或者信用合作社中央会贷出款后3年以内恢复经营正常化较为困难的，或者依照合同转让的决定达成资不抵债合作社的合同转让的，可以向合作社主事务所所在地的地方法院申请破产。④ 实际上并不是金融委员会，而是大多数情况下金融监督院院长申请破产。其理由为，金融委员会作为政府机构，公务员的数量较少，业务负担较重，有必要向作为非政府机构的金融监督委员会委托其业务。《信用合作社法》第96条，《信用合作社法施行令》第24条第1款第12项将金融委员会关于破产申请的权限委托给了金融监督院长即反映了这一点。金融监督院为民法上的法人，其将信用合作社的破产申请相关权限赋予给其一名职员，将其作为代理人登记在了登记簿上。西江信用合作社一案中也是代理人

① 郑赫镇. 金融机构破产的特征——以存款人保护法为中心［Z］. BFL 第 7 号，2004.9：11 - 14. 日本理论也大同小异，参见伊藤真. 金融机构破产处理法制. 高木新二郎、伊藤真主编，讲座破产法体系，第 4 卷，日本评论社，2006：256 - 257. 关于日本银行破产的最新理论参见森下哲郎. 关于银行破产的国际争论与日本法的课题. BFL 第 50 号，2011.11：70 - 90.

② 根据破产申请书，申请破产时西江信用合作社的组员有 7358 名，负债约 503 亿韩元，资产约 359 亿韩元，处于资不抵债状态。

③ 参见大邱地方法院 1991 年 6 月 14 日宣告 90NA9085 判决. 有关水产业协同合作社并非商人的判例有大法院 2001 年 1 月 5 日宣告 2000DA50817 判决（公 2001.434）。

④ 最初金融监督委员会具有破产申请权限，随着 2008 年 2 月 29 日的修改，变更为金融委员会。

代理金融监督院长进行了破产申请。

综上所述，信用合作社的破产原因只要符合《债务人重整法》上的一般性破产原因（第305条）与法人的破产原因（第306条）的规定，利害关系人就可以申请破产，但金融委员会为进行破产申请在程序上需先由《信用合作社法》第86条规定的金融委员会选任管理人接手经营管理。

（二）费用负担

旧破产法中没有关于破产申请人为债务人时的费用预缴义务规定（旧《破产法》第303条），但《债务人重整法》不仅规定了债权人申请的情形，就债务人申请的情形也设定了预缴义务（第303条）。不履行时成为破产申请的驳回事由（第309条第1款第1项）。但是金融监督院院长作为监管机构是为了维护公共利益进行破产申请，而不是站在债权人地位上为了获得分配而进行破产申请。正因为如此，在1997年韩国经济危机时也发生了一个先例，法院对受金融监督委员会委托以信用合作社为对象申请破产的信用管理基金董事长发出了预缴命令，但其后接受了其是以公益为目的的申请破产的异议，取消了预缴决定，最终从债务人处获得了债务预缴。① 西江信用合作社一案也与此相同，金融监督委员长的代理人因自己无法负担破产申请费用，而申请由西江信用合作社负担，并最终在申请人没有预缴费用的情况下得以宣告破产。

（三）信用合作社法上的经营管理人的法律地位

破产财产管理人由法院选任，其对破产法人的财产取得管理处分权。关于破产财产管理人的法律地位有众多学说②，但其不是破产法人的代表人是不言自明的。与此相反，《信用合作社法》上的管理人可以由金融委员会选任或者解任（第86条，第92条第4款）。管理人根据选任目的开展合作社业务，拥有财产的管理处分权限，可以调查合作社的财产现状，在必要时可以对参与了违法、资不抵债贷款的高级管理人员、职员的财产进行财产保全等必要措施（第86条之2）。管理人的报酬由金融委员会决定，管理人为数人的，关

---

① 徐庆桓. 金融机构破产相关实务问题点［Z］. 破产法诸问题（下），法院图书馆，1999：47.

② 有代理说、职务说、破产财团代表说、管理机构人格说等。具体内容参见全炳瑞. 破产法（第2版）［M］. 法文社，2007：91－92.

于管理人的善管注意义务，管理人代理准用《债务人重整法》第 360 条至第 362 条。但是，不得准用《债务人重整法》第 359 条关于在破产财团的诉讼中可以认定为适格当事人的规定。管理人开展限时的业务，包括停止高级管理人员的职务，调查合作社的财产状况，经营合作社业务直至合作社合并或者依照合同转让决定形成合作社财产或者破产宣告时等，在这一点上其与破产财产管理人的法律地位不同。因此，向属于经营管理机构的信用合作社提起诉讼，应当以信用合作社为当事人，不能以管理人为当事人。①

三、信用合作社的破产宣告

（一）破产宣告的时间

通常金融委员会依照《信用合作社法》第 87 条第 2 款的规定决定停止资不抵债信用合作社的营业后，关于信用合作社是否能够正常化，在营业停止后将由根据第 86 条派遣的管理人了解资不抵债的规模，调查作为资不抵债原因的高级管理人员、职员的违法不当行为，在必要时提起刑事举报或者民事诉讼，调查合同转让决定的可能性等。管理人认为资不抵债等程度严重，经营恢复不可能的，将提出破产意见，金融委员会研究管理人的意见后进行破产申请。

管理人调查存款人与存款金额的规模，通过作为存款保护机制的中央会设置运营的信用协同合作社存款人保护基金向组员等支付存款。这就需要处理代支付的金融业务，在代支付完成后资不抵债信用合作社的负债规模将得以确定（资产负债表上的负债与实际应当代支付的负债多少会产生差异），因此至少在存款代支付期间经过后，裁定宣告破产才能掌握破产财团需要负担的负债规模。

在西江信用合作社一案中，法院在存款代支付期间届满前裁定宣告破产，

---

① 日本最高法院 2003 年 6 月 12 日判决（2002 年第 853 号），依据"关于为促进金融功能再生的紧急措施的法律"（金融再生法），关于金融再生委员会对信用协同合作社选任金融重整财产管理人，在金融再生法中没有关于当事人适格、诉讼中断以及诉讼继受的规定，因此金融重整财产管理人是代表信用协同合作社执行业务并具有管理处分权限，并不是被管理金融机构丧失财产管理处分权而由金融重整财产管理人取而代之具备管理处分权，故组员并不丧失以信用合作社股东为对象，为追究其责任提起或进行代表诉讼的权限。关于此判决的评析参见佐藤铁男. 金融重整财产管理人的法律地位与代表诉讼 [J]. 民商法杂志，2003. 10：240－255. 日本的信用协同合作社法中规定了组员提起代表诉讼准用商法的条款，但韩国的信用合作社法没有类似的内容，而是准用董事以及监事对公司的责任的条款。

使得经营管理期间与破产财产管理业务开始期间重合，因此有可能围绕经营管理人与破产财产管理人的业务交接产生责任归属的问题。① 对信用合作社的破产宣告最好在管理人的存款支付业务、对高级管理人员的调查以及其后续事务（向中央会以及监管机构报告）完成后进行。另外，为顺利移交财产管理业务，例如应考虑保管中的现金存入银行等情形，在上午宣告破产较为便利。

（二）破产宣告事实的登记委托

一旦宣告破产，法院事务官将宣告破产的事实以及选任破产财产管理人的事实委托债务人的住所地以及营业地登记所在地进行宣告破产的记录登记（第23条第1款）与破产财产管理人选任登记（第23条）。如向法院进行破产财产管理人印章申报，法院将委托登记所进行印章登记。但是因为信用合作社不是商人，不应在首尔中央地方法院的商业登记所登记，而应委托在总部所在地的西部地方法院进行登记。② 信用合作社很容易被误解为是与相互储蓄银行性质相同的金融机构。实际上，西江信用合作社在宣告破产后，法院事务官委托了中部商业登记所进行登记以及印章登记，因此印章证明与账务被延后。

四、金融机构破产与破产财产管理人选任权限的沿革

（一）《公共资金管理特别法》制定前金融机构的破产与破产财产管理人的选任

在2000年1月21日修改以前，《金产法》第15条第1款③规定了金融机

---

① 以西江信用合作社一案为例，需要由破产财产管理人处理的伴随代付产生的信用合作社业务的典型问题有：与保险金支付代理机构（在附近的两个信用合作社）的关系问题，伴随保险金支付产生的电算处理上的问题，代付受领，丢失账户的存款人的确认业务等问题。在代付期间内，实际发生了经营管理人因宣告破产撤出，本应由经营管理人处理的上述业务转移给了尚未熟悉金融实务的破产财产管理人所导致的危险。

② 《商业登记法》第2条规定，商业登记是指将关于商人的确定变更事项记录在登记簿或者记录本身。参见关于登记所设置与管辖区域的规则第4条第1款。

③ 《金产法》第15条（清算人或者破产财产管理人）①金融机构解散或者破产时，金融监督委员会可以不受商法第531条以及破产法第147条规定的约束，向法院推荐清算人或者破产财产管理人，法院在没有特别事由的情况下应当就金融监督委员会推荐的人选听取存款保险公社的意见，将其选任为清算人或者破产财产管理人。但是，在第2条第1项各条目中指定了清算人或者破产财产管理人，或者已经规定了其选任方法的，依按法律规定。

构破产后，金融监督委员会①的破产财产管理人推荐权以及法院的选任义务。2000 年 1 月 21 日，第 15 条被修改，② 变更为，法院认为金融监督委员会推荐的人选具备丰富的金融相关业务知识，能够高效地履行破产财产管理人职务时将其选任为破产财产管理人。在条款规定形式上还是赋予了法院对被推荐人是否能够高效履行破产财产管理人职务这一点的判断权限。

金融机构破产案件较少时，金融监督委员会将律师推荐为破产财产管理人，但金融危机后，随着金融机构破产案件的数量大幅增加，金融监督委员会开始推荐完成规定教育的金融机构退职职员作为破产财产管理人。③ 对此，法院通过第 15 条第 1 款规定的"特别事由的存在与否"或者"是否能够高效履行职务"等审理，没有接受金融监督委员会推荐的非律师，而维持了将律师选任为单独财产管理人的实务惯例。

（二）《公共资金管理特别法》的制定

1. 公共资金的意义

韩国经历了 1997 年经济危机，政府意识到凭借既有的措施（扩大流动性供给或者部分金融制度的改善）无法避免经济危机，因此为达到规避经济危机的目的，制定了系统性的金融结构改革方案，筹集了公共资金，迅速推进了金融结构调整。在这一期间制定了以政府与金融机构之间一直遵守的惯例为内容的 2000 年 12 月 20 日《公共资金特别法》（以下简称《公特法》），为对公共资金运营等事项进行综合支援、调整以及审议，还在金融委员会中设立了公共资金管理委员会，从法律上规定了公共资金支援的最小费用原则（第 13 条）、损失分担原则（第 14 条），并基于上述原则回收公共资金。

一般而言，公共资金（Public Fund）是指，金融机构无法回收企业贷款，

---

① 因政府组织的变更，现行法将权限赋予了金融委员会。

② 《金产法》第 15 条（清算人或者破产财产管理人）①在金融机构解散或者破产时，金融监督委员会可以不受商法第 531 条以及破产法第 147 条规定的约束，从下列各项所列人员中推荐 1 人为清算人或者破产财产管理人，法院认为金融监督委员会推荐的人选具备丰富的金融业务知识，能够高效履行清算人或者破产财产管理人职务的，应当选任其为清算人或者破产财产管理人。此时，该金融机构作为存款人保护法第 2 条第 1 项规定的投保金融机构，当存款保险公社或者重整金融机构基于大总统令，为该金融机构的最大债权人的，金融监督委员会应当推荐符合第 2 项规定的人。1. 大总统令规定的金融专家；2. 存款保险公社的高级管理人员或者职员。

③ 在《公特法》施行前，金融监督委员会仍在金融机构的破产案件中推荐律师作为破产财产管理人（徐庆桓，前引，第 48 页）。

或者因经营失败而使相关金融机构资不抵债，给金融系统的稳定带来混乱的情形下，为进行结构调整或者稳定市场，由政府投入的资金的统称。法律上的"公共资金"由《公特法》第2条给出了定义，其来源主要为存款保险公社的存款保险基金，依靠政府出资、保证、转让国有资产等构成的存款保险基金，① 以企划财政部为运营主体的公共资金管理基金，韩国资产管理公社的不良债权重组基金，此外还包括政府的公共借款。②

公共资金随着2008年5月27日《公特法》的修改范围扩大。修改前限于支援金融机构结构调整的资金，修改后也包含支援企业结构调整的资金。因此，"存款人保护法"上存款保险基金的一部分③与结构调整基金以及《金产法》上的金融稳定基金④被追加为公共资金。2009年的公共资金与既有公共资金在目的、性质等方面不同，为避免实际管理运用过程中可能产生的混乱，现今将既有公共资金作为"公共资金Ⅰ"，将新注入的公共资金作为"公共资金Ⅱ"，分类管理。⑤

2. 《公共资金管理特别法》第20条与《存款人保护法》第35条之8的关系

金融机构破产，法院拒绝选任金融监督委员会推荐的非律师作为破产财产管理人后，政府依据《公特法》第20条第1款，⑥ 明示投保金融机构破产时的条款较《商法》、《破产法》、《金产法》等其他一切破产财产管理人选任

---

① 本质上存款保险基金由投保金融机构支付的保险费组成，并非公共资金而是民间基金。但是，过去政府进行结构调整，将由财政出资、政府保证债等组成的资金通过存款保险基金执行，因此最后将存款保险基金的负债作为存款保险债偿还基金剔除，使其作为民间基金的存款保险基金重新开始。

② 1997年11月至2011年6月末共投入公共资金168兆元，根据资金支援主体分类，存款保险公社投入110兆韩元，资产管理公社投入38兆韩元，政府投入19兆韩元，韩国银行投入0.9兆韩元。金融委员会. 公共资金管理白皮书［Z］. 2011.8：199.

③ 《公特法》第2条第1项目规定，存款保险基金以下列各项之一的财源作为收入来源时视其为公共资金，并将其限定为，1. 政府的出资款，由政府依照存款人保护法第26条之2的规定就偿还本息进行保证的存款保险基金债权组成的资金；2. 政府依照存款人保护法第24条之2转让给存款保险公社的国有财产。

④ 法律上分类为公共资金，但并没有组成（公共资金管理白皮书，11页）。

⑤ 公共资金Ⅱ使用在为海运公司买入船舶对船舶投资公司出资，对储蓄银行持有的不良债权的买入，为买入未出售不动产对不动产基金的出资（公共资金管理白皮书，12页，337页）。

⑥ 《公特法》第20条（破产程序的特例）①基于存款人保护法被支付保险金等公共资金的投保金融机构（包括依照《金产法》已经决定合同转让的投保金融机构）解散或者破产时，存在高效回收公共资金的必要性的，法院不受商法第531条或者破产法第147条以及关于选任清算人或者破产财产管理人的法律的约束，将存款保险公社或者其高级管理人员、职员选任为破产财产管理人。

规定优先适用，规定将存款保险公社以及其高级管理人员、职员选任为破产财产管理人，剥夺了法院在破产财产管理人选任以及解任裁判中的裁量权。① 法院以该条款违背平等原则、正当程序条款等理由提请了违宪审查，但宪法法院宣告其为合宪。② 因此，《公特法》第2条第2项所规定的金融机构破产并受到第2条第1项所规定的公共资金支援的破产案件中，关于破产财产管理人的选任，不适用《金产法》第15条第1款或者《存款人保护法》③ 第35条之8，而适用《公特法》第20条。当时《公特法》第20条的实施是有时间限制的，从施行日起暂时实施5年（附则第2条），但在其后，随着2002年《存款人保护法》的修改，附则第2条被删除，特例条款存续至今。

但是，随着存款保险基金的过多支出，赤字积累，为整理至2002年12月31日发生的存款保险基金债务，2002年12月26日《存款人保护法》被修改，新设了存款保险基金债权偿还基金（《存款人保护法》第26条之3），将存款保险基金（《存款人保护法》第24条第1款）中没有政府出资或保证的民间基金排除在《公特法》的规范对象之外。

因此，今后受到存款保险基金中不属于公共资金的保险金支付的投保金融机构不再适用《公特法》第20条第1款。对此，《存款人保护法》第35条之8第1款④规定，投保金融机构以与《公特法》第20条第1款相同的内容破产时，选任存款保险公社或者其高级管理人员、职员作为破产财产管理人。

---

① 观察立法过程中的争议，其并不是通过了作为政府方案的《金产法》修正案，而是以议员立法的形式在没有经与法院或者律师协会的商议的情况下于2000年12月1日夜间将《公特法》制定并通过。

② 对于首尔以及大田地方法院就《公特法》第20条以及附则第3条提出的违宪审查申请，宪法法院以6：3的比例做出合宪决定。参见宪法法院2001年3月15日宣告2001宪GA1、2、3（合并）决定。该决定形式上赋予了法院对是否存在高效回收公共资金的必要性的判断权限，但因投入公共资金的金融机构已经破产，没有必要高效回收的情况几乎不存在，事实上该条可解释为规定了法院的选任义务，实务上也按照上述理解运行着。关于本案中法院申请的违宪理由，存款保险公社的反对意见以及宪法法院的意见参见郑赫镇，前引，第15页至第20页。

③ 于1995年12月29日制定了《存款人保护法》。

④ 《存款人保护法》第35条之8（清算人或者破产财产管理人业务等）①公社支付保险金或者支援资金的投保金融机构（为依据《金产法》决定合同转让的投保金融机构，包括公社欲进行资金支援的情形）解散或者破产时，法院认为有高效回收支援资金的必要性的，不受商法第531条或者"关于债务人重整以及破产的法律"第355条以及关于选任清算人或者破产财产管理人的法律的约束，选任公社或者其高级管理人员、职员作为破产财产管理人。

虽然有限制性规定："存在高效回收支援资金的必要性时"，但在法院选任存款保险公社或者其高级管理人员、职员作为破产财产管理人的义务，这一点与《公特法》相同。

简而言之，金融机构中《存款人保护法》上的投保金融机构①破产，由非公共资金的存款保险基金（没有政府出资、保证、让与的财源）支付了保险金时，不适用《公特法》，适用《存款人保护法》第 35 条之 8。金融机构中，《金产法》所规定的金融机构是"关于高效处理金融机构不良资产等以及设立韩国资产管理公社的法律"所规定的金融机构以及《存款人保护法》上的投保金融机构破产，被支援公共资金的，适用《公特法》。2011 年，不动产 PF 不良贷款导致数个储蓄银行营业停止直至申请破产，到 2011 年 9 月公共资金仍然没有被支援，而是依靠《存款人保护法》上的存款保险基金（非公共资金）进行支援。因此，三和储蓄银行破产案件的依据不是《公特法》，而是《存款人保护法》第 35 条之 8。

3. 法院对于依照《公共资金管理特别法》选任的存款保险公社（破产财产管理人）的监督

《公特法》第 20 条规定，公共资金支援的投保金融机构破产时，选任存款保险公社或者其职员作为破产财产管理人。同时，在适用对象中排除了赋予法院破产财产管理人解任权限的《债务人重整法》第 364 条的规定，第 492 条财产管理人关于破产财团的重要行为必须获得法院的事前许可，第 493 条关于对重要行为债务人陈述意见的规定。《存款人保护法》第 35 条之 8 规定对存款保险公社财产管理人不支付财产管理人的报酬，因此法院没有对存款保险公社任财产管理人时的报酬决定。

但是，破产财产管理人在《债务人重整法》上受到法院的监督（第 358 条），因此不论破产财产管理人是律师也好，是存款保险公社或者其职员也罢，其在处理破产业务的整个过程中都应当受到法院的监督。另外，破产财产管理人负有善管注意义务，如果懈怠此义务应负责任（该法第 361 条），因此需向法院报告全部财产管理业务。因此，存款保险公社作为财产管理人也向法院提交分期报告书，并随时就重要业务与法院商议。此外，

---

① 关于投保金融机构，参见存款人保护法第 2 条第 1 项。非投保金融机构有再保险公司，总统令规定的外国金融机构的国内分支机构以及代理机构等。

破产财产管理人实施分配事前需获得法院许可（该法第506条），当财产管理人变更时承担财务报告义务（该法第356条），以便终结任务。破产财产管理人，如果受贿，将受到刑事处罚（该法第655条）。破产程序的终结或者终止的权限仍在法院，存款保险公社任财产管理人时也需向法院申请终结或者终止。

（三）信用合作社的破产与破产财产管理人的选任权限

《存款人保护法》制定当时信用合作社不属于《存款人保护法》上的投保银行。后来随着1997年12月31日《存款人保护法》的修改，信用合作社成为了存款保险公社的投保对象金融机构。

但是，出于以公共资金保护信用合作社的存款人有些过度的立法反思[①]的角度，2002年12月26日随着《存款人保护法》的修改，信用合作社被排除在投保金融机构之外（从第2条第1项目中删除），信用合作社存款人保护基金代替了存款保险基金的作用。[②] 也就是说，现在的信用合作社不是存款人保护法上的投保金融机构。信用合作社与信用合作社中央会均是非盈利法人，并不是作为商人的股份公司。[③] 信用合作社的设立宗旨为"通过建立健全信用合作社组织，提高其成员的经济、社会地位，向辖区居民提供金融便利"，因此，其大多以工作单位或者地域为单位进行小规模的贷款。西江信用合作社对同一人的贷款限额为329000000韩元。[④] 实际上高级管理人员原则上是名誉职位，报销相关费用，很难监督职员与贷款债务人共谋进行违法不良贷款等不正当行为。

《信用合作社法》第88条之2规定，金融监督委员会在合作社破产时可以不受关于《债务人重整》以及破产的法律第355条的规定的约束，向

---

① 参见前引郑赫镇，第10页。

② 为缓解信用合作社从投保金融机构中被排除的冲击，法的施行被延后，至2003年12月31日为止由存款保险基金保护存款，从2004年1月1日开始由信用合作社中央会通过自身基金保护存款。

③ 信用合作社法第1条第1项以及第2项。与此相反，随着1995年1月5日第3条的修改，相互储蓄银行组织变更为股份公司。

④ 根据信用合作社中央会，"指出事项答疑案例集"（2007年4月）第30页，同一人的贷款限额为上一事业年度末自有资本的20/100与资产总额的1/100中较大的金额，规定了一定的最高限额。一定的最高限额在各信用合作社制定的授信业务方法书中有所记载，且最高限额当然根据信用合作社的不同有所差异。

法院推荐破产财产管理人。因此，对于信用合作社，不适用《公特法》或者《金产法》规定的关于存款保险公社或者其高级管理人员、职员作为破产财产管理人的，对于非律师的财产管理人选任义务规定。虽然如此，但全国除了首尔中央地方法院以外的其他法院全然不顾《存款人保护法》的修改，仍然同以前一样，维持了推荐金融监督院推荐的人（存款保险公社的旧职员，有过信用合作社破产管财业务经验的职员）的惯例。2010 年 7 月 8 日，首尔中央地方法院第一次选任律师作为信用合作社的破产财产管理人。

五、对不良资产的《存款人保护法》规定的调查权与《债务人重整法》规定的法院核查

《债务人重整法》规定只有破产财产管理人具有撤销权，业已进行中的债权人可撤销权诉讼或者债权人代位权①诉讼，在破产宣告的同时由破产财产管理人继受，债权人无法以自己名义或者代位财产管理人提起上述诉讼（第 406 条）。② 另外，《债务人重整法》第 351 条至第 354 条规定了以破产的法人的发起人、董事、监事等为对象，依破产财产管理人申请或者依职权调查是否存在损害赔偿请求权以及确定其内容的裁判制度。

但是，《信用合作社法》第 80 条之 5③ 规定，信用合作社中央会可以要求合作社对破产或者清算信用合作社的高级管理人员损害赔偿，并赋予其没有

---

① 虽然没有明文规定，但类推适用债权人取消权中断以及继受的规定。伊藤真．破产法，民事再生法［M］．第 2 版，有斐阁出版社，2009：312.

② 大法院 2000 年 12 月 22 日宣告 2000DA39780 判决（公 2001，345），债权人无法代位破产财产管理人行使属于破产财产管理人的权利。

③ 信用合作社法第 80 条之 5（损害赔偿请求权的行使等）a. 依照第 80 条之 2 第 4 款的规定代位清偿的，中央会可以要求合作社向其认为对该合作社（限于本条，包括其清算法人或者破产财团）资不抵债负有责任的前任、现任高级管理人员、职员以及符合商法第 401 条之 2 第 1 款各项之一的人以及除此之外的第三人请求损害赔偿。b. 合作社没有履行第 1 款规定的要求的，中央会可以立即代替该合作社请求损害赔偿。c. 中央会为行使第 1 款以及第 2 款规定的损害赔偿要求以及代位行使损害赔偿请求权，在必要时可以调查该合作社的业务以及财产状况。

履行时的代位权与调查权。该条款内容与《存款人保护法》第21条之2①的内容类似。但是，《存款人保护法》仍只是对资不抵债金融机构破产宣告前的法律关系进行规范。一旦资不抵债金融机构被宣告破产，存款保险公社将成为破产财产管理人，就可以依照《债务人重整法》的规定调查债务人财产状况。但是，《信用合作社法》规定，即使破产宣告后，仍可以对破产合作社进行合作社业务以及财产状况的调查，与《存款人保护法》以及《债务人重整法》的内容相比较，赋予了信用合作社中央会过度的权限。笔者确认，首尔中央地方法院选任律师作为信用合作社的破产财产管理人之前其他信用合作社的破产财产管理人曾基于第80条之5允许信用合作社中央会进行资不抵债责任调查，阅览相关资料等。

但是，该条款是赋予了要求合作社损害赔偿的权利，并没有赋予信用合作社中央会代位行使破产财产管理人权利的权限，该条款仍然被解释为以高级管理人员、职员对象提起诉讼之前的准备诉讼的条款。因此，作为破产人的信用合作社如果实际上是以全职高级管理人员为对象提起损害赔偿请求权诉讼，没有适用第80条之5的余地。实际上，在西江信用合作社一案中，信用合作社中央会向破产财产管理人请求进行调查，但破产财产管理人已经以信用合作社全职高级管理人员等为对象提起损害赔偿请求诉讼为由向法院提出不予准许的意见，法院接受了该意见，使得信用合作社中央会实际上没能调查。

---

① 存款人保护法第21条之2（损害赔偿请求权的代位行使等）a. 符合下列各项之一时，公社可以要求资不抵债金融机构或者具有资不抵债风险的金融机构（以下简称"资不抵债金融机构"，限于本条包括其清算法人或者破产财团）对资不抵债或者资不抵债风险负有责任的资不抵债关联方﹝资不抵债金融机构等的前任、现任高级管理人员、职员，《商法》第401条之2第1款各项规定的人，没有对资不抵债金融机构履行债务的债务人（债务人为法人时包括该法人的前任、现任高级管理人员、职员，《商法》第401条之2第1款各项规定的人以及总统令规定的主要股东）以及除此之外的第三人，以下同﹞请求损害赔偿。b. 公社为进行第1款至第4款规定的损害赔偿请求要求，代位行使损害赔偿请求权或者参加诉讼，在必要时可以对资不抵债金融机构等、资不抵债关联方或者属于下列各项之一的利害关系人（以下简称"利害关系人"）进行调查，要求其提交关于业务以及财产状况的资料，要求其出席（除对利害关系人的出席要求）等。

六、破产债权的调查程序

（一）破产债权调查程序

适用《金产法》的储蓄银行破产时，在破产债权调查程序中，法院确定债权申报期间与债权调查的日期时，应当事先听取破产参加机构（存款保险公社或者金融监督员）的意见（第18条）。破产参加机构在被送达法院破产宣告决定时应当就其知道的存款债权制作记载了《债务人重整法》第448条规定事项的存款人表，并让其可以被浏览（第20条）。债权申报期间已逾，应立即向法院提交存款人表，在提交的存款人表中记载的存款债权视为在债权申报期间申报的债权。这些条款规定了破产参加机构为存款人负担的债权申报义务。

但在信用合作社破产时，因为《信用合作社法》上没有类似《金产法》上的破产债权调查程序特别条款，只能依照《债务人重整法》进行债权调查程序。

（二）后顺位借款的法律性质

1. 后顺位借款的内容

西江信用合作社通过董事会决议募集后顺位借款，根据业务指南规定，后顺位借款是无担保、后顺位特约条件；后顺位特约是指，约定发生破产等事态时，在先顺位债权人的债权获得全额清偿后发生清偿请求权的特约。破产程序开始后，只有除了此借款以外的其他所有存款债权在破产程序中获得分配或者在其他程序（对保证人财产的执行等）中已经获得清偿的前提下，借款才能获得清偿，因此其属于后顺位破产债权。在破产债权调查过程中，对于被申报为一般破产债权的后顺位借款债权，只要财产管理人对数额没有争议，就应视其为后顺位破产债权。[①] 后顺位借款是"约定后顺位债权"，在破产程序中只有先顺位的债权完全清偿后才能获得清偿，因此一旦破产程序

---

① 在西江信用合作社一案中，后顺位借款债权人人数较少，债权人没有申请破产债权调查确定裁判，直接按照破产债权人表的记载确定。

开始，即使破产程序开始前已届清偿期，约定后顺位债权也不能视为一般破产债权。

但是，信用协同合作社的组员存入的后顺位借款的清偿期限在破产程序开始前届满的，应当将后顺位借款的返还请求权视为一般破产债权。

2. 后顺位借款与抵销

后顺位借款作为自动债权，是否能够与对破产财团负担的债务（对破产财团负担的保证金返还债务）抵销曾引起一番争论。法律禁止在破产程序中将后顺位破产债权中属于第 446 条第 1 款第 4 项至第 8 项的债权视为自动债权。也就是说，供抵销的自动债权的估值虽然是以破产宣告时为基准的金额（第 420 条第 1 款），但排除其后顺位破产债权部分（第 446 条第 1 款第 5 项至第 7 项）（第 420 条第 1 款）。但是，破产宣告后发生的利息等即使没有明文规定禁止抵销，鉴于法律将其规定为后顺位债权法的目的以及公平原则，破产宣告后发生的利息以及滞纳金债权不能抵销。[①] 如此，为避免属于后顺位债权的破产宣告后的利息在本应当较一般债权得到劣后性的待遇的情况下，通过抵销获得优先性的清偿。对于约定后顺位破产债权，第 420 条第 1 款没有涉及，但是依据公平原则，不应与其他后顺位破产债权有所不同。[②] 旧公司整理法上虽然有将后顺位重整债权作为自动债权使其可以抵销的判例[③]，但暂且不论其对错，[④] 在破产法上，对约定后顺位破产债权应当解释为禁止抵销。当然，破产宣告前发生的利息属于破产债权，可以作为自动债权抵销。

（三）存款人保护基金的出资债权与优先清偿债权

1. 出资债权的性质

综上所述，信用合作社现今被排除在《存款人保护法》上的投保金融机构之外。代替此的是，通过《信用合作社法》第 80 条之 2 至 5 导入了信用合作社存款人保护基金制度，以期信用合作社中央会能够起到《存款人保护法》

---

① 前引注伊藤真，362 页，220 页。县俊介．是否可以将破产程序开始后产生的利息、损害赔偿金债权作为自动债权进行抵销．永石一郎．Q&A 破产实务中的抵销实务［G］．新日本法规，2005：220.

② 日本新破产法第 99 条第 2 款规定约定劣后性破产债权比法定劣后性破产债权分配在后，但债务人重整法规定约定后顺位破产债权与法定后顺位破产债权为同顺位。

③ 大法院 2006 年 8 月 25 日宣告 2005DA16959 判决（gong2006，1610）。

④ 日本关于后顺位更生债权无法作为自动债权抵销的见解参见前引注县俊介，222 页。

上存款保险基金的功能。合作社与信用合作社中央会必须加入保护基金，成员应当缴纳出资金作为基金的财源。合作社破产时，将有信用合作社中央会从存款人保护基金中代位清偿成员的存款。

对合作社成员存入的存款、积金的本金及利息，在共计5千万韩元的范围内由信用合作社中央会通过上述存款人保护基金保障（《信用合作社法》第80条之2，《施行令》第19条之8）。在西江信用合作社直至破产宣告前，信用合作社中央会将其对信用合作社中央会的出资债权作为优先清偿债权进行了申报。出资金与《存款人保护法》上的存款人保护基金相同的功能作为申报优先清偿债权的根据。但是，破产财产管理人以《存款人保护法》第30条规定了保费债权的优先清偿权，但《信用合作社法》中以没有与其相应的条款以及类推适用的条款为由，将其视为了一般债权。信用合作社中央会向法院申请了破产债权调查确定判决，现在正等待法院的判断。

2. 优先清偿债权的意义

优先清偿债权是指，对属于破产财团的财产具有一般优先权的破产债权，较一般破产债权、后顺位破产债权优先从破产程序中获得分配的债权（《债务人重整法》第441条）。其顺位在别除权以及财团债权之后。优先清偿债权也具有破产债权的性质，应在破产程序中申报债权。优先权的存在与否与其范围是与一般破产债权不同的债权调查对象，如果在债权申报书中没有申报优先权，则将被视为没有优先权的一般破产债权；如果没有申报债权，连一般破产债权人的资格也无法被承认，因而不能参加分配。财产管理人或者破产债权人可以仅仅针对优先权部分陈述异议，此时债权调查确定判决对象为优先权的有无与其范围。

3. 优先清偿债权的种类

旧《破产法》承认的优先清偿债权有劳动债权，但在2000年《破产法》修改后其归类到财团债权，在《债务人重整法》中没有关于优先清偿债权的条款。值得注意的是，反而是在特别法中分散规定着关于优先清偿债权的内容。其中包括保险合同缔约方或者将取得保险金者基于《保险业法》第33条对保险公司资产享有的优先清偿权，以及存款保险公社基于《存款人保护法》第30条享有的对投保金融机构的保险费、滞纳金享有的优先清偿权，外国银行的分支机构或者代理机构破产时，韩国国民以及国内居住的外国人基于《银行法》第62条享有的优先清偿权，国内投资业者的分支机构、除此之外的营业所等破产时基于"关于资本市场与金融投资业的法律(新证券法名称)"第 65 条的优先清偿权等。对于旧《相互信用金库法》第 37 条之 2 规定的相互储蓄银行的存款人所享有的优先清偿权,[1] 原本也视其为优先债权,但 2006 年 11 月 30 日宪法法院判断该条款违宪,现在将其视为一般破产债权。也有观点认为,对旧《证券交易法》第 44 条之 3 规定的顾客存款返还请求权(私债清偿本息返还债权)也应当视其为优先清偿债权,但因法律规定形式与优先清偿债权的规定形式"较其他债权人有优先受偿的权利"不一致,因此不能将其视为优先清偿债权。[2]

4. 分析

是优先清偿债权还是后顺位破产债权应当由法律规定,不应通过解释决定。[3] 美国的破产法也规定可以依照法律的规定〔§510(c)(1)〕由法院基于衡平原则将一般破产债权视为后顺位破产债权,基于 §364(d)将新贷款人的偿还顺序提高至担保权人之上,而不能通过解释提高偿还顺序。因此,可以理解为无法律明文规定不得将出资债权视为优先清偿债权。

通过信用合作社中央会在破产债权调查确定裁判中提出的参考资料可以得知,在西江信用合作社被宣告破产前,仁川、釜山、大邱、光州地方法院对破产财产管理人就出资金债权提出的金钱支出许可申请予以准许,由此事实上进行了清偿。这是以出资金债权属于财团债权为前提进行的处理,不仅与其属于优先清偿债权的信用合作社中央会的主张相矛盾,更违背了破产法基本法理,即只要是破产债权,就算是优先清偿债权未经分配程序也不能获得清偿。

---

① 首尔地方法院 2001 年 5 月 15 日宣告 99GA 号 95994 判决判定,作为存款保险公社子公司的 HANAREUM 相互信用金库从正在进行清算程序的相互信用金库的顾客处买入存款债权,以这种形式使存款保险公社支付保险金后,再将此申报为破产债权时,申报的破产债权相当于旧相互信用金库法第 37 条之 2 规定的存款债权,具有优先权。但是,该条款在宪法法院 2006 年 11 月 30 日宣告 2003 宪 GA14 号决定中被判断为违宪。关于该决定的评析参见金时穆. 对存款人优先清偿制度的违宪决定〔Z〕. 法律新闻社,2006 - 11 - 30,ZA.

② 大法院 2005 年 11 月 25 日宣告 2004DA6085 判决(不载公报)的原审排斥了原告优先清偿债权的主张,而原审判决在上诉审中被肯定。关于优先清偿债权的内容以及私债本息返还债权不属于优先清偿债权的根据等参见林治龙. 破产法研究 2〔M〕. 博英社,2002:264.

③ 依解释排斥了后顺位破产债权主张的案例有东京地判,1991 - 12 - 16。

七、破产财团财产的变价义务

破产信用合作社持有的财产大部分为贷款债权，此外就是其入住的建筑物的租赁押金与自动存储提款机（ATM），收款用摩托车等。因此，变价业务的重点在于贷款的回收，清偿期届满时将其提前告知贷款债务人，诱导其从其他金融机构处获得贷款后清偿破产财团贷款。对于长期处于拖欠状态的贷款人，通过财产保全等法律措施进行贷款的回收。下面就有关信用合作社破产时特殊的几个问题进行说明。

（一）贷款债务的代换以及信用信息的登记

信用合作社在破产宣告前一直在营业，因此一般是依据与借款人的约定进行既有贷款的偿还。但是，一旦宣告破产，原则上营业中断，特别是持续营业需要法院许可（第 486 条）。延长既有贷款的清偿期限就信用合作社的性质来看相当于继续营业，也有碍破产财团的迅速变价，因此不允许此行为，对超过清偿期的债权利用迟延履行利息进行着债权回收。现实中，以前一直清偿本息的优良贷款人从其他金融机构处获得贷款后清偿了对破产财团负担的债务，因此并没有发生因拒绝代换产生的抗议。从以前就没有及时缴纳利息的债务人在信用合作社被宣告破产后也处于拖欠状态，其中一部分债务人通过个人破产以及个人重整程序获得了债务减免。

信用合作社即使破产，依据"关于信用信息的利用以及保护的法律施行令"第 21 条，也可以对剩余债权进行信用信息的登记、注销等管理业务。①西江信用合作社对贷款拖欠人也依据全国银行联合会的"信用信息管理规约"以电算方式进行信息登记业务。

---

① 全国银行联合会信用信息部部长对西江信用合作社破产财产管理人的回函（2010 年 12 月 16 日 ZA）。

（二）关于拍卖的通知或者送达的特例

《存款人保护法》第36条之6①规定了存款保险公社、重整金融机构、依据《存款人保护法》第35条之8或者《公特法》第20条的规定选任的破产财产管理人，在任意拍卖程序（除强制拍卖）中可以向登记簿上的地址邮寄送达或者公告送达的特例。但是，为了适用该条，在拍卖申请前应当根据第2款通知（可以邮寄送达通知）拍卖预定事实。如前所述，信用合作社不适用《存款人保护法》，因此不能适用该特例。

金融机构任意拍卖时的送达特例，即可以邮寄送达的规定，其依据的是《关于高效处理金融机构不良资产等以及设立韩国资产管理公社的法律》第45条之2，但该法2002年12月制定时信用合作社与信用合作社中央会并不是特例的对象。之后直至2008年，该法追加了信用合作社作为对象机构，使得送达特例的适用成为可能。2011年5月19日"关于高效处理金融机构不良资产等以及设立韩国资产管理公社的法律"的名称变更为"关于高效处理金融公司不良资产等以及设立韩国资产管理公社的法律"，使得送达特例的适用仅限于韩国资产管理公社，将关于信用合作社的特例条款移到《信用合作社法》第6条第4款。② 故此，对于信用合作社仍然适用送达特例。为适用送达特例，作为其前提条件，应当提交合作社成员身份事实确认（成员加入申请书）与确认书（邮件回执），确认书上需表明在拍卖申请前已经向债务人以及所有权人通知了准备拍卖的事实（大法院2008年4月29日裁判例规第1217号）。

---

① 《存款人保护法》第38条之6（关于拍卖的通知或者送达的特例）规定：a. 法院根据属于下列各项之一的人的申请，进行"民事执行法"上拍卖程序（限于为实现担保权的拍卖程序）中的通知或者送达，向拍卖申请时相关不动产登记簿的登记地址（与"居民登记法"规定的居民登记表记载的地址不同的，包括居民登记表中记载的地址，向法院申报地址时以该地址为准）邮寄视为送达，在登记簿以及居民登记表中没有记载住址且没有向法院申报地址的，适用公告送达。1. 本法中的法院以及重整金融机构。2. 根据第35条之8或者"公共资金管理特别法"第20条的规定被选任为清算人、破产财产管理人的公社或者其高级管理人员、职员。

b. 在第1款规定的拍卖程序中，属于第1款各项之一的人，应当在拍卖申请前将实行拍卖预定事实对该债务人以及所有权人向不动产登记簿登记地址（与"居民登记法"规定的居民登记表记载的地址不同的，包括居民登记表中记载的地址）进行通知。此时邮寄视为送达。

② 第6条（与其他法律的关系）④合作社适用"关于高效处理金融公司资不抵债资产等以及设立韩国资产管理公社的法律"第45条之2（2011年5月19日修改）。

两者的差异是，《存款人保护法》上拍卖申请前的通知也可以邮寄送达，而上述法律规定必须向法院提交确认债务人以及所有权人已经实际收到通知的书面材料。

（三）信用合作社的破产与税务记账问题

公司即使破产，当然也要受到各种税法上的规制，不仅要缴纳增值税，在法人发生所得时也要缴纳法人税。因破产法人没有继续营业，不发生所得，所以通常会退还已缴纳的增值税。有缴税义务的破产法人应当申报法人税的赋税标准与税额，应当有税务师等制作的税务调整计算书作为提交材料之一（《法人税法》第 60 条第 2 款第 2 目）。但是，《法人税法施行令》第 79 条，《租税限制特例法》第 72 条规定的法人除外，因信用合作社与新农村金库属于此种情形，信用合作社无须制作调整计算书。另外，根据法人税法基本通则 60 - 97 - 1，除捐款与接待费不计入损失计算外不能对各事业年度所得进行税务调整。就信用合作社而言，破产财产管理人只能就相当于接待费的小额业务推进费（旅费等）制作税务调整计算书，因此相比其他破产财团，可以节约税务费用。

八、结论

考虑到金融机构破产的特殊性，经历了 1997 年经济危机后，主要负责破产案件的法官曾主张过法院与金融当局之间的信息共有以及全国的破产审判部门之间有关破产案件信息共有的必要性，[①] 但从那以后的经过十余年的现今，法律界的情况与当时相比并没有好转多少。虽然经历了 1998 年的金融危机、2011 年的储蓄银行破产事件，但仍难以评价在金融机构破产案件中法院与律师的作用得到了显著增强。

金融机构的破产较一般企业的破产引起更复杂的法律问题。[②] 银行、储蓄

---

① 前引注徐庆桓，66 - 67 页。

② 通过判例被提起的争议点主要有：是否存在相互信用金库法上的存款返还请求权的优先清偿债权，破产外国金融机构的国内分支机构的法律地位以及外国破产程序的国内效力问题，信用合作社的破产财产管理人的选任权限，后顺位债权的不良销售，关于资不抵债责任人的查定裁判与监督机构的调查权限的关系等。

银行等破产时，存款保险公社将成为破产财产管理人，但对信用合作社破产的案件，信用合作社中央会并不具备与存款保险公社相同的专业人力和物力组织，也没有《存款人保护法》上的破产债权人表制度，信用合作社在破产时无法依靠自身力量选任破产财产管理人，当前现状是正接受着存款保险公社出任破产财产管理人的帮助。

即便如此，政府对于金融机构的破产业务仍在一定范围内限制法院与律师的参与，试图通过存款保险公社进行，其理由与功过值得法律人深思熟虑。大体上，看起来行政部门与国会乃至作为司法机构的宪法法院都认为金融机构的破产业务是为应对国家经济危机的紧急业务，需要专业性、高效性与迅速性，而司法部门目前还不足以担当。① 政府（企划财政部、金融委员会、公共资金管理委员等）认可存款保险公社的专业性与特殊性，认为将存款保险公社作为破产财产管理人，通过监查院的审计，公共资金管理委员会、国会等的监督与报告等追究资不抵债责任人的责任，防止了破产财团运营过程中的道德懈怠，迅速推进着破产程序的早期终结与破产债权的回收。②

作为破产财产管理人，存款保险公社的专业性与法律知识不足是现实。③ 其中也不乏被政府所左右，在没有深入进行法律研究的情况下向资不抵债关联方随意提起诉讼的倾向。④ 虽然信用合作社持有的资产与负债规模较小，但破产财产管理人需履行金融机构在破产过程中经常发生的业务（法定程序前贷款债务的催告，贷款的强制回收，对拖欠者的信用信息登记等管理业务，通过存款人保护基金的具体债务的履行等）。过去，曾经出现过案例，将非律师任命为信用合作社的破产财产管理人后虽然在破产财团的业务进行中出现了法律上的问题，但仍对信用合作社进行了友好的业务处理。

---

① 在这一点上与日本的情况也类似。泡沫崩溃后以金融机构为对象的公司更生程序，规定破产程序特例的《关于金融机构等更生程序的特例等的法律》（1996 年制定，1997 年施行）虽然赋予了监督部门对金融机构破产、更生等的程序申请权，但几乎没有依据该法的申请，而一直使用着行政性的和解以及协助的方法，其理由为有关部门对把破产金融机构置于法院监督下的做法敬而远之。中村芳彦. 企业破产处理中监管部门的作用——以金融机构的破产处理为线索［M］. 河野正宪、中岛弘雅. 破产法大系［M］. 弘文堂出版社，2001：248.

② 宪法法院 2001 年宪 GA1，2，3 决定的多数意见。公共资金管理委员会每年根据《公特法》第 21 条发行白皮书，白皮书详细记载着每年公共资金的回收内容以及实绩等。

③ 存款保险公社使金融机构退休人员以兼职形式担任破产财产管理人的代理人，业务缺乏连续性与专业性的保障。参见前引注郑赫镇，20 页。

④ 前引注郑赫镇，20 页。

　　排除法院财产管理人选任权限的现行《公特法》或者《存款人保护法》近期修改的可能性较小。即便如此，任金融机构破产财产管理人的律师，就金融机构的破产，不仅应当熟悉法律问题，更有必要掌握会计等专业知识，从法院的角度也有必要在信用合作社的破产案件中选任有能力、有经验的律师作为破产财产管理人，积累金融机构破产实务经验。以此为背景，期待不久的将来，相关法律能够有所修改，规定在储蓄银行等的破产案件中必须有律师与存款保险公社一同成为共同破产财产管理人或者规定作为存款保险公社职员担任破产财产管理人业务的人必须具备律师资格，由此补充存款保险公社不足的破产法专业知识。

股权众筹中的投资者保护问题

卫心园①　陈景善②

　　股权众筹作为众筹的一种特定类型，是指发行人（筹资者）以出让股权或其他相似权利为代价，在股权众筹平台上向投资人筹集项目或企业所需资金的法律行为。股权众筹作为互联网金融的组成部分，体现了普惠金融、金融民主的理念，有利于中小企业更好地吸引融资，同时也为投资者提供了更丰富的投资渠道。但是，我们也应当看到股权众筹作为一种高风险投资行为，并不适合所有的投资者，有必要考量潜在投资者对股权众筹风险的辨识能力与承受能力。股权众筹与私募或天使投资不同，参与其中的投资者多为资金与经验皆不足的普通投资者，所以在允许他们投资股权众筹证券的同时需要充分考虑如何通过制度的建立与完善来更好地保护他们的合法权益。所以说，在构建股权众筹投资秩序中最重要的就是建立完善的投资者保护制度，只有保护好投资者才能从长远上有利于中小企业吸纳融资和证券市场的繁荣稳定。以下本文试从信息披露、合格投资者、投资者教育、众筹证券发行定性、众筹证券特性、众筹平台定位与业务规则等六个方面进行切入，考量股权众筹中投资者保护的现实状况与改进建议。

一、众筹与信息披露

（一）现行规定

1. 概述

　　在我国，一些中小企业因为无法从通常渠道获得融资或者融资成本显著过高而选择通过股权众筹，从众多小额投资者手中获取经营或开展项目的资

---

①　中国政法大学民商经济法学院硕士研究生。
②　中国政法大学教授。

金。这些小额投资者与筹资企业在事前并不存在特定联系，双方在互不了解甚至对对方一无所知的情况下就进行融资，两者之间不存在事前的信任关系，投资者只能通过众筹平台这一中介，在众多的信息中筛选到自己中意的项目进行投资。平台的信誉和平台对筹资企业及项目的审核，提高了筹资方的信用度，可以成为投资者做出投资决策的依据。

众筹平台上筹资者的行为属于证券发行行为，证券发行中信息披露是非常重要的一环。在公开发行采取注册制的国家，对证券发行的监管主要围绕着信息披露进行，例如在美国，自《1933年证券法》确立信息披露制度后，信息披露就被认为是美国证券法的核心。筹资者申请在众筹平台上进行融资时，向平台提交审核材料就是履行信息披露义务的一部分。证券法理论认为，发行行为针对的对象应当适格，发行人应当履行的信息披露义务也与投资者和发行人之间的关系有关。高净值投资者能够雇用专业咨询机构并与发行人进行谈判，而与发行人之间的特定关系（例如投资者是发行人的高管、雇员时）则使得投资者不需要借助公开披露就可以从发行人处获得与公开发行披露同样多的信息①。反之，如果投资者不能从发行人处直接获得信息，就需要通过信息披露制度，根据公开披露的信息做出是否购买发行人证券的判断。就股权众筹的一般特征判断，股权众筹不同于传统私募，投资者不能凭借与发行人的特定关系或借助与发行人签订合同获取与公开发行披露同等的信息，仍然需要信息披露制度的保护。

2. 众筹平台自律规定

在我国，因尚未出台针对股权众筹的法律规定，所以目前股权众筹证券的信息披露规则只能依据各个众筹网站上的自律性规定。不同众筹网站加之针对的不同客户群体，导致信息披露的要求也有所不同，但这些规定核心的目的是一致的，即为了公开对于投资者判断投资项目价值所必要的信息，帮助投资者辨明筹资企业及项目的真实性、可行性等，同时也是为了平台从成功融资的项目中获取盈利，因为一般规定，只有项目融资成功，众筹平台才能获得与融资数额成比例的报酬。

不同众筹平台规定的披露内容主要包括企业及法定代表人的资格证明、

---

① 梁清华. 美国私募注册豁免制度的演变及启示——兼论中国合格投资者制度的构建［J］. 法商研究，2013（5）：145 – 146.

企业经营情况及股权结构、对筹资者资金的使用状况及商业计划书等。以下为著名股权众筹网站"人人投"对筹资项目信息披露的要求，"人人投"在其"诚信标准"栏目中对筹资项目应具备的信息做出了如下规定，"一、风控：材料提交真实性：（1）企业相关证件（正本）；（2）法人及实际管理人身份证；（3）商标注册（持有或使用权）证明；（4）公司章程（工商备案版）；（5）公司法人和实际控制人两周内的个人征信报告；（6）公司简介和法人代表简介；（7）经营店面的租赁合同及相关水、电费票据等复印件；（8）相关经营店面的营业流水；（9）相关经营店面的内、外照片；（10）融资说明书、股东决议书和加盟授权书；（11）资料采集清单，包括相关的数据预算表格；（12）视频素材（店铺实景）；（13）项目方自愿提供的其他资料；（14）地方分站项目意见"①。观察以上信息可知，"人人投"不仅要求筹资者的发行披露，还要求在筹资者与投资者双方签订合伙协议后进行持续信息披露，将经营店铺的信息及时告知"人人投"与投资者，此外，"人人投"还规定了发行人的自愿信息披露。

3. 股权众筹中的信息披露问题

信息披露制度的本意在于要求发行人披露足以对投资者判断产生重大影响的一切信息，以解决发行人与投资者之间"信息不对称"的固有问题。我国信息披露的基本原则包括真实、准确、完整、及时、公平②。信息披露的作用在发行审核制的语境下较弱，因为此时证券的价值主要依赖国家行政监管部门的把关；而在注册制下，"宽进严出"的要求必然逼迫证券监管方式的转型，此时，证券的价值依赖投资人的判断，判断的基准就是发行人所做的信息披露③。而在股权众筹中，因目前尚未有法律对股权众筹的私募或公募性质定性，所以仅对股权众筹的现实状况进行一般性考察：信息披露制度对股权众筹而言至关

---

① 人人投主页——诚信体系 http：//www. renrentou. com/special/sincerity，2016 年 1 月 30 日最后访问。

② 《证券法》第六十三条："发行人、上市公司依法披露的信息，必须真实、准确、完整，不得有虚假记载、误导性陈述或者重大遗漏。"《上市公司信息披露管理办法》第三条"发行人、上市公司的董事、监事、高级管理人员应当忠实、勤勉地履行职责，保证披露信息的真实、准确、完整、及时、公平。"《公开发行证券的公司信息披露内容与格式准则第 1 号——招股说明书（2006 年修订）》第七条："发行人在招股说明书及其摘要中披露的所有信息应真实、准确、完整。"

③ 周友苏、杨照鑫. 注册制改革背景下我国股票发行信息披露制度的反思与重构［J］. 经济体制改革，2015（1）：146 – 147.

重要，因为股权众筹投资者对比私募投资者存在弱成熟性，需要的信息披露更接近公开发行的信息披露，即全面的、制度化的披露。股权众筹投资者不具备私募投资者那样强的与发行人直接谈判的能力，显然不能通过与发行人签订合同获取发行人的重要信息。而与公开发行不同的是股权众筹中众筹平台的参与，众筹平台除了作为筹资者与投资者之间的中介人外，还担任了众筹融资中监管者的角色，以平台规定的标准审核筹资者的项目信息，所以股权众筹的信息披露制度在信息披露一般规则之外，还混杂了众筹平台的审核规则。

在公募中，发行时的信息披露以招股说明书为核心，发行完成后的持续信息披露则包括定期信息披露与临时信息披露。临时信息披露一般是随着特定重大事件的发生，一些事项的发生具有"重大性"，以致影响投资者的判断，需要在发生时立即汇报投资者。我国立法中的重大性标准有以下两个："标准一是以招股说明书为代表的'投资者决策'规则；标准二是以《证券法》第六十七条和《股票发行与交易管理暂行条例》第六十条、《公开发行股票公司信息披露实施细则（试行）》（已废止）第十七条、《上海证券交易所股票上市规则》现散见于第九到第十一章中"。① 在股权众筹中也同样包括发行时的信息披露与发行完成后的持续信息披露，发行人除了在平台审核时应当提供筹资企业及项目相关信息外，还应当在融资项目进行过程中和对投资者的答疑过程中进行持续信息披露。当投资者的投资款项转入筹资者账户后，相应得到筹资企业的股权，实践中有些平台规定给筹资者与投资者为项目专门设立一个合伙企业，投资者获得合伙企业份额，例如"人人投"。目前，"人人投"自身与海淀法院皆认可其众筹融资性质。

在发行结束后，发行人应当将自己企业的财务状况、经营成果或其他重要信息持续报告给众筹投资者，类似于公开发行证券中的定期报告义务，只不过股权众筹的信息披露义务不如公开发行要求烦琐，例如，公开发行要求提供经审计的年度财务报告，而众筹一般不需要。众筹融资披露往往在审计要求上较低，目的是为了降低筹资企业的发行成本；否则，以众筹筹资数额远低于一般公开发行数额来看，筹资者势必得不偿失。不过，即使因为融资成本问题降低对信息披露的要求，也不应以此减少对投资者的保护。

---

① 齐斌. 证券市场信息披露法律监管［M］. 法律出版社，2000：172. 转引自覃宇翔. 浅议证券法信息披露义务中的"重大性"标准［J］. 商业研究，2003（4）：108.

作为美国证券法的两个核心目的：投资者保护与便利企业融资在实践中往往难以两全，偏重投资者保护可能会加重发行人负担，而减轻发行人负担，则可能降低对投资者的保护水平。所以说，股权众筹这种便利中小企业的融资方式的开展必然是以降低对投资者保护为代价的，美国出台 JOBS 法案后，一些业界人士以监管过度放松为由对法案进行批评，认为 SEC 应当加强对投资者的保护，虽然这将导致发行成本与监管成本的上升，但 SEC 对此观点表示支持，在 2014 年年初出台了《众筹规则》的建议稿后，又向全社会公开征求意见，直到 2015 年 10 月 31 日对《众筹规则》定稿，确定了规则的最终版本。SEC 在《众筹规则》起草说明上将原文的"投资者保护"（investors protection）改为"更强的投资者保护"（additional investors protection），力图通过出台具体规则强化对投资者的保护①。笔者认为，中国未来的股权众筹在便利企业融资的同时，也应尽量做到不降低对投资者保护的力度，建立适合于股权众筹特性的信息披露制度。

4. 信息披露与投资者保护

信息是证券市场的血液，《证券法》第三条规定的信息披露"公开、公平、公正"原则的第一个要求为"公开"，这一点绝非偶然。证券市场的买方（投资者）与卖方（发行人）之间存在着天然的信息不对称，所有投资者投资所需要的信息完全掌握在发行人的手中，发行人对自己的信息公布多少、怎么公布实际上是很容易游离于监管之外的，投资者相对发行人而言处于一个明显的信息弱势地位。除此之外，在投资项目的技术上，发行人一般也比投资者更专业，并且投资资金一旦投向特定项目，发行人就成为资金的管理者与使用者，资金脱离所有人的控制，存在发行人对投资者施行欺诈或者违反合同义务的现实可能性②。

---

① 美国证券法在谈到投资者保护时使用的是"investors protection"，而在 SEC2015 年 10 月出台的众筹规则正式文本中则表明新的规则及建议修改稿设计用来帮助小企业获取资金并为投资者提供更多的保护（The new rules and proposed amendments are designed to assist smaller companies with capital formation and provide investors with additional protections.）体现了 SEC 通过出台众筹规则试图修正 JOBS 法案对于众筹豁免规制过多放松的态势，在中小投资者为 JOBS 法案的通过鼓掌相庆时，SEC 不得不负担起投资者保护的重责。"SEC Adopts Rules to Permit Crowdfunding—Proposes Amendments to Existing Rules to Facilitate Intrastate and Regional Securities Offerings", See http: //www. sec. gov/news/pressrelease/2015 - 249. html.

② Jemsem&Meckling, Theory of the Firm: Managerial Behavior, Agency Costs and Ownership Structure, Journal of Financial Economicis, 1976, page306 - 325.

实践中，发行人为了吸引资金流入从而粉饰报表的行为屡禁不止。发行人及发行人的董事、高管、大股东很可能会为了短期利益而掩盖公司的投资风险，甚至是受托人的代理风险与欺诈风险，而不履行或不按规定履行信息披露义务。这种行为如果未受到有效遏制则可能扰乱整个证券市场的正常秩序、导致恶性竞争，最终"劣币驱逐良币"形成"柠檬市场"。

证券法律制度为了完成对投资者的保护，需要设计一个好的信息披露制度，通过保护投资者的知情权达到保障投资安全的目的。"发行人的成本与信息披露直接相关：一方面，信息披露要求过于严格，发行人必须为披露这些信息付出成本；另一方面，发行人信息披露过多，使得发行人该保护的信息得不到保护，也将损害发行人的利益。"便利融资与投资者保护这两个证券法的永恒目标需要通过信息披露制度来完成。在投资者足够成熟的情况下，可以降低对发行人的要求以刺激经济；而如果投资者普遍不成熟，则应加强信息披露要求，给予投资者更充分的保护。目前我国处于第二种情形，尤其对于股权众筹而言，更多面向的是广大不成熟的投资者[1]。投资者有权知晓自己投资的风险，只有在投资者明确知悉并认可了自己将要承担的风险后才能进行投资，否则无异于以牺牲投资者为代价来"催肥"经济，这样获得的也只能是昙花一现的繁荣，最终对国民经济的整体繁荣与稳定带来巨大的伤害。

投资者作为信息获取的弱势群体应当受到保护，尤其是不具有主动调查参与能力的小股东和普通投资者更应受到证券法的保护，这种保护以对发行人以强制的信息披露义务为主要的表现形式。同时，获取决策所需信息在公司法上也体现了对股东知情权的保护，最终是为了更好地保护股东的投资权利，而对于潜在投资者，发行人的信息披露也同样重要，投资者可以据此获得情报，判断公司的投资价值，决定是否成为公司的股东。

同时，信息披露义务也体现了对投资者理性的尊重，投资是投资者个人的决策，国家不应也无必要对投资者的投资决策正确与否负责。只要发行人按照法律规定的内容、形式和要求披露相关信息，使投资者能够及时、便利地查阅到这些信息即可，至于如何判断，则交由投资者理性决断。并且，以

---

① 梁清华. 美国私募注册豁免制度的演变及启示——兼论中国合格投资者制度的构建 ［J］. 法商研究，2013（5）：152－153.

信息披露制度作为规制发行人行为的核心制度本身也是符合效率原则的，从实际效果看，如果配合严格的证券民事责任追责体系，信息披露本身就足以预防和阻止证券市场上包括欺诈在内的绝大多数违法行为。

（二）完善建议

信息披露制度对于投资者保护至关重要。随着证券市场的发展和投资者群体的成熟，投资者在投资时越来越依赖自己理性的判断，而理性的判断基于投资者对发行人的充分了解，在与发行人不存在特定联系的一般情况下，投资者对发行人信息取得依赖发行人的披露。信息披露是发行人的单向义务，具有强制性，发行人具有依据法律履行信息披露义务的职责，信息披露应符合全面、真实、准确的要求。

事实证明，一味地以行政手段全方位地把控证券发行的每一个环节，对发行证券的投资价值进行实体审核并不能解决长远问题。最有效的手段还是完善信息披露制度，培养投资者的独立判断能力与理性精神，秉承市场经济理念，让投资者对自己的投资行为负责。信息披露的核心是反欺诈，我国应完善对反欺诈的相关规定（目前欺诈行为规定在《证券法》第七十九条中），并强化发行人实行证券欺诈行为时民事责任的承担问题。

信息披露的内容还应当注重可理解性，尽量用一般投资者可以理解的语言说明问题，或者对不易理解的部分增加说明文。同时，还应增强对投资者的教育，因为只有披露内容可以被投资者理解，信息披露制度才是真正有效的。此外，信息披露还应具有简明性，过度冗长的用语实际上加重了投资者的阅读负担，甚至可能会在某种情况下淹没重要信息。发行人应当对披露的信息遵循"重大性"原则进行筛选，并且用语应尽量采取日常生活中的语言，避免过多地采用法律用语或商业用语，以便于中小投资者的理解。在网络时代，甚至可以通过多媒体的方式进行展示，例如通过视频等方式，使其比纸媒时代的语言说明更易被投资者理解[1]。

针对证券发行面对不同对象的特点，也可以推行针对不同类别或不同对象发行的区别化信息披露义务体系，对于小额或与发行人有特定关系对象的

---

[1] 武俊桥. 论证券信息披露简明性规则——以网络时代为背景［N］. 证券市场导报，2011. 11：25－26.

发行可以相对降低对发行人信息披露义务的要求，例如从低至高以公司财务报表为例，可以分层次规定：a. 公司自己拟定财务报表，由董事、高管认可并签字；b. 公司拟定的财务报表由第三方会计师进行审核；c. 提供经过注册会计师审计的财务报表。

总体而言，应该完善信息披露制度本身，可通过对证券法进行修改，将原本散见于各章的信息披露的内容单列一章。信息披露不只是股权众筹的问题，更是所有类别证券发行共同具有的问题，所以应放在证券发行的全局下加以考虑，并针对股权众筹的特性，设计出适合的披露规则。而在全国人大常委会表决通过《关于授权国务院在实施股票发行注册制改革中调整适用〈中华人民共和国证券法〉有关规定的决定》，在注册制即将实行的当下，更应当强化信息披露，同时完善民事责任追究机制。

二、合格投资者

（一）现实状况

1. 概述

股权众筹作为一种高风险投资活动，投资者具有损失全部投资和退出机制不畅的风险，显然不是一种适合所有群体的投资模式。在外国与国内股权众筹实践中，都纷纷对股权众筹的合格投资者制度进行规定，力图将无法承担相应风险的投资者排除在外。虽然随着"普惠金融"降低金融服务准入门槛等理念的普及，市场也在呼吁传统上专属于富人的投资产品逐渐向平民过渡，但将所有投资者都推向他们可能无法承受的风险仍不意味着一个正确的选择，即使允许所有投资者投资股权众筹类产品，我们也应当根据他们的资产或收入做出类似于美国 JOBS 法案中投资上限的规定。

由于股权众筹主要面对广大小额不成熟投资者的固有特性，使得众筹中的投资者尤其需要证券法等法律的保护。在投资者保护制度中，"合格投资者"的规定是一项非常重要且有效的措施。合格投资者是指根据法律的规定，通过一定的评判标准将不具有对相应金融产品投资风险的判断能力与承受能力的投资者排除在外，防止他们由于受到高回报的诱惑而投资自己能力范围外的金融产品。

2. 现行法律对合格投资者的规定

建立适应股权众筹这种新型投资模式的合格投资者制度可以参考我国现有的法律规定。在我国，合格投资者制度主要与私募相关。以下试进行简要介绍①。

（1）法律对合格投资者的规定

a. 在《公司法》与《证券法》中，立法者并未提到"合格投资者"这个名词，在法条中使用了"特定对象"的称呼（类似于"合格投资者"），用于定义非公开发行与公开发行，但法律并没有对"特定对象"的内涵做出具体说明。可以说，此时法律中尚未出现合格投资者的相关概念。

b. 全国人大常委会在 2012 年 12 月 28 日对《证券投资基金法》进行修订时，首次在立法中写入了合格投资者的条款，在该法第八十八条中做出了如下规定："非公开募集基金应当向合格投资者募集，合格投资者累计不得超过二百人。前款所称合格投资者，是指达到规定资产规模或者收入水平，并且具备相应的风险识别能力和风险承担能力、其基金份额认购金额不低于规定限额的单位和个人。合格投资者的具体标准由国务院证券监督管理机构规定。"其中第二款就是法律对合格投资者的定义，虽然该规定抓住了合格投资者的要害，但具体应达到什么样的资产规模或收入水平，以及风险识别能力和风险承担能力的判断标准，现有法律均未给出答案，直到在 2015 年 4 月 24 日全国人大常委会对该法的修正也未对本问题做出更进一步的说明。本条只在第三款中将合格投资者的具体标准交由证券监督管理机构（证监会）制定。

（2）部门规章或规范性文件对合格投资者的规定

a. 证监会《私募投资基金监督管理暂行办法》（2014 年 6 月 30 日通过并施行）第三章规定了合格投资者相关问题，其中第十二条规定了合格投资者

---

① 对我国合格投资者法律制度的整理参考了相关论文：梁清华. 论我国合格投资者法律制度的完善——从法定条件到操作标准［N］. 证券市场导报，2015. 2：73 – 74.

的具体条件，第十三条规定了视为合格投资者的情形①。

b. 银监会制定的《信托公司集合资金信托计划管理办法》（2009 年 2 月 4 日通过并施行）第五条："信托公司设立信托计划，应当符合以下要求：（一）委托人为合格投资者；"第六条②则对合格投资者的具体标准做出了规定。

c. 商务部制定的《外商投资创业投资企业管理规定》（2002 年 10 月 31 日通过，2003 年 3 月 1 日起施行）中没有对合格投资者的条件做出规定，只在第二十三条③中规定了创业投资管理企业的最低出资额是 100 万元人民币或等值外汇。

根据对上述法律法规及规范性文件的分析可知，我国对合格投资者的要求放在了净资产/金融资产/收入/单笔投资数额等财产性规定上，并未对合格投资者的其他方面如风险识别能力和风险承担能力等做出具体而具有可操作性的规定，即使是财产性规定，也因规章制定部门的不同而出现交叉适用、法律管辖范围不明的状况。在《私募投资基金监督管理暂行办法》第十三条中规定了视为合格投资者的标准，是我国法律规定的一大进步，这一规定丰

---

① 《私募投资基金监督管理暂行办法》第十二条："私募基金的合格投资者是指具备相应风险识别能力和风险承担能力，投资于单只私募基金的金额不低于 100 万元且符合下列相关标准的单位和个人：（一）净资产不低于 1000 万元的单位；（二）金融资产不低于 300 万元或者最近三年个人年均收入不低于 50 万元的个人。前款所称金融资产包括银行存款、股票、债券、基金份额、资产管理计划、银行理财产品、信托计划、保险产品、期货权益等。第十三条："下列投资者视为合格投资者：（一）社会保障基金、企业年金等养老基金，慈善基金等社会公益基金；（二）依法设立并在基金业协会备案的投资计划；（三）投资于所管理私募基金的私募基金管理人及其从业人员；（四）中国证监会规定的其他投资者。以合伙企业、契约等非法人形式，通过汇集多数投资者的资金直接或者间接投资于私募基金的，私募基金管理人或者私募基金销售机构应当穿透核查最终投资者是否为合格投资者，并合并计算投资者人数。但是，符合本条第（一）、（二）、（四）项规定的投资者投资私募基金的，不再穿透核查最终投资者是否为合格投资者和合并计算投资者人数。"

② 《信托公司集合资金信托计划管理办法》第六条："前条所称合格投资者，是指符合下列条件之一，能够识别、判断和承担信托计划相应风险的人：（一）投资一个信托计划的最低金额不少于 100 万元人民币的自然人、法人或者依法成立的其他组织；（二）个人或家庭金融资产总计在其认购时超过 100 万元人民币，且能提供相关财产证明的自然人；（三）个人收入在最近三年内每年收入超过 20 万元人民币或者夫妻双方合计收入在最近三年内每年收入超过 30 万元人民币，且能提供相关收入证明的自然人。"

③ 《外商投资创业投资企业管理规定》第二十三条："受托管理创投企业的创业投资管理企业应具备下列条件：（一）以受托管理创投企业的投资业务为主营业务；（二）拥有三名以上具有三年以上创业投资从业经验的专业管理人员；（三）注册资本或出资总额不低于 100 万元人民币或等值外汇；（四）有完善的内部控制制度。"

富了我国合格投资者的法律内涵，同时其第二款中的"穿透核查"原则，有利于防止不符合私募基金合格购买者的投资者们通过合伙企业、契约等形式规避法律，集资购买私募产品。

3. 股权众筹平台对合格投资者的规定

除了《私募股权众筹融资管理办法（试行）》（征求意见稿）第十四条①中规定，金融资产不低于 300 万元人民币或最近三年个人年均收入不低于 50 万元人民币的个人可以成为私募股权众筹中的合格投资者外，我国尚未出台针对股权众筹合格投资者的规定。通过对市场上比较著名的股权众筹平台的考察，我们可以看出，绝大多数的平台规定了投资者准入规则。在平台上的投资者注册环节规定了满足什么条件时才能注册为平台的会员，只有满足这些条件、提供了众筹平台要求的文件后经审核才能注册为投资者，有权查看众筹网站上项目的具体信息，选择是否投资。实践中，一般会区分网站会员的注册与股权众筹投资者资格的申请，投资者进行投资时还需要申请投资者资格，如果投资者想要注册为平台项目的领投人，还应经过第三层次的申请。以下将列举"人人投"、"云筹"、"大家投"三家股权众筹平台的合格投资者准入标准。

（1）"人人投"（北京飞度网络科技有限公司）

"人人投"平台上的筹资项目一般筹资数额较低，筹资目的多用来开办以餐饮业为主的实体店铺。因为单笔投资数额较低，投资风险相对较易把控，所以"人人投"并未对投资者的资格做出过多要求。目前，"人人投"上的投资者被限定为自然人，注册成为会员（投资者）只需提供手机号，输入手机验证码即可，也可以使用微信进行快速注册，登录后可以在手机验证和邮箱验证完成后进行实名认证，只有注册完成，才能查看"人人投"上项目的

---

① 《私募股权众筹融资管理办法（试行）》（征求意见稿）第十四条："【投资者范围】私募股权众筹融资的投资者是指符合下列条件之一的单位或个人：（一）《私募投资基金监督管理暂行办法》规定的合格投资者；（二）投资单个融资项目的最低金额不低于 100 万元人民币的单位或个人；（三）社会保障基金、企业年金等养老基金，慈善基金等社会公益基金，以及依法设立并在中国证券投资基金业协会备案的投资计划；（四）净资产不低于 1000 万元人民币的单位；（五）金融资产不低于 300 万元人民币或最近三年个人年均收入不低于 50 万元人民币的个人。上述个人除能提供相关财产、收入证明外，还应当能辨识、判断和承担相应投资风险；本项所称金融资产包括银行存款、股票、债券、基金份额、资产管理计划、银行理财产品、信托计划、保险产品、期货权益等；（六）证券业协会规定的其他投资者。"

具体信息。在实际进行投资之前，投资者还需同步易宝支付（与"人人投"合作的第三方支付平台）账号，此时投资者需要提供自己的真实姓名与身份证号。此外，投资者在"人人投"网站上还可以注册成为"认证投资人"，该网站显示，认证投资人是指"经过人人投网站严格认证，审核一批具备一定投资实力、投资经验、行业资源的投资人。为了降低投资人的投资风险和保证项目方的利益，双方的认证审核将更加严格"。① 由此定义可知，"人人投"平台上的"认证投资人"类似于其他众筹网站上的领投人。

（2）"云筹"（深圳前海云筹互联网金融服务有限公司）

在"云筹"网站主页上通过输入手机验证码或通过微信、微博绑定手机号的形式即可完成注册（注册时不区分个人投资者或机构投资者），用户可以查看网站上的众筹项目信息。注册完成后，网站跳转至用户"个人中心"，用户需要选择"申请成为投资人"（可以选择"自然人申请"或"机构申请"）才能实际进行投资行为。"云筹"对自然人申请成为"认证投资人"要求提供投资者真实姓名、身份证号、所在地区、身份证正面/背面照、年收入（20万元以下/20万元到50万元/50万元到100万元/100万元以上）、所在企业及职务、个人资产、单个项目投资金额幅度、投资经验（PE/VC、天使投资、股票期货、P2P、其他）、关注方向（互联网与移动应用、健康与医疗、消费电子与硬件创新等）等内容后，提交"云筹"网站进行审核，审核通过后，投资人成为"云筹"网站上的合格投资者。还有一些是申请领投人必填、个人认证投资人选填的附加资料，包括投资理念、可提供的附加价值、投资案例等，"云筹"将根据领投人审核规则决定是否认证其为领投人②。与此相似，机构申请为投资人时需要提供法定代表人姓名、身份证号及身份证正面/背面照、联系人、所在地区、营业执照号、营业执照复印件、企业名称、资金规模、单项目投资金额幅度、关注方向等。机构也可申请成为领投人。

（3）"大家投"（深圳市大家投互联网金融股份有限公司）

"大家投"平台的自我定义："中国首个众筹模式天使投资与创业项目对接平台。""大家投"平台的注册包括注册项目方会员与注册天使投资人会员，

---

① 人人投网站 http：//www.renrentou.com/help/index/typeid/35 从以上这段描述中，似乎"人人投"平台上的"认证投资人"类似一般众筹平台上的"领投人"。

② 云筹网站 http：//www.yunchou.com "个人中心"——"申请成为投资人"。

个人与机构皆可选择注册，对于个人投资者，要求个人金融资产超过 100 万元或近三年的年收入超过 30 万元，并提供邮箱与手机号码，注册完成后还需在个人中心完善包括所在城市、真实姓名、身份证号、身份证正反面照片、个人住址在内的其他信息。投资者还可以申请领投资格，大家投对领投人资质做出相应规定①，要求选择领投项目行业（在 PC 互联网、移动互联网、IT 软件/硬件、服务业、文化创意、节能环保、新能源、生物医药中选择 1 ~ 3 项）并填写个人简历，通过"大家投"审核后才能成为领投人。除个人外，机构也可申请成为投资人，但应当符合投资基金、信贷投资公司、财务公司、商业银行或保险公司的投资部、公司总资产达 3000 万元或其他满足条件的投资机构中的其中一种情形，其他注册要求与个人投资者一致，注册后的信息完善可以基本参照"云筹"的相关规定。

由此可见，我国现有法律中并未有统一的、具有可操作性的合格投资者制度规定，更妄论股权众筹中的合格投资者制度。在法律没有规定的情况下，各个众筹平台只能自己制定自律规范，通过注册制度和申请认证制度将平台认为适合投资股权众筹的投资者网罗在内。大多数平台都会根据自己平台针对的客户群制定准入规则，但笔者认为这些规则的主体部分还是应当由国家出台法律法规进行规制，否则在适用上可能导致过于随意与混乱。我国在制定相关规定时可以参考外国法的相关规定和著名众筹平台相关合格投资者规定中的合理部分。

（二）改进建议

为应对股权众筹和其他类型的证券发行行为所产生的投资者保护问题，笔者认为有必要以法律的形式建立完善而统一的合格投资者制度，并在股权众筹的规定中做出对合格投资者制度适用的变通或例外规定。

对于股权众筹中合格投资者的确定，可以与一般私募中明确规定何种机构或自然人属于合格投资者的规定不同，允许广大普通投资者参与到股权众筹投资活动中，可以对于自然人根据其收入或净资产（应当排除主要居住用

---

① 大家投网站——申请领投资格，资质要求：满足以下任一条件即可：（1）两年以上天使基金、早期 VC 基金经理级以上岗位从业经验；（2）两年以上创业经验（只限第一创始人经验）；（3）三年以上企业总监级以上岗位工作经验；（4）五年以上企业经理级岗位工作经验；（5）两个以上天使投资案例。http：//www.dajiatou.com/index.php? m = investor&c = index&a = applyLead&t = 1。

房产的价值）进行分类，确定其每十二个月可以投资的数额上限，从降低损失的角度来防范股权众筹对普通投资者的风险，收入与净资产较高的人群可以在一个周期（十二个月）内进行更高额度的投资，法律可以通过对投资者进行分类的方式来保护投资者。对于机构投资者，基于他们雄厚的实力与专业的投资能力与风险应对能力，绝大多数的机构投资者都可以作为天然的合格投资者，但为防范风险的考虑，应当慎重对待银行及养老基金进入股权众筹市场。

与发行人有特定联系的投资人可以作为合格投资者，这些人因为与发行人存在事前的特定联系，例如与发行人之间的雇佣关系等，可以依据这种联系获得足以进行投资决策的信息，这些信息与公开发行时普通投资者所能获得的信息相同，所以发行人对这类人不具有强制的信息披露义务[①]。

对于投资者的人数限制问题，笔者认为人数限制是可行的，一方面，人数规定不宜过低，以 200 人为宜，人数限制过低可能导致筹资者的融资需求不易得到满足，毕竟股权众筹中以小额投资者居多；另一方面，人数规定也不宜过高，毕竟股权众筹中的筹资者不是公开募股的上市公司，过多的投资者可能导致股权结构混乱或容易出现争议。此外，不得不承认，人数标准没有被各国证券法所抛弃的一个重要原因是其具有很强的操作性。

三、投资者教育

（一）现实状况

投资者教育有利于提高投资者的自我保护能力，有助于他们更好地理解发行人的相关披露文件从而做出理性的投资决策，强化投资者教育贯穿投资者保护制度的始终。在我国，许多行政法规、部门规章及行业规定中都对投资者教育问题进行了规定，以"强化投资者教育"为核心，相关规定要求证券市场的经营主体（证券公司等）做好投资者教育的相关工作，要求证券交易所等证券期货交易场所完善并强化投资者教育的相关内容。以下试从立法

---

① 梁清华. 论我国合格投资者法律制度的完善——从法定条件到操作标准［N］. 证券市场导报，2015.2：75－76.

角度和实践角度举出有代表性的例子对现行投资者教育制度进行论述。

1. 立法角度

（1）行政法规

《国务院关于进一步促进资本市场健康发展的若干意见》（2014 年 5 月 8 日通过并施行）第二条（基本原则）："处理好风险自担与强化投资者保护的关系。加强投资者教育，引导投资者培育理性投资理念，自担风险、自负盈亏，提高风险意识和自我保护能力。"本条规定了加强投资者教育是促进资本市场发展的原则问题，强化了投资者教育的地位。

《国务院办公厅关于进一步加强资本市场中小投资者合法权益保护工作的意见》（2013 年 12 月 25 日通过并施行）其中第八条①规定了强化中小投资者教育的内容，并对自律组织和证券期货经营机构提出了强化投资者教育的各项要求。

（2）部门规章

中国证券监督管理委员会公告〔2015〕23 号——关于公布《关于加强证券期货投资者教育基地建设的指导意见》及《首批投资者教育基地申报工作指引》的公告（2015 年 9 月 8 日通过并施行），其中《关于加强证券期货投资者教育基地建设的指导意见》对投资者教育基地的建设，证监会提出了包括总体要求、建设标准、申报命名、监督管理在内的数项要求。

《私募股权众筹融资管理办法（试行）》（征求意见稿）（2014 年 12 月 28 日）第八条："【平台职责】股权众筹平台应当履行下列职责：（七）持续开展众筹融资知识普及和风险教育活动，并与投资者签订投资风险揭示书，确保投资者充分知悉投资风险；"本条对股权众筹中的投资者教育问题进行了规定，将股权众筹中投资者教育的职责赋予了众筹平台，规定了众筹平台的投资者教育活动应围绕众筹融资展开，教育内容主要包括众筹相关知识的普及向投资者告知众筹融资活动可能存在的全部风险，并确保投资者充分知悉投

---

① 《国务院办公厅关于进一步加强资本市场中小投资者合法权益保护工作的意见》"八、强化中小投资者教育加大普及证券期货知识力度。将投资者教育逐步纳入国民教育体系，有条件的地区可以先行试点。充分发挥媒体的舆论引导和宣传教育功能。证券期货经营机构应当承担各项产品和服务的投资者教育义务，保障费用支出和人员配备，将投资者教育纳入各业务环节。

提高投资者风险防范意识。自律组织应当强化投资者教育功能，健全会员投资者教育服务自律规则。中小投资者应当树立理性投资意识，依法行使权利和履行义务，养成良好投资习惯，不听信传言，不盲目跟风，提高风险防范意识和自我保护能力。"

资风险。

（3）行业自律规定

《场外证券业务备案管理办法》（2015年7月29日通过，2015年9月1日起施行）第五条规定"备案机构开展场外证券业务应当符合（四）具有完善的投资者教育和投资者权益保护措施"。

2. 传统的投资者教育主体

由于本文的研究对象股权众筹是一种网上发行证券，具有与网络密切结合的特征，所以以下对投资者教育问题的研究主要关注实践中各投资者教育主体的官方网站（在线教育平台）。

（1）证监会

证监会网站首页——投资者保护—投资者教育。投资者教育栏目分为两部分：投资者风险提示与防范；证券期货知识①。主要内容包括一些证券期货知识的问答、违反证券法的有关案例、证券投资产品的相关风险等知识，以专题文章形式列示于证监会网站上。

（2）证券交易所（例：上海证券交易所）

上海证券交易所有专门的投资者教育网站②，网站内容包括每日参考、教育活动预告、风险提示、投资者网络学院、投资者服务指引等部分，另分为股票期权投教专区、沪港通业务专区、证券模拟交易平台等，投资者教育的材料相对比较丰富。

（3）证券公司（例：中信证券、海通证券）

中信证券网站主页——投资者关系—投资者服务—投资者保护宣传栏目，展示的内容包括上海证交所的投资者教育材料、相关法律政策对证券市场的影响分析、上交所研究报告等，例如"上海证券交易所——正确认识现今分红，理性把握投资价值""投资者如何分析上市公司的基本面"等③。主要是对上海证交所投资者教育材料和其他专业分析的转引，缺少自己的原创内容。

---

① 投资者风险提示与防范一栏展示的内容包括："万福生科案：试水先行赔付 投资者主动维权"、"关于新投资者激增、全民炒股风险的问答"等。证券期货知识一栏展示的内容包括："优先股股东的表决权" "优先股与普通股、债券及其他股债混合产品的区别"等。见 http://www.csrc.gov.cn/pub/newsite/tzzbh1/tbtzzjy/。

② 上海证券交易所·投资者教育网站 http://edu.sse.com.cn/。

③ 中信证券网站 http://www.cs.ecitic.com/investor/proFlack.jsp。

在另一知名券商海通证券官网上则未找到投资者教育的内容，在投资者关系—投资者服务—投资者常见问题 Q 和 A 中，只有"海通的风险管理和内部监控架构怎样""海通的发展战略是什么""海通的竞争优势是什么"三篇宣传类材料①。

3. 股权众筹平台事例

（1）"人人投"

"人人投"主页——"帮助中心"—"名词解释"及"常见问题"栏目中通过对"人人投"投资流程的解释及股权众筹中常见问题的解答提供部分参考信息，对投资者进行教育。在主页"新手指引"栏目中以图文并茂的形式对"人人投"的平台自我定性、投资运作流程、安全保障、如何投资等问题做了简要回答。在前文中提到的"诚信体系"栏目中，投资者也可以学习到如何识别一个好项目。但总体而言，"人人投"网站上投资者教育内容不多，并且具有被动性，需要用户主动寻找进行学习，以上列举的投资者教育的材料的学习并未成为注册为平台用户或进行股权众筹投资的先决条件。

（2）"云筹"

"云筹"主页——"云筹学院"—"投资者课堂"② 中对包括股权众筹在内的诸多投资活动以文章的方式进行了解答，按栏目划分为天使投资、股权投资、金融理财、风险管理四个部分。在"云筹学院"的"云筹指引"中则专门针对"云筹"平台上的投资活动进行释疑。此外，"云筹"将注册为用户时需要阅读的《风险揭示》③、《服务条款》等放在网页下方，用户在注册成功后仍然可以阅读以上文件。但其中的《风险揭示》与其说是揭示股权众筹中存在的风险，不如说是另一份服务条款，除了在开篇说明众筹投资行为具有风险，所投资股权的价格可升可跌甚至变得毫无价值外，其他都是在反复说明平台的各项免责条款。

（3）"大家投"

"大家投"主页——"帮助中心"分新手指南、创业者、投资人、投付宝四个栏目，分别以问答形式回答相关问题。在"新手指南"栏目中解释

---

① 见 http：//www. htsec. com/ChannelHome/2616144/index. shtml。

② 见 http：//www. yunchou. com/college，2016 年 1 月 30 日最后访问。

③ 见 http：//www. yunchou. com/risk_ disclosure，2016 年 1 月 30 日最后访问。

了"股权众筹与炒股的区别""领投人与天使、VC 基金 GP 的区别"等基本问题。在"投资人"栏目中回答了"领投人如何上传尽调报告""什么是项目估值询价""投资人认筹流程"等问题。"大家投"上的投资者教育主要以股权众筹投资规则说明为主，真正属于"投资者教育"的部分比较少。

通过上述观察可以看出，在我国法律规定中，对于投资者教育问题，多以宣誓性语言表达了强化投资者教育的必要性，鲜少规定投资者教育应具备的具体内容，只在证监会《关于加强证券期货投资者教育基地建设的指导意见》中规定了对投资者教育基地建设的具体要求、什么主体可以建设投资者教育基地以及实体投教基地与网络投教基地的区别等，并对投教基地应具备的投资者教育的内容进行概括和列举①，该指导意见是目前我国立法上对投资者教育最完善的规定。由于本指导意见出台较晚（2015 年 9 月 8 日），所以实践中投资者教育基地的建设尚未完全按照指导意见规划进行，除证监会和证交所的投资者教育内容较完善外，证券公司官网上的投资者教育的内容普遍比较匮乏。股权众筹方面，除了《私募股权众筹融资管理办法（试行）》（征求意见稿）对众筹平台的投资者职责进行简要规定外，并未有专门针对股权众筹领域投资者教育的法律规定。实践中，各大平台的投资者教育侧重点则各有不同，主要涉及对股权众筹与其他相似投资形式的区别、股权众筹投资流程中遇到的情况的处理等实际操作中的问题，普遍缺乏系统的投资者教育内容。

（二）完善建议

1. 投资者教育的目的

投资者保护是国际证监会组织（IOSCO）提出的证券监管三大目标之一，良好的投资者教育是投资者权益保护的重要手段。良好的投资者教育有利于

---

① 《关于加强证券期货投资者教育基地建设的指导意见》"二、投教基地建设标准：（一）投教基地的分类。投教基地按照载体形式不同，分为实体投教基地和互联网投教基地。（二）投教基地的教育内容。投教基地应当提供投资者参与市场需要了解的必要信息，包括但不限于证券期货基础知识和专项产品业务知识、政策法规、自律规则，投资风险与防范措施，投资者权利义务、权利行使与救济方式，非法证券期货活动的特征与危害，互联网金融与信息安全知识等，注重运用典型案例开展教育。"

投资者培育理性投资理念，克服原有的过度非理性投资行为。有人认为，投资者教育可以划分为三个方面，分别是投资决策教育、资产配置教育和权益保护教育，其中权益保护教育主要包括风险教育、风险提示以及为投资者提供的有关服务①。

笔者认为，投资者教育的目的主要是帮助投资者识别和认识证券投资活动中可能存在的风险，教育投资者根据理性的判断和信息的搜集选择适合自己的投资产品，做出投资决策；对投资者进行证券法律法规和相关政策的宣传，并列举证券违法行为的表现形式，教育投资者遵纪守法；告知投资者发行人应当披露的信息范围以及如何阅读披露材料等。但是当前实践中的投资者教育尚未达成上述目的，即使出台了关于投资者教育的相关指导意见，规定也比较概括，可操作性也相对较弱。

2. 投资者教育的主体

关于投资者教育的改进，本文主要关注的是股权众筹中投资者教育的相关问题。由于股权众筹属于网络发行，绝大多数行为都在网上进行，所以投资者教育也主要集中在网络上，由证券经营机构（股权众筹平台）作为主体进行线上教育。笔者认为除了股权众筹平台外，第三方主体也可以被纳入股权众筹的投资者教育体系中。股权众筹平台作为证券经营机构，在投资者教育中并不是一个中立的角色，因为投资者购买证券的行为是在帮助筹资者募集资金，而筹资项目成功后众筹平台又可以根据募集数额抽取一定比例的居间费用，所以股权众筹平台的投资者教育活动常常与其经济利益相关，这可能导致其丧失投资者教育的客观性、准确性与公平性，对投资者教育不利。因此，可以考虑纳入第三方完成投资者教育。"这里的第三方特指证券监管与交易清算部门、证券经营机构和投资者以外的组织，它们不与投资者存在投资利益的联系，第三方可以是教育机构、科研机构或专业的第三方评级机构等。"② 在证监会《关于加强证券期货投资者教育基地建设的指导意见》也明

---

① 顾海峰. 我国证券市场个人投资者教育问题研究［J］. 上海金融，2009（5）：48－49.
② 张毅. 我国证券市场投资者教育的第三方模式研究［J］. 上海师范大学学报（哲学社会科学版），2010，1（1）：59－60.

确说明了建议第三方加入投资者教育的系统中来①。指导意见的第一条规定了"其他机构"可以建设运行投资者教育平台，这里的"其他机构"包括教育科研机构、新闻媒体等，从条文的表述中可以看出，如果符合指导意见的规定，条文列举范围之外的其他第三方机构也可以加入投资者教育基地的建设中来。

在股权众筹中，也可以鼓励一些第三方教育机构参与进来，第三方教育机构因为与投资者无直接利益关系，所以更可以为投资者提供系统化的投资理念及知识的教育而非一般众筹平台上主要围绕投资产品的教育，更具有客观性，可以公平评价股权众筹中存在的所有风险，而众筹平台的投资者教育则可能存在刺激人们的投机心理，夸大利润和掩盖风险的可能。此外，专业的第三方机构也有更多的能力及精力对市场上出现的新型投资产品进行最前沿的研究。在美国 JOBS 法案中，股权众筹中投资者教育的职责被归属于众筹平台②。在中国，投资者教育也主要由众筹平台承担，第三方机构起到一定的辅助作用。

3. 投资者教育的内容

投资者教育的强化与完善是投资者保护制度中非常重要的一部分，有效

---

① 《关于加强证券期货投资者教育基地建设的指导意见》"一、总体要求（一）投教基地的定义。投教基地，是指面向社会公众开放，具有证券期货知识普及、风险提示、信息服务等投资者教育服务功能的场所、网络平台等载体，是开展投资者教育的重要平台，可以由下列三类主体建设运行：一是证券期货交易场所、行业协会，以及受中国证监会管理、为证券期货市场提供公共基础设施或者服务的专门机构；二是证券期货经营机构，上市公司、非上市公众公司，以及证券期货中介服务机构；三是其他机构，包括教育科研机构、新闻媒体等。"

② JOBS ACT, TITLE Ⅲ,
SEC. 302. CROWDFUNDING EXEMPTION.
(b) REQUIREMENTS TO QUALIFY FOR CROWDFUNDING EXEMPTION. —
The Securities Act of 1933 (15 U. S. C. 77a et seq.) is amended by inserting after section 4 the following:
SEC. 4A. REQUIREMENTS WITH RESPECT TO CERTAIN SMALL TRANSACTIONS.
(a) REQUIREMENTS ON INTERMEDIARIES. —A person acting as an intermediary in a transaction involving the offer or sale of securities for the account of others pursuant to section 4 (6) shall—
(1) register with the Commission as—
(A) a broker; or
(B) a funding portal (as defined in section 3 (a) (80) of the Securities Exchange Act of 1934);
(2) register with any applicable self – regulatory organization (as defined in section 3 (a) (26) of the Securities Exchange Act of 1934);
(3) provide such disclosures, including disclosures related to risks and other investor education materials, as the Commission shall, by rule, determine appropriate.

的投资者教育不但可以提升投资者自我保护的能力，还可以缓解证券监管的压力。投资者教育的内容至少应包括：众筹证券的发行程序、众筹证券的风险、发行人应向投资者提供的信息种类、发行人取消发行的情形、投资者撤销投资的限制。投资者教育还应让投资者明白自己有损失全部投资的风险，且投资者应当以回答问题的形式表明自己理解投资于初创企业的全部风险。投资者教育材料应当告知投资者众筹证券权利存在被稀释的风险和因为发行人的增发、回购或将公司或其重大财产出售给第三人时众筹证券投资者可能遭受的损害①。投资者教育应向投资者介绍众筹证券发行人（筹资企业）应当向投资者做出的所有重要披露，包括但不限于上述所列股东权受到稀释的风险，使投资者能够与发行人达成协议保护自己的合法权益。

投资者教育的核心目的就是提升投资者自我保护的能力，为此，首先教育投资者辨别欺诈发行，其次需要对投资者进行相关金融及法律知识的教育，使投资者能够理解发行人披露文件的内容，包括提供必要的工具使投资者能够看懂公司财务报表等。虽然信息披露简明化是现行证券法发展的趋势，但专业语言毕竟与日常生活中的语言存在区别，投资者还是应当掌握必要的金融知识和法律知识。此外，还应当向投资者说明资产配置和投资组合多元化（portfolio diversification）的重要性，使投资者对金融基础知识与投资战略有基本的理解②。

四、股权众筹证券的发行定性——公开还是私募

对于股权众筹中证券发行的公募或私募性质，理论与实务上存在许多争议，加之立法方面动向也是一波三折，迟迟拿不出一个定论，使得股权众筹的定性问题变得更加不明了。为了更好地保护股权众筹中的投资者，对这类融资活动进行监管，确定被监管对象的性质至关重要。以下试从立法、司法、学理等角度对此问题进行阐述。

---

① Cody R. Friesz, Crowdfunding & Investor Education: Empowering Investors to Mitigate Risk & Prevent Fraud, Suffolk University Law Review, 2015, page141 – 142.

② Cody R. Friesz, Crowdfunding & Investor Education: Empowering Investors to Mitigate Risk & Prevent Fraud, Suffolk University Law Review, 2015, page147 – 150.

（一）现实状况

1. 立法

（1）中国证券业协会起草的《私募股权众筹融资管理办法（试行）》（征求意见稿）（2014年12月18日公布）将股权众筹融资定性为私募，并界定了私募股权众筹融资这一定义，根据本草案第二条：「【适用范围】本办法所称私募股权众筹融资是指融资者通过股权众筹融资互联网平台（以下简称股权众筹平台）以非公开发行方式进行的股权融资活动。」在本办法的起草说明中，中国证券业协会解释：在我国现行法律规定下公开发行需要经过核准，而采用股权众筹进行筹资的中小微企业不具备公开发行股票的条件，所以只能采取非公开发行方式。此外管理办法通过一系列的要求使股权众筹发行满足《证券法》第十条非公开发行的要求。根据管理办法的定义似乎除了私募股权众筹外还有公募股权众筹，但到目前为止立法对此事并未有定论，而本办法在过了征求意见期后也一直未正式出台。

（2）《关于促进互联网金融健康发展的指导意见》（银发〔2015〕221号）（2015年7月18日发布并施行）第九条①将股权众筹融资定义为通过互联网进行的公开小额股权融资活动，要求股权众筹融资应通过股权众筹融资中介机构平台进行，规定股权众筹的服务对象是小微企业，并将股权众筹融资业务纳入证监会的监管范围。

（3）《广东省开展互联网股权众筹试点工作方案》（粤金〔2015〕46号）（2015年7月21日发布并施行）通过各种措施鼓励广东省内的股权众筹融资活动的开展，关于股权众筹证券发行的性质，试点方案并未明确说明，但在"（二）禁止从事的行为：各试点平台应当遵守《公司法》和《证券法》等有关规定，不得从事非法集资、非法发行证券（向不特定对象发行证券或向特

---

① 《关于促进互联网金融健康发展的指导意见》第九条："（九）股权众筹融资。股权众筹融资主要是指通过互联网形式进行公开小额股权融资的活动。股权众筹融资必须通过股权众筹融资中介机构平台（互联网网站或其他类似的电子媒介）进行。股权众筹融资中介机构可以在符合法律法规规定前提下，对业务模式进行创新探索，发挥股权众筹融资作为多层次资本市场有机组成部分的作用，更好地服务创新创业企业。股权众筹融资方应为小微企业，应通过股权众筹融资中介机构向投资人如实披露企业的商业模式、经营管理、财务、资金使用等关键信息，不得误导或欺诈投资者。投资者应当充分了解股权众筹融资活动风险，具备相应风险承受能力，进行小额投资。股权众筹融资业务由证监会负责监管。"

定对象发行证券累计超过 200 人）等违法犯罪活动，不得有以下行为："（三）
其他要求：1. 规范引导投资。各试点平台应当采用'领投''跟投'或其他
方式科学选择股权众筹项目，规范引导投资者进行投资，降低普通投资者的
投资风险和信息不对称。"可以看出，在"（三）禁止从事的行为"中，本方
案重述了《证券法》的规定，禁止各试点平台非法发行证券，要求各试点平
台不能触犯《证券法》第十条非法公开发行的红线。而"领投＋跟投"也经
常运用于私募或风投中，这两条似乎从侧面印证了试点方案中对股权众筹私
募性质的规定。

（4）《场外证券业务备案管理办法》（2015 年 7 月 29 日发布，2015 年 9
月 1 日起施行）第二条："场外证券业务是指在上海、深圳证券交易所、期货
交易所和全国中小企业股份转让系统以外开展的证券业务，包括但不限于下
列场外证券业务：（十）互联网非公开股权融资①；"本项因证监会相关文件
精神曾由"私募股权众筹"修改为现在的"互联网非公开股权融资"。在证
监会《关于对通过互联网开展股权融资活动的机构进行专项检查的通知》将
股权众筹定义为小额公开发行，认为私募股权众筹不属于股权众筹。《场外证
券业务备案管理办法》规制的是"私募股权众筹"，也就是"互联网非公开
股权融资"。

（5）《关于对通过互联网开展股权融资活动的机构进行专项检查的通知》
（证监办发〔2015〕44 号），本通知在人民银行等十部委发布《关于促进互联
网金融健康发展的指导意见》之后出台，秉承指导意见的精神，重申股权众
筹融资公开小额股权融资的性质，认为股权众筹具有"公开、小额、大众"
的特征。未经国务院证券监督管理机构批准，任何单位和个人不得开展股权
众筹融资活动。目前，一些市场机构开展的冠以"股权众筹"名义的活动，
是通过互联网形式进行的非公开股权融资或私募股权投资基金募集行为，不
属于《指导意见》规定的股权众筹融资范围。将股权众筹平台注册由备案制
改为审批制。此处的"股权众筹"已成为一个专有名词，专指公募型股权众
筹，此种定义已经与其他国家股权众筹的定义取得了一致。

---

① 关于调整《场外证券业务备案管理办法》个别条款的通知（中证协发〔2015〕170 号）各场
外证券业务经营机构：根据中国证监会《关于对通过互联网开展股权融资活动的机构进行专项检查的
通知》（证监办发〔2015〕44 号）精神，现将《场外证券业务备案管理办法》第二条第（十）项
"私募股权众筹"修改为"互联网非公开股权融资"。中国证券业协会，2015 年 8 月 10 日。

这一文件的出台引发了股权众筹平台的改名潮，平台纷纷不再称自己为"股权众筹"，而改为"私募股权"或"天使私募"等。事实上，股权众筹平台早先为防止被认定为是"非法集资"，早已纷纷采取措施进行规避，但这种规避是否能将股权众筹"公募"的帽子摘掉是非常难以确定的。即使平台采取各种投资者准入及人数限制措施，从股权众筹的本质而言仍具有公开发行、一般劝诱的特征，并且从法理上讲，将股权众筹规定为公募更符合众筹本质与投资者保护。本次检查的重点内容包括"平台上的融资者是否进行公开宣传，是否向不特定对象发行证券，股东人数是否累计超过 200 人，是否以股权众筹名义募集私募股权投资基金"。现下，私募不是股权众筹，公募又必须经过证监会批准，在国家修改证券法或出台公募股权众筹管理办法之前，我国已经无法存在真正意义上的"股权众筹"。

2. 司法

在飞度公司诉诺米多公司一案中，海淀法院在裁判中将"人人投"平台上证券发行的性质定性为私募（见第四章第二节）。笔者认为，将股权众筹认定为私募发行存在一定现实上的需求却未必具有充分的法理依据，私募发行的认定主要是为了与现行证券法第十条的规定保持统一，是为了弥补落后的证券立法带来的融资难，防止将所有未注册的公开发行都认为是"非法集资"行为，是为了使股权众筹这种新型融资模式在新的证券法出台之前合于现行法律所采取的权宜之计。但是在《关于促进互联网金融健康发展的指导意见》等文件中则认为股权众筹具有公开、小额的特征。关于股权众筹定性的问题争议较多，这也导致了许多著名的股权众筹平台的自我定性也随着立法的动向不断变动，许多平台称自己为私募股权投资或天使投资，不敢将自己定义为股权众筹，就是这个道理。本文所讨论的股权众筹如果未经说明，指的都是公募股权众筹。

（二）完善建议

笔者认为将股权众筹认定为公开发行比较合适，因为：

1. 私募禁止使用广告或一般性劝诱手段进行宣传，而身处网络的股权众筹平台的广告行为通过现代网络搜索功能和社交媒体很容易与公开发行中的宣传相混淆，一般性劝诱的界线在互联网上似乎越来越难以区分。

2. 之所以会有公开发行与私募的区分是因为私募针对高净值或与发行人存在特殊关系的合格投资者，这些投资者具备足够的与发行人磋商的能力，不需要借助证券法的保护（除了反欺诈条款外）就可以进行自我保护。在私募中，发行人可以向特定对象（不超过 200 人）发行证券，并且也可以向他们进行广告或一般性劝诱行为；而公开发行因为针对众多中小投资者，这些投资者不足以与发行人谈判获取自己投资决策所需的全部信息，他们需要证券法律的一系列制度来加以保护。观察实践中的股权众筹平台可以得知，在这些平台上进行投资的人绝大多数都是资金实力稍好于社会平均财富水平的普通人，单笔投资数额可能也只有几万元甚至几千元，这些投资者并不具备私募合格投资者或天使投资人那样的谈判能力与投资经验，他们需要证券法中信息披露等制度的保护。

3. 在比较法层面，股权众筹普遍被各国认为是公开发行小额豁免的一种，但是在豁免注册之外，股权众筹仍然受到发行数额等其他方面的限制，例如美国法要求发行人 12 个月内募集金额小于 100 万美元。

4. 我国目前立法的动向也倾向于公募，出现了私募与公募并轨的倾向。

5. 将股权众筹解释为私募的主要论据之一在于符合现行证券法关于公开发行与非公开发行的规定，如果证券法修改此条规定则私募的认定瞬时变得失去了依据，此外，将股权众筹解释为私募也可以防止被认为是"非法集资"。与上文所述一致，个人认为将股权众筹解释为私募更多的是现实必要性而非合理性。

综上所述，股权众筹属于公开发行证券，可以为股权众筹设计一定额度内的小额公开发行豁免，从目前立法动向来看，如果不出意外，国家也是这种意见。未来可以出台公募股权众筹融资管理办法或对证券法进行修改，在相关配套制度建立完善的基础上，建立股权众筹小额公开发行豁免制度，通过制度的建立更好地保护股权众筹中的投资者，并对融资活动进行监管。

五、股权众筹具有证券的特性

（一）现实状况

1. 股权众筹证券的范围

在股权众筹中，投资者通过向筹资企业或项目投资的方式获得筹资企业的股权，这里的股权一般指的是非上市公司的股权，包括有限责任公司的股权与非上市股份有限公司的股权。除此之外，还有一些众筹平台（例如"人人投"）上筹资者通过与投资者签订有限合伙协议，投资者作为有限合伙人，筹资者作为普通合伙人，投资者以投资换取合伙企业的份额。笔者认为，合伙企业的份额也应当包括在股权众筹证券的范围中，因为合伙企业份额符合证券的广义定义，符合"荷威试验"对投资合同（investment contract）① 的定义。

2. "代持股"与"有限合伙"

在股权众筹中，投资者面临股东身份无法被认可和因表决权分散而带来的投资权益无法被保障的风险以及众筹证券固有的流动性风险。在现有的法律环境下，众筹平台为防止出现股东（合伙）人数超限或向特定对象发行人数超限等问题，除少数情况下由投资者直接持有筹资企业股权外，多通过股权代持或设立有限合伙企业的形式使投资者间接拥有股权。在这两种情况下，因为筹资企业的股权权属关系不甚明朗，很容易出现一些问题。

代持股相当于隐名合伙，符合我国法律规定，但是因为投资者姓名并未在公司登记机关处或公司股东名册上登记，所以投资者只能通过代持股协议证明自己的股东身份，很容易发生股东身份被盗用、股东权益受侵害的风险。此外，当由众筹平台接受投资者委托进行代持股的情况下，涉及证券经纪商的业务范围，这需要平台拥有相应资格，而众筹平台一般又不具有这样的资格，这可能会产生一定的法律风险。在有限合伙企业的模式下，领投人担任普通合伙人，跟投人担任有限合伙人，两者共同组成一个合伙企业，由合伙企业作为筹资公司的股东，投资者通过享有合伙企业份额间接拥有筹资企业的股权。

以上这两种模式中，投资者对于筹资企业股权都是一种间接所有，在代持股模式下，众多投资者作为隐名股东，共同委托一人（领投人或众筹平台）作为工商登记的股东，如果出现纠纷，则隐名股东的身份可能无法被工商局或筹资公司认可，投资者的股东权益无法得到保障。另外，股权众筹投资者

① In SEC v. W. J. Howey Co. , the Supreme Court defined an investment contract as (1) an investment of money (2) in a common enterprise (3) with an expectation of profits (4) arising solely from the efforts of the promoter or a third party. SEC v. W. J. Howey Co. , 328 U. S. 293, 298 –99 (1946).

的投资目的是在筹资公司盈利时获取分红或在筹资公司被并购或上市时退出以获得高额利润，单个众筹投资者的投资数额一般较少，往往不具备获取筹资公司决策权的冲动与能力，这可能导致表决权过于分散所带来的小股东权益受侵害的风险。

3. 股权众筹证券的流动性

如前文所述，股权众筹中投资者的获利模式除了获取公司盈利所带来的分红外，许多情况下依赖于筹资企业的上市或者被收购。股权众筹不但投资风险较大，而且在投资成功后也可能需要一段较长的周期（甚至是几年）才能退出。这种退出机制的不畅使众筹证券成为了一种不易变现证券（non - readily realizable securities）①，可以说，在某种程度上众筹证券是一种流通受限证券，具有相对公开发行的股票而言较弱的流动性（liquidity），投资者可能无法在盈利后迅速退出公司。股权众筹证券缺乏转让时所必需的二级市场，并且对于初创企业的股权估值也存在一定的困难，投资者拥有的股权往往只能等到下一轮融资或管理层回购时才能变现退出。如果投资者想将股权转让给其他人也可能会受到众筹平台规定或与筹资者之间协议的限制，同时私下转让股权本身也可能产生一定的风险，例如增加筹资企业股权结构的不稳定性与股权受让人受欺诈的风险等。

对于以上这些问题，应当在投资者进行投资之前就通过众筹平台的投资者教育材料向投资者明示，除非获得投资者的认可，否则不得接受投资者的投资。但除此之外，最重要的还是通过法律的手段解决上述问题，保障投资者的股东权利与合理的退出渠道。

（二）完善建议

现有股权众筹平台上的投资者之所以会通过代持股或有限合伙形式间接持股，主要是为了规避现有法律规定，在国家还未正式出台股权众筹相关规定前，众筹平台通过一系列技术处理完成股权众筹的整体交易架构。对于投资者间接持股问题，在公募股权众筹融资管理办法通过后或证券法进行修改后，投资者就可以对筹资企业直接持股的方式拥有股权，这里的股权指的是非上市公司的股权，对于合伙企业的份额，如果证券法修改后对证券含义进

---

① 张雨露. 英国投资型众筹监管规则综述 [J]. 互联网金融与法律，2014（6）：18.

行扩张，则可以包括。通过法律的修改，制定股权众筹豁免的整体架构后，投资者可以直接作为众筹企业的股东，解决现实中的股权结构复杂、间接所有权属不明易产生纠纷的问题，对表决权分散的问题也能通过表决权代理或表决权信托的方式进行集合，维护众筹投资者的投资权益。

在众筹证券权利可能受限的问题上，应将此类证券权利可能被稀释的风险及小股东权利可能受侵害的风险以说明加举例等投资者便于理解的方式规定为发行人信息披露义务的一部分，并且要求股权众筹平台也将此加入到投资者教育的内容中去，使得投资者能够明确得知，提升对投资者保护的全面程度。

在流动性方面，投资者除了可以在第二轮融资或上市，以及通过管理层收购与公司并购的形式退出公司外，不妨规定众筹证券在经过一段时间的锁定期后可以出售给合格投资者，实现提前退出，还可以建立起众筹证券交易的二级市场，或依赖原有的区域性股权交易市场等，使投资者能够直接转让股权。

六、股权众筹平台与业务规则

股权众筹平台作为众筹融资活动中的参与者，承担着"中介"与监管者的双重角色，是股权众筹融资活动得以开展的核心枢纽，更承担了投资者保护的重要职责。因此，有必要探讨对众筹平台角色的定位及准入条件，以及众筹平台开展业务的相关规则。

（一）现实状况

1. 概述

股权众筹平台作为股权众筹融资活动中协调筹资者与投资者之间活动的"中间人"，担任中介的角色，帮助平台上筹资项目获得投资者的资金注入，为投融资双方的一系列活动提供辅助性支持，并以项目融资成功作为收取费用的条件。股权众筹平台也是众筹融资活动的监管者，负责对项目申请进行实质性审核（包括反洗钱与反欺诈审查）、审查投资者资格、提供投资者教育的材料，并对发行人履行信息披露义务进行必要的监督。众筹平台不是经纪商、投资顾问或者证券交易所（见比较法部分分析）。众筹平台应当成为一种独立的新型实体，在股权众筹融资活动中作为中介及监管者发挥作用，类似美国法中的集资门户（funding portal）①。在《关于促进互联网金融健康发展的指导意见》及《关于对通过互联网开展股权融资活动的机构进行专项检查的通知》出台后，现有的众筹平台纷纷改名，并在包括众筹平台自我定性等方面与股权众筹划清界限，但其活动开展的实质仍是股权众筹。未来随着国家相关规定的出台与众筹平台在监管下的"洗牌"，平台的经营模式会区别于私募股权投资基金或天使投资，走上"公开、小额、大众"这一更符合股权众筹本质的道路。

2. 股权众筹平台的业务规则

关于股权众筹平台在经营时的业务规则问题，《私募股权众筹融资管理办法（试行）》（征求意见稿）第八条【平台职责】中规定了众筹平台应当对投融资双方及融资项目进行审核、采取措施防范欺诈行为、对募集资金设立专户管理、开展投资者教育等职责。第九条【禁止行为】② 则对包括平台自融、为项目提供担保或股权代持、为众筹证券提供转让服务等行为进行禁止。在《广东省开展互联网股权众筹试点工作方案》"三、试点的主要内容和要求（一）鼓励开展的模式"类似于平台"安全港"原则，"（二）禁止从事的行为"则与管理办法的规定一致。但是互联网众筹交易中心中"通过登记确权实现非标权益流转"的规定似乎与众筹平台不能提供股权转让服务的规定冲突。虽然随着《关于对通过互联网开展股权融资活动的机构进行专项检查的通知》出台，以上私募性质的众筹不再被认为是股权众筹，但是对于平台的职责、"安全港"及经营业务的范围方面仍有一定的参考价值。

综上所述，一般认为众筹平台的职责主要包括对众筹融资活动的监管和投资者教育，而平台的中介性质则决定了平台可以开展的业务范围，即符合

---

① 相较于注册券商，集资门户的设立门槛较低，但其业务范围受到严格限制，只能从事基础性的信息和交易中介业务，禁止以任何方式参与或影响投融资双方的证券交易。刘明. 美国《众筹法案》中集资门户法律制度的构建及其启示［J］. 现代法学，2015，1（1）：149.

② 《私募股权众筹融资管理办法（试行）》（征求意见稿）第九条："【禁止行为】股权众筹平台不得有下列行为：（一）通过本机构互联网平台为自身或关联方自融；（二）对众筹项目提供对外担保或进行股权代持；（三）提供股权或其他形式的有价证券的转让服务；（四）利用平台自身优势获取投资机会或误导投资者；（五）向非实名注册用户宣传或推介融资项目；（六）从事证券承销、投资顾问、资产管理等证券经营机构业务，具有相关业务资格的证券经营机构除外；（七）兼营个体网络借贷（即P2P网络借贷）或网络小额贷款业务；（八）采用恶意诋毁、贬损同行等不正当竞争手段；（九）法律法规和证券业协会规定禁止的其他行为。"

众筹融资活动中"中介人"身份的事情，众筹平台都可以做，例如以无偏颇的方式对平台上的项目进行展示，在投资者意图选择某项目进行投资时，平台提供相关法律文件等一系列辅助性服务，帮助投融资双方完成融资活动，并收取与融资额度成比例的费用。反之，与"中介"身份不符的行为就是众筹平台的禁区，例如为投资者提供投资建议等干扰投资者主观决策的行为，以及设立"资金池"或为投资者提供股权代持服务等专属于证券公司职能范围的行为等。

（二）完善建议

股权众筹平台区别于传统证券活动中的经纪商、投资顾问等，应当作为一种新的主体被认可，可以模仿美国 JOBS 法案中筹资门户的规定建立我国股权众筹平台的准入条件与经营业务范围的具体制度。对已经开展众筹业务的现有平台应当向证监会提供相关申请文件供证监会对平台经营业务资格进行实质审查，如果审查不合格有一次整改机会，期间应当暂停业务，正在进行的项目在证监会指定人员或组织的监督下进行处理，整改不合格则平台需要在证监会监督下妥善结束相关项目或将未完成项目转移至其他经审查合格具有经营股权众筹业务资质的平台。未来待条件成熟，股权众筹市场稳定后可逐步推行备案制准入方式。

对于众筹平台获准经营业务的范围，可采取规定所有众筹平台都可以开展的业务范围（一般业务范围），对这些业务以外的部分，需要就单项业务逐项向证监会申请许可，获得许可后方能开展此项业务（附加业务范围）。原则上说，以并非由证券公司开设的普通股权众筹平台为例，平台不应当对投资者提供投资咨询或建议以及通过各种明示或暗示的方式促使投资者购买平台上的证券，此外，也不应当允许平台持有或管理投资者资金或证券（包括投资份额）。

七、结论

投资者保护制度作为股权众筹融资活动中的一个重要组成部分，贯穿股权众筹制度的始终。

1. 在信息披露方面，我们应当看到建立良好的信息披露制度是证券市场稳定与繁荣发展的前提，也是证券法律制度对投资者进行保护的最有效的手段。信息披露的主要责任主体为发行人，发行人信息披露义务的履行具有强制性，发行人的信息披露应同时满足全面、真实、准确及可理解性的要求，法律也可以针对不同发行对象规定不同的信息披露要求。

2. 在合格投资者方面，有必要建立完善的合格投资者体系，吸纳现有法律及实践对合格投资者规定中的有益部分，设计出适合中国证券市场特点的合格投资者制度，同时根据股权众筹的固有特点，规定相应的变通规定，例如以自然人资产为标准进行分类规定一段时间内可以投资股权众筹证券的上限等。

3. 在投资者教育方面，需要充分认识到投资者教育的必要性与紧迫性，建立更为具体和具有可操作性的投资者教育制度，明确投资者教育的目的、责任主体及投资者教育的内容，提升投资者的自我保护能力。

4. 在股权众筹证券的发行定性方面，应尽快以正式法律文件对股权众筹进行定性，回归股权众筹的真正含义，扫清实践中的乱象。

5. 在股权众筹证券的特性方面，应明确股权众筹证券的范围（这一点也与证券法修订草案关于丰富证券定义的建议有关），对以"代持股"和"有限合伙"方式持有股权证券的行为进行法律价值的判断，同时也应规定股权众筹证券的退出机制等问题，对一定情况下的证券转让行为进行豁免。

6. 在股权众筹平台的定位与业务规则方面，应明确股权众筹平台的性质与定位，建立完善的股权众筹平台监管规则，规定平台的业务范围与"安全港"原则等。

农业众筹事例

韩国农家与众筹事例

陈景善①

作为农产品流通的新模式，韩国也在广泛运用众筹模式。在农业基金公司的简介中可以看到："投资于农村，提供获得更好食物的服务。"筹集小额资金的这种众筹方式在韩国农业领域是否有可行性的问题也是实务界和理论界一直探讨的问题。实践证明已有不少成功的例子。农业众筹通常运用的是捐赠型以及回报型。众所周知，在这一领域比较有名的公司是 Kick Starter 平台。另外，Wadiz 众筹平台的认知度也是比较高的。

一、直接交易模式与众筹模式的比较

韩国农业市场上有各种直接交易模式。通过人际关系的直接交易模式，互联网交易模式，通过第六次产业化的交易模式，捆包交易等，市场竞争比较激烈。而农业众筹以另一种方式，激发了消费者，应该说是很成功的。关键在于并不是购买农产品，而是支援生产过程，在这一点上与其他交易模式有着显著的区别。消费者通过先投资再以低廉的价格获取比市场价更低廉的，可以放心吃的农产品，消费者投资的是农业以及农民的价值。因此，众筹平台需要关注的是消费者追求的价值。但是，提前一年或几个月预先购买农产品的方式，实际上从消费者的角度考虑是很难下决定的。

二、农户的信息披露与众筹

在农产品众筹中，保持信息畅通是很重要的。如何把农民的信息传送给捐助者是核心。它的特点是，投资的金额和所能得到的回报在投资阶段就可以预知。只要没有天灾地变，就没有风险。因而，消费者并不是投资而是捐

---

① 中国政法大学教授，东亚企业并购与重组法制研究中心主任。

助的性质更浓厚。从这一点考虑，投资对象的故事起重要作用。农业众筹平台也要善于发掘有故事的农民。然后，去共同完成故事，实现梦想。参与的农民，通过在互联网上公开务农过程，逐步积累信赖关系。众筹平台的最大竞争者是哪一种交易模式呢？捆包销售的大宗交易者。那么农业众筹平台有没有可能不侵蚀捆包交易商的市场，而另行开辟新市场呢？众筹平台是否可替代现有其他交易商？这就如同应用程序和网上浏览器的相似性和便利性的关系？众筹是否会被有效地利用呢？众筹平台的优势在于，某一项目模式或商品从大众提前得到判断，有利于后续的投资。在大部分情况下，基金对投资对象也不熟悉，投资难以形成。但是，通过众筹如果大家对产品的反应好，可以认为有事业前景。这是集合性的有效投资方式。

在韩国某一众筹平台 http：//www. farmhouse. co. kr 上，看到关于蓝莓的众筹。项目期间是：2015 年 5 月 1 日到 5 月 31 日，目标筹资金额为 2000 万韩元（相当于约 10 万元人民币），不到半个月达到了预期的目标。除此之外，在 http：//www. famsones. com 等众筹平台上大米等其他农产物的众筹也很普遍。每个平台的信息披露，跟踪披露做得比较适时。

综上所述，在此众筹事例中可以得知众筹期间的选择在农产品众筹中是非常重要的。蓝莓的众筹之所以成功是因为离收获期不远，投资者完全可以预测。另外，初始信息披露、持续性披露、披露的真实性等是关键所在。

日本农家与众筹事例

——长野县酿酒业的投资型众筹

陈景善①

日本人汤本康②在意大利学习了种植葡萄以及酿造红酒的技术之后，回国经营。并经营农家乐和咖啡店。2007 年春，在日本的长野县，他种植了不同种类的葡萄 1000 棵，他以栽培、酿造、销售一体化为目的，希望大家很轻松地尝试红酒为服务宗旨。但是，因缺乏资金，他选择了投资型众筹，筹集了资金。

【众筹项目】

从 2015 年 3 月 30 日开始到 9 月 30 日为止的 6 个月期间，募集了 840 万日元，147 人出资，已经募集完毕。募集额中，800 万日元投资于酿造设备，40 万日元作为准备资金。在投资型众筹中，通常分配方面有一定的特色。分红方式：1 个份额分得 52850 日元现金，外加 4 瓶红酒（相当于 12000 日元）。而且该种类红酒在公司网页中公示已经销售完。因而这尤其是对喜欢该类红酒的客户而言是很吸引力的。

【投资与信息披露】

此次募集结束后，汤本康在投资型众筹大会中谈到体会。汤本康在众筹大会上的发言中指出："酿造红酒，投资红酒事业子孙后代受益，是对未来 30 年后的长期投资。"可以说，汤本康同 147 名出资者通过众筹对未来进行了投

---

① 中国政法大学教授。

② 参见长野县众筹支援项目资料，http://scoone.net/%E4%BA%8B%E4%BE%8B%E7%B4%B9%E4%BB%8B/1010，2016 年 1 月 2 日最后访问。

资。在此次众筹中他披露的信息也比较完整。在网页上公开葡萄田地的景色，剪枝，收获等作业的风景，从葡萄的生育状况以及苗木和其他设备的购置等，对每一阶段的状态进行诚实地、认真地、及时地、完整地在网页以及脸谱网（Facebook）上适时公开信息，由此达到与出资人产生共鸣，达到筹资的目的。

中国农村电商与金融发展概况

方 琪① 陈景善②

近些年，随着普惠金融的理念与大众创业、万众创新政策的推新，农村地区已然成为电商与"互联网＋"企业的新战场。在农村电商方面，阿里巴巴推出了"千县万村"计划，引领了农村淘宝合伙人的潮流；京东和苏宁不甘落后，也推出了自己的农村发展战略，各类商铺越来越多。在电商发展的同时，农村地区的金融业蓬勃发展，尤以阿里巴巴的网商银行和京东的"京农贷"为榜样，这两者的发展服务"三农"，在促进农业发展方面有很好的示范。在农业众筹方面，发展最好的当属农业奖励众筹，它既符合众筹的特质，也符合互联网＋环境下农业筹资的特点。本文就以上三个方面，即农村电商、农村金融与农业奖励众筹展开论述。

【农村电商】

一、阿里巴巴"千县万村"计划

（一）概况

阿里巴巴"千县万村"计划是阿里农村战略的重要组成部分。未来 3～5 年内，阿里巴巴集团将投资 100 亿元，建立一个覆盖 1000 个县、10 万个行政村的农村电子商务服务体系。阿里将投入人力、物力等资源在选定的县级城市开设县级服务中心站点，由县级服务中心站再去开拓合适的村级服务站。村级服务站由当地村民或合适做村民网购网销服务的店铺来运作。阿里将同

---

① 中国政法大学民商经济法学院硕士研究生。
② 中国政法大学教授。

地方政府对接，整合当地物流配送、培训机构、农副产品检验检测机构、农资农具厂家等资源，打造一个"消费品下乡、农村产品进城"的双向流通体系，并提供包括金融在内的综合服务。阿里巴巴此项业务，会逐步开通到各个省份及其对应的县城。现在的试点为广东省清远市阳山县，浙江省杭州市桐庐县。

（二）现状与难点

根据中国互联网信息中心（CNNIC）统计，截至 2014 年 12 月，中国网民总体规模达到 6.49 亿人，其中，农村网民规模达 1.78 亿人。在我国整体网民规模增幅逐年收窄、城市化率不断提升的背景下，农村网民规模增长也呈现放缓趋势。农村网购成为农村互联网应用的最大亮点。根据 CNNIC 统计，截至 2014 年 12 月，农村网民网络购物用户规模为 7714 万户，年增长率高达40.6%，是农村网民各互联网应用中网民规模增速最快的应用。

据阿里研究院发布的农村电商消费报告，淘宝农村网购的占比依然较低，2013 年占比 8.6%，但呈现增长趋势。预计 2014 年农村网购市场会达到 1800 亿人以上，2016 年将突破 4600 亿人，继续缩小与城市网购规模之间的差距。根据阿里研究院统计，按照有效 GMV 计算，淘宝网（含天猫）发往农村地区的订单金额占全网的比例，从 2013 年第一季度的 8.65% 上升到 2015 年第一季度的 9.64%，上升了 1 个百分点，在淘宝大盘快速增长的背景下，农村市场的增速显然更快。①

继我国网购市场规模突破 1 万亿之后，城市网购市场增速日渐放缓，农村市场成为电商下一轮增长的新引擎。过去三年，淘宝农村消费占比不断提升，从 2012 年第二季度的 7.11% 上升到 2014 年第一季度的 9.11%。

农村网民数量的攀升以及互联网的普及也增加了农村电商消费市场的潜力。2013 年，来自农村的网民达到 1.77 亿人，占到总网民数量的 28.6%，农村互联网普及率达到 27.5%，比上年提升 4 个百分点。农村居民对网购模式的接受度达到 84.41%，人均网购消费金额预测在 500~2000 元，仍有增长空间。

就阿里已经实行的淘宝村计划来说，从数量上来看，2014 年明显呈上

---

① 数据来自于阿里研究院《2015 年农村网络消费报告》。

升趋势，而且数量增长幅度比较大；从地域排行上看，中国淘宝村主要在东部沿海，以浙江省为冠军，山东省为亚军，江苏省为季军。这些省份交通便利，有利于物流的运输。中西部没有一个省份有淘宝村的份额（见图1）。①

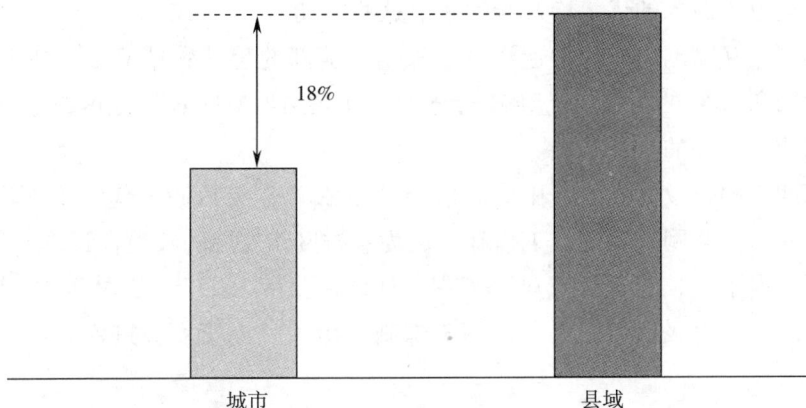

图1　2014年县城 VS 城市网购消费额同比增速

在消费方面，农村市场商业基础薄弱，农民消费需求无法满足；在生产环节，农村生产资料的产供销体系刚刚从封闭走向开放，商业流通效率低下，市场信息滞后，这些成本最终几乎都由农民来承担；而在销售环节，高附加值农产品的销售渠道还不通畅，农产品电商也存在"散、低、少"的问题。

（三）农村网购的动因分析②

阿里研究院指出，推动农村地区网购快速增长的因素主要有以下6项：

第一是农民收入逐步增加。国家统计局数据显示，2014年，城镇居民人均可支配收入28844元，比上年实际增长6.8%；农村居民人均可支配收入10489元，比上年实际增长9.2%，增速比城镇居民高2.4个百分点。农村居民收入的增长，有利于推动农村地区网购的发展。

---

① 参加 http://www.hishop.com.cn/ecschool/wztb/show_ 17601.html，2015年最新中国十大淘宝村排名，最后访问时间2016年1月31日。
② 数据来自《2015年农村网络消费报告》。

第二是落后的线下商业体系。相比欧美发达国家，我国的线下传统商业体系发展不够完善，区域差异大，尤其是在中小城市和农村地区，线下商业渠道不仅分布密度较低，更在价格、商品数量、品质方面存在巨大差距。农村传统购物渠道的普遍特征：价格偏高、可选择范围小、产品质量不能得到保证。而电子商务的优势恰好能够解决这些弊端。

第三是互联网向农村加速渗透。根据工信部的统计数据，截至 2015 年 3 月，我国 93.5% 的行政村已经开通宽带。互联网加速向农村地区渗透，是农村网购快速发展的重要基础。

第四是国家政策推动。中央政府将"三农"作为核心工作，不断出台各种推动农村互联网发展的政策措施，成为农村网购发展的政策保证。2014 年，农业部开展了"信息进村入户"工程，计划在北京、辽宁、吉林等 10 个试点省市建成一批村级信息服务站；商务部则推出了"电子商务进农村"的示范计划。

第五是电商巨头下乡。以阿里巴巴、京东、苏宁为代表的电商企业，纷纷启动了电商下乡的步伐。2014 年 10 月，刚刚完成美国上市的阿里巴巴集团推出了以"千县万村"计划为主体的农村战略，宣布将在未来 3~5 年之内，投资 100 亿元，建立一个覆盖 1000 个县、10 万个行政村的农村电子商务服务体系。在阿里巴巴的带动下，包括京东、苏宁等电商平台也推出了各自的农村电子商务计划，"电商巨头下乡"已成潮流。在这些市场主体的积极推动下，农村地区的网购渗透速度大大加快。

第六是亲情消费。在阿里零售平台上，存在大量从异地下单、包裹发往农村地区的订单，这些订单的商品中相当一部分为老年人用品，这种"亲情消费"也是农村网购的拉动力之一。根据阿里研究院与美国新泽西理工大学联合发布的《中国 TOP100 城市"游子亲情指数"》报告，在淘宝网（含天猫）平台上，在典型为老人购买的商品中，2013 年异地购买比例相比 2012 年增长了 19.8%，有 20% 的城市同比增长在 30% 以上，在亲情指数城市排名第一的莆田同期异地购买比例增长 13.96%，排名第二的张家口市增长率高达 71.25%（见图 2）。

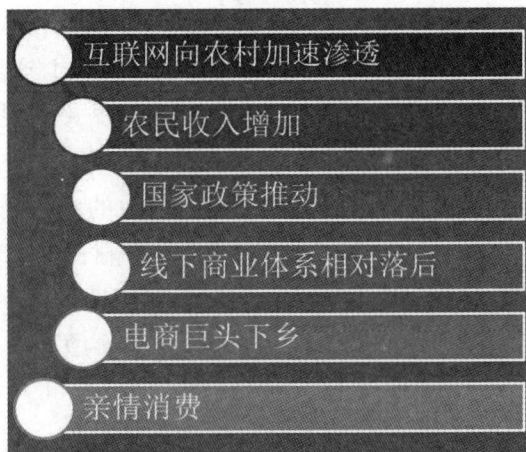

图2　农村网购快速增长的六大动因

（四）农村消费者特征分析

农村消费者具有移动上网比例高、结构更年轻化、对实体网点相对依赖、从众性强等特征。

1. 移动上网比例高，结构更年轻化

截至2014年12月，我国农村网民中使用手机上网的规模为1.46亿人，受上网设备多终端化的影响，农村手机网民规模比上一年度下滑了2.1%，尽管如此，81.9%的手机上网比例，依然是农村网民最为依赖的上网终端。从年龄结构来看，农村网民更为年轻化，20岁以下的农村网民占比均高于城镇比例，而40岁以上的农村网民比例则低于城镇。

2. 对实体网点相对依赖

农村居民对于网购的接受度相对滞后于城镇居民，加上物流、支付方面的客观条件制约，因此，他们对熟人关系、实地店铺的信任度更高，对于纯粹的线上购物，存在一定的障碍。这种特点对于电商平台来说是一大挑战，但却使得O2O模式在农村具有先天的优势。通过在农村建立O2O形式的网点，借助本地人来做运营，可以在很大程度上解决信任度的问题，加快农村居民融入互联网大市场的进程。农村淘宝便是这样的模式。

3. 从众性强

由于农村相对封闭，信息传递较慢，口碑传递成为商品的主要传播方式，这就造成农村消费者具有较强的从众心理，在网络消费领域同样如此。部分农村居民在网上购买了某种品牌、型号和价格的产品，并产生良好评价之后，周围的村民也会仿效购买相同或相似的产品，这与城市居民消费的时尚化和个性化倾向形成鲜明对比。

例如，在贵州铜仁地区的玉屏县谜路村，当地的农村淘宝服务站在今年第一季度开通之后，大大方便了山区居民的消费，村民在 10 天之内购买了 7 台相同品牌的电动摩托车，每台 2800 元包邮，比当地线下零售店的价格足足便宜了 1000 元。除此之外，该村村民还在 1 天之内购买了 11 个同款的衣柜。这种现象清晰地体现了农村网络消费的从众性。

发展农村网络消费具有极强的社会价值和经济价值，它不仅实现了"城乡消费无差别化"，推动了农村消费升级，让农村居民享受城市的生活，而且通过发展农业生产资料电子商务，有效降低农业生产成本，同时带来大量农村创业者和就业机会，为发展农村电商奠定坚实基础。在阿里等电商平台的大力推动下，中国农村的互联网化进程将进一步加快。

（五）"千县万村"计划发展战略

1. 工作要点

阿里巴巴下一步的农村工作重心分为几个要点：首先是投资基础，具体说就是在县村建立运营体系，加强物流，做好基础建设；其次是激活生态，帮助培养更多的买家卖家和服务商、做好人才培养；再次是创新农村代购服务、农村金融、农资电商 O2O 等；最后是创造价值，帮助农民提高收入、增加就业、实现新型城镇化。

阿里巴巴农村电子商务的目标，围绕这四点展开。

第一点如何能够让在农村的消费者足不出户能够享受到来自全球的商品，来自上海、北京、纽约、伦敦、东京的商品。

第二点如何通过农村电子商务的发展，让更多的人能够留在农村就地就业乃至创业。

第三点如何通过电子商务的方式，让农民在耕种的时候获得性价比更好的生产资料。

第四点如何帮助我们的农业生产者更好地把产品销往全国各地乃至销往世界各地。利用淘宝上特色馆等营销方式。

为了达到上述四个目标，农村电子商务战略就此有以下几点规划。

第一，必须对基础设施进行投入。围绕着农村电子商务的发展，基础投入会围绕建立县乡两级运营体系，能够帮助产品无论是从都市走向农村，还是从农村销售到都市，能够利用县村两级的体系，使其发挥作用。

第二，不仅要积极配合和响应政府的号召来做电子商务，通过营造、推动和发展整个新农村商务的生态体系，使农村电子商务的发展更具活力。通过服务整合、物流整合、培训整合等各种各样的方式，能够推动整个产业链的发展，最终构建成一个崭新的农村电子商务的生态体系。

第三，当县村两级的运营体系建立，希望能够推动村民代购服务的普及，能够帮助农产品的线上销售，建立一个管道优化的过程，建立农产品上行的可复制的体系，帮助产品更好地发到网上去服务全国各地的消费者，包括农业生产资料，整个的供给、分销，最终农业生产者的消费。

第四，农业的生产者和消费者同样需要大量的金融服务，希望通过这个方式，能够把金融服务提供给农村的广大用户（见图3）。

2. 农村淘宝：从1.0到2.0模式的跨越

2015年，农村淘宝启动了从1.0模式到2.0模式的升级转型。农村淘宝在村点服务站的选择上，最初采取的是小卖部兼营的1.0方式，选择村里地理位置好、店主学习能力强的小卖部作为合作伙伴，店主通过淘宝客的分佣体系获得提成。这种模式的优势在于充分利用了农村的已有商业设施，一定程度上加快了服务站的落地速度，不足之处则是小卖部的专业化程度不够，只能采取坐商、

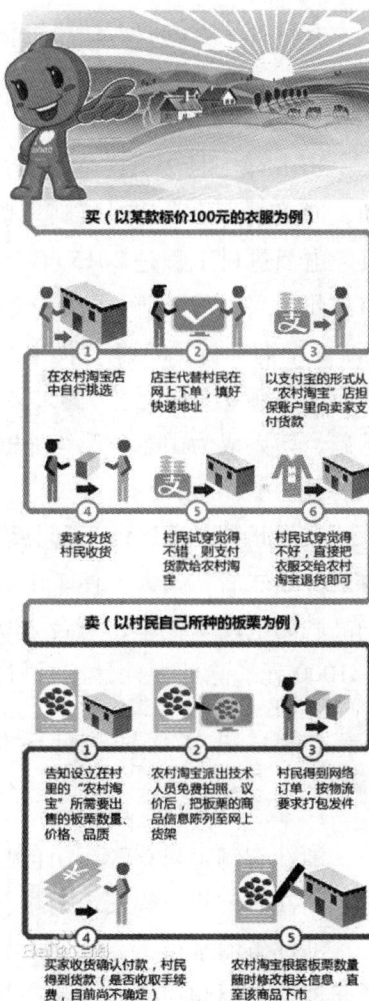

图3 农村淘宝经营模式简例

兼营的办法，制约了村点的服务效率。

农村淘宝的"2.0"模式，合作伙伴则从非专业化的小卖部，转变成为专业化的"农村淘宝合伙人"，阿里巴巴计划在未来发展10万名合伙人。农村淘宝合伙人瞄准那些思维灵活、有较强服务和宣传意识、熟悉互联网和网购的本地人，尤其是返乡青年，此举对于提升农村淘宝的运营效率、推动农村创业就业具有积极意义。据统计，2015年5月，全国农村淘宝合伙人中有20位月收入超过5000元，最高的月收入达1.6万元，随着农产品上行的逐渐加入，农村合伙人的收入还将继续攀升。

（六）地方案例

2015年1月25日，山东省"千县万村"计划农村淘宝博兴县试点正式启动，博兴成为山东省对接阿里巴巴"千县万村"计划农村淘宝的第一个试点县。电商进村工程是2015年全省商务发展的12大工程之一，目前山东省已有滨州博兴、菏泽曹县等9个村成为"淘宝村"。"博兴全县现拥有1个淘宝镇，6个淘宝村，8374户淘宝商户，电商直接从业人员达到22.7万人，去年线上交易额6.9亿元。"博兴县县长殷梅英介绍。也正是凭借较为成熟的电商基础，博兴成为山东省第一个也是全国第三个对接阿里巴巴"千县万村"计划的县。

在贵州铜仁地区的玉屏县谜路村，当地的农村淘宝服务站在2015年第一季度开通之后，大大方便了山区居民的消费，村民在10天之内购买了7台相同品牌的电动摩托车，每台2800元包邮，比当地线下零售店的价格足足便宜了1000元。除此之外，该村村民还在1天之内购买了11个同款的衣柜。

（七）具体数据统计示例

1. 截至2014年12月
浙江省淘宝村62家（详见表1）
浙江省杭州市临安市白牛村——坚果炒货
浙江省丽水市缙云县北山村——户外用品
浙江省温州市瓯海区陈庄村——鞋
……
广东省淘宝村54家

广东省广州市增城市白江村——牛仔裤

广东省广州市增城市白石村——牛仔裤

广东省汕头市潮阳区大坑村——电脑配件

……

福建省淘宝村 28 家

河北省淘宝村 25 家

江苏省淘宝村 25 家

山东省淘宝村 13 家

湖北省淘宝村 1 家

四川省淘宝村 2 家

河南省淘宝村 1 家

……

表 1

省	市	县	镇/街道	村
浙江省	杭州市	萧山区	闻堰镇	山河村
浙江省	杭州市	萧山区	闻堰镇	长安村
浙江省	杭州市	萧山区	益农镇	众力村
浙江省	杭州市	余杭区	瓶窑镇	凤都村
浙江省	杭州市	余杭区	瓶窑镇	彭公村
浙江省	湖州市	安吉县	递铺镇	万亩村
浙江省	湖州市	安吉县	梅溪镇	晓墅村
浙江省	湖州市	安吉县	天荒坪镇	白水湾村
浙江省	湖州市	南浔区	和孚镇	重兆村
浙江省	湖州市	南浔区	南浔镇	东迁村
浙江省	湖州市	南浔区	南浔镇	直港新村
浙江省	湖州市	吴兴区	八里店镇	前村
浙江省	湖州市	吴兴区	八里店镇	西山村
浙江省	湖州市	吴兴区	织里镇	大河村
浙江省	湖州市	吴兴区	织里镇	河西村
浙江省	湖州市	吴兴区	织里镇	凌家汇村
浙江省	湖州市	吴兴区	织里镇	秦家港村
浙江省	湖州市	吴兴区	织里镇	轧村

续表

省	市	县	镇/街道	村
浙江省	嘉兴市	海宁市	马桥街道	柏士村
浙江省	嘉兴市	海宁市	马桥街道	先锋村
浙江省	嘉兴市	海宁市	斜桥镇	庆云村
浙江省	嘉兴市	海宁市	斜桥镇	三联村
浙江省	嘉兴市	海宁市	许村镇	前进村
浙江省	嘉兴市	海宁市	许村镇	许巷村
浙江省	嘉兴市	海宁市	许村镇	永福村
浙江省	嘉兴市	海宁市	盐官镇	丰士村
浙江省	嘉兴市	海宁市	盐官镇	郭店村
浙江省	嘉兴市	海宁市	袁花镇	谈桥村
浙江省	嘉兴市	海宁市	长安镇	老庄村
浙江省	嘉兴市	海宁市	长安镇	盐仓镇
浙江省	嘉兴市	海盐县	百步镇	横港村
浙江省	嘉兴市	海盐县	百步镇	五丰村
浙江省	嘉兴市	海盐县	澉浦镇	六里村
浙江省	嘉兴市	嘉善县	西塘镇	大舜村
浙江省	嘉兴市	平湖市	当湖街道	三港村
浙江省	嘉兴市	平湖市	独山港村	周圩村
浙江省	嘉兴市	平湖市	广陈镇	前港村
浙江省	嘉兴市	平湖市	新埭镇	大齐塘村
浙江省	嘉兴市	平湖市	新埭村	鱼桥塘村
浙江省	嘉兴市	桐乡市	崇福镇	城郊村
浙江省	嘉兴市	桐乡市	崇福镇	东安村

2. 2015 年浙江省淘宝村名单一览①

2015 年全国淘宝村的规模再上新台阶，全国范围内符合标准的淘宝村达 780 个，同比增长 268%，覆盖活跃网店超过 20 万家。这些淘宝村广泛分布于 17 个省市区，其中，浙江、广东、江苏淘宝村数量位居全国前三位（图示

---

① http：//www. askci. com/news/chanye/2015/12/25/143055ln79. shtml，最后访问时间 2016 年 1 月 31 日 22：26。

省略)①。

淘宝网（含天猫）发往农村地区的订单金额占全网的比例，从 2013 年第一季度的 8.65% 上升到 2015 年第一季度的 9.64%。

截止到 2015 年 6 月底，农村淘宝已累计覆盖全国 17 个省，建立 63 个县级服务中心，建成 1803 个村点服务站②。

（八）总结

阿里巴巴的"千县万村"计划是阿里巴巴农村战略的重要组成部分。未来 3 ~ 5 年内，阿里巴巴集团将投资设立完善的农村电子商务服务体系。阿里将投入人力、物力等资源在选定的县级城市开设县级服务中心站点，由县级服务中心站再去开拓合适的村级服务站。村级服务站由当地村民或合适做村民网购网销服务的店铺来运作。阿里将同地方政府对接，整合当地物流配送、培训机构、农副产品检验检测机构、农资农具厂家等资源，打造一个"消费品下乡、农村产品进城"的双向流通体系，并提供包括金融在内的综合服务。阿里巴巴致力于将此计划作为"阿里金融"和大数据搜集的组成体系之一，以实现其进一步战略目标。互联网巨头抢占县级市场，极具草根性的互联网企业已经借力互联网消费作为抢滩农村金融市场的战略提前布局。

二、京东农村计划③

（一）现状

随着国家层面推动"互联网＋"战略，本来就被众多巨头相中的农村电商市场更加火热。以京东、阿里为代表的行业巨头早已纷纷将"渠道下沉"，投入资源布局农村市场。据消息称，目前京东和成都市人民政府签署了关于电子商务进农村战略合作的协议。之后，京东将从培训、渠道、运营、仓储

---

① 数据来自于阿里研究院《2015 年农村网络消费报告》。
② 参见中商情报网，2015 年浙江省淘宝村名单一览，http：//www. askci. Com/news/chanye/2015/12/25/143055In79. sheml.
③ 内容改编自 http：//www. admin5. com/article/20150722/611551. shtml，《看京东是如何抢占农村电商市场的》，最后访问时间 2016 年 2 月 2 日 15：46。

物流四个方面帮助成都地区的传统企业转型。

1. 农村电商处于蓝海状态

全国农村网购规模 2014 年达到 1800 亿元，2016 年将达到 4600 亿元，中国农村电商消费市场潜力巨大。据统计，中国在四线以下区域的人口大概是 3 亿人左右，除去老人和孩子，具备较强消费能力的大约 1.5 亿人，市场非常大。

2. 农村电商处于初级阶段

农村电商还是最近一两年才出现的，以前根本没有，而且现在也没有形成规模，有些小地方、小县城，目前还没有接触到电商，市场还很空缺，可待挖掘，所以还有很大的发展潜力。先下手为强，后下手遭殃，电商巨头也都疯狂在农村布局，好做第一个吃螃蟹的人。毕竟一个市场被挖掘出来，先进来的肯定会享受到前所未有的待遇，最后进来的，估计连汤都没得喝。

（二）具体战略和布局

1. 腾讯联合京东投资买卖宝

在 2015 年 7 月初的时候，腾讯和京东联手投资买卖宝，目的在于加快农村电子商务的建设。因为买卖宝是国内最早专注于农村以及三四线城市的电商企业，也是目前国内最大的农村电商平台，加快脚步做好农村电商的建设，虽然同为电商企业，但各自做的市场不同，不产生多大竞争，而且京东也不想落后于阿里。

2. 京东在农村的布局方式

以前我们想到农村电商，认为是在农村里面刷墙，比如我们经常可以在农村的墙上刷小广告，淘宝和京东的广告也可以在一些农村看到，但这个都不算是。京东的布局方式：在农村建立县级服务中心，乡村合作点，在当地招募乡村推广员，建立覆盖配送到户的自营物流网络方式去扩展和抢占农村市场。

县级服务中心和乡村合作点我们知道，所谓乡村推广员指的是懂网购并帮助乡邻创建京东账户、推荐商品、指导下单、完成支付等一系列成交动作的人。线上淘宝客，就是你帮京东推广商品，卖出去了，京东给你佣金。比如你身边有不懂购物的人，想买什么商品，你可以推荐他去京东买，告诉他怎么注册，该买什么样的商品，然后购买下单，付款，最后京东发货，交易完成，你就获得相应的佣金。

据称，京东已经在四川 4～6 级地区约 20 个县建立了县级服务中心，招募了约 4000 名乡村推广员，在 70 多个县建立了京东帮服务店，并且计划未来开设 2000 家京东帮服务店、招募 10 万名乡村推广员、2015 年内开设 600 个县级服务中心。目前已经在全国建成的县级服务中心就超过 300 家，在 3 万多个乡村开展了合作点，乡村推广员超过 3 万名；开设京东帮服务店超过 800 家，大家电配送、安装、维修服务覆盖超过 26 万个村。

并且在 7 月 16 日的时候，有消息说京东吸纳农资电商平台农商一号入驻京东商城，以后可以在网上买化肥了。这一系列的频繁动作，足以说明京东是有多么地在乎和渴望在农村市场大展拳脚。

（三）难点

农村电商的发展还不成熟，有几大难关需要渡过：

1. 用户不懂网购

虽然现在大部分农村都通电了，而且人也比较多，但农村除了电视之外，有电脑的家庭没多少个，接触到电脑的也很少，而且农村既然买了电脑，安装宽带也比较麻烦，费时间。所以可以普及电脑知识，普及网络应用。

2. 物流派送难题

农村虽然人多，但都比较分散，不像城市，一个区一个区这样集中。农村分什么村、什么组，并且有些村子很偏远，派送成本、时间成本高。

3. 移动互联网

现在移动手机用户很多，也有人用联通之类的。有些农村联通是没有信号的，移动之所以有信号，是因为在农村建设了信号塔，联通是没有的，有些人用的联通卡，打电话都要到镇上，别说手机上网了。

最主要的是虽然都在使用智能机，但很少看到人抱着手机看微信刷微博，社交关系薄弱，所以这就要求电商企业加速大数据的布局，从数据采集点和数据模型以及针对性商品的布局方面加速农村的移动电商进程。

三、苏宁农村电子商务[①]

（一）背景

千店开业带动 3 万人就业，互联网＋扶贫促农产品销售逾 10 亿元。

2015 年，是农村电商大发展、大布局的一年。电商巨头动作频频，从最初的下乡刷墙做广告，升级为进入村镇开店设点。至此，农村电商全面进入2.0 时代。

面对农村市场，作为零售业 O2O 模式发展的领头羊，苏宁易购集结重兵，大举进攻。在推进工业品下乡和农产品进城方面，迅速摸索出了一条独具特色的全渠道电商之路。

1000 多家直营店、88 家中华特色馆、10 亿元农特产品销售额和 30000 多名就业人员……苏宁的 2015 农村大戏亮点十足，成就非凡。这也给风起云涌的农村电商市场，提供了一份典范性极强的苏宁样本。

（二）苏宁战略

1. 每月开 90 多家直营店，苏宁领跑农村攻坚战

2015 年 1 月 23 日，江苏宿迁洋河镇，随着首家易购直营店的落成开业，苏宁农村电商战略正式启动。之后近一年的时间内，1011 家经过统一装修布置的高标准直营店，在全国各地迅速铺开，抢占市场。

一年 1000 多家店，平均下来每月开店数量为 90 多家。曾经线下的实体店王者苏宁，在打响农村攻坚战后，再次向外界展现了其在圈地开店方面的不凡实力。相较其他农村电商来讲，苏宁易购的落地显然更快更精，模式更为完整，这是纯做加盟及代购模式不能比拟的。苏宁易购是拿出真金白银选址、装修、开店及招聘自有员工经营管理的运作模式，这是为了更高的服务质量及可持续性的发展。

除了开店数量多，苏宁农村电商势头之猛，还在于其向农村市场的下沉程度之高。苏宁易购市场相关负责人表示，除西藏外，他们的易购直营店涵

[①] 改编自 http：//soft.chinabyte.com/86/13664086.shtml，最后访问时间 2016 年 2 月 2 日。

盖了全国多数省市自治区。"在很多地方，我们是第一家也是目前唯一一家走进县镇开设实体店的电商。尤其在一些偏远、经济落后的地方，直营店的开设，对改善当地居民消费结构，提升用户消费体验方面，起到了决定性的作用。"

上述负责人表示，1011家直营店的开设，意味着他们完成了在农村市场的初步布局。同时，极具特色和示范性极强的苏宁式农村电商模式，也渐渐清晰：遍布大江南北的1600多家苏宁实体店和1000多家直营店连同苏宁易购平台，成为沟通城乡、虚实结合的高速公路，接纳需求，输出服务。苏宁自建的强大物流体系，则搭载着农产品、工业品，在城乡之间穿梭往来，直至走完电商服务的最后一公里。小小的直营店，就是这体系的核心，是实现上下通行的强力纽带。

2. 取缔简单代客下单，直营店打造"看得见的网购"

苏宁易购直营店面积从几十平方米到二三百平方米不等，商品以二维码虚拟出样为主，涵盖了日用、百货、家电、3C、食品酒水、母婴美妆等多个品类，同时还有一定的实物出样供客户体验试用。购买方式以网购为主，店员会引导客户体验网购、学会网购、使用网购。针对不会网购的客户，店员则可帮助其使用常规方式购买。

糅合了线上与线下的苏宁易购直营店，就是呈现在农村的O2O，它方便快捷，服务性强。这是一种全新的购物模式，颠覆着村镇居民对于商业消费的已有认识。同时，这也是一种改变农民消费观念、培育农村市场最行之有效的办法。

在一些企业的加盟店内，所谓的农村电商更像是把电脑从城市搬到乡村，然后由招募来的加盟合伙人协助客户上网挑选货物、下单。此种扩张看似简单，实则是欲速则不达。因为该方式在用户体验方面存在致命短板，是无法保证效果的。

而在苏宁易购直营店，经过专业培训的店员，能把客户需求和商品特性达到最优的匹配。比如，电视、洗衣机等大件，在店内是有出样的。客户可根据店员介绍亲身体验后下单购买，再搭配上物流配送、售后安装维修等服务，可谓是"看得见的网购"。另外，直营店还能承担面对面的商品咨询、免费网店培训、物流中转等功能，这又是纯电商平台望尘莫及的。

有数据显示，开业不到一年的时间里，多家直营店的月均销售额超过500

万元。双十二期间，苏宁农村电商更是表现抢眼。12 月 12 日，整体销量环比增长近 500%，不足百平方米的宁波宁海西店，一天销售额就有近 200 万元。

3. 深耕细作农村市场，输出苏宁唯一产品——服务

"能网购的门店更省心，有门店的网购更放心。"相比起纯电商平台，苏宁易购直营店的 O2O 模式让消费者看得见、摸得着。这很快培养了一大批忠实粉丝。

以新疆的苏宁易购伊宁县直营店为例，一位当地老师自从认识到苏宁农村电商的优势后，每次都会花费 2 个小时以上的时间，在店里的终端上选购商品，"价格低、质量好，有些大家电比当地经销商要便宜几百甚至上千块，非常实惠、方便"。

苏宁大数据显示，农村市场的购买力并不如外界想象得那么有限。除了总体销售额高，农村用户的消费档次也不比城市低。"以家电为例，用户更看重一线品牌，50～55 寸的大尺寸彩电、7～8 公斤的大容积冰箱等，最受欢迎。一些进口的母婴用品，也备受农村年轻妈妈青睐。"苏宁易购市场相关负责人表示。

"服务是苏宁唯一的产品，用户体验是苏宁的唯一标准。"除了物美价廉的商品，大家电的送装、售后维修，物流的及时快速送达服务，也是苏宁服务的核心所在。以物流为例，2015 年苏宁实现了全国除青海、新疆和西藏外90% 地区的 24 小时送达。2016 年，苏宁物流的目的是实现国内从县镇到农村的全境覆盖，以及物流时效的保证。

4. "四个当地"直击痛点，开创农村电商多赢局面

105 场培训、30000 多个就业岗位、10 亿元的农特产品销售额……这组数据显示了 2015 年，苏宁易购在农村市场取得的成绩。当然，这个成绩不仅仅局限于开了多少店，赚了多少钱，还在于苏宁给农村带来了什么。

2015 年 11 月 30 日，人民日报曾以《电商下乡不能热衷赚快钱》为题，直指某些电商企业存在的"一味热衷于挣快钱、挣热钱"问题。其实，作为发展农村电商的积极响应者和引领者，苏宁易购在农村市场的种种摸索，已经为解决这些问题，实现多方共赢提供了范本。

苏宁云商 COO 侯恩龙曾表示，苏宁农村电商，可以做到"销售、服务、纳税、就业"都在当地，即"四个当地"。这是其他纯电商企业无法做到的。

比如，苏宁在各地建有独立公司，生产、销售、纳税等放在当地，并在

当地招工，解决当地人就业问题。2015年，苏宁在开设直营店、加盟店、特色馆、物流配送、售后等方面，直接带动就业人口达30000人，间接带动就业达50万人。这个庞大的用人需求，对于促进年轻人回乡创业、就业，带动年轻人致富，意义重大。"直营店超过八成的店长都是回乡的80后、90后，薪资采用的是合伙人制，按经营结果分成，店长们每月薪资收入在10000元左右。"苏宁易购市场相关负责人介绍。同时，苏宁还推出农村电商星火计划，通过开展在线学习、集中授课、实操带教、参观培训、跨区域咨询交流等方式，培养乡镇电商人才，带动村镇居民共同创富。

"2015年6月，我们利用苏宁易购线上线下的全渠道优势，帮从化卖了100万斤荔枝，后来，又帮清远饱受滞销困扰的农民卖了70吨生姜。"侯恩龙介绍，除了做好工业品下乡，苏宁易购还依托中华特色馆，在促进农特产品上行销售方面，取得了不错的成绩，为农民脱贫致富提供了很大的帮助。2015年6—11月，清远地方特产专营店的生鲜鸡、远山旗舰店的龙眼干、湘西特色馆专营店的腊肉等占据农特产品销售量的前三名，销售额均超过1000万元。

（三）2016年规划：让苏宁农村电商成为精准扶贫的重要抓手

2015年1月20日，国家统计局公布的数据显示，农村常住人口有6.19亿人。农村电商市场还处在待开发期，农村网购人数虽然只有7700万人，但是增速为41%。预计2016年全国农村网购市场总量将突破4600亿元。

经历6年互联网转型的苏宁，正向农村市场开放其打造的"零售CPU"。这是企业看中农村这片新蓝海，有其自身发展的需要，同样是响应国家号召，融合企业优势与政策要求，为国家精准扶贫提供重要抓手的有力之举。

按照规划，在2016年，苏宁将继续保持高标准、高效率的开店速度，在三、四级城市再布局1500家直营店。未来5年，这个数字将超过10000家，覆盖全国1/4的乡镇。苏宁的实体布局，将彻底打通最后一公里，抢占最后一百米，实现了大到苏宁广场、小到苏宁易购直营店的全方位网络覆盖。

"苏宁农村电商的整体定位是工业品下乡、农产品上行等，实实在在帮助农民增收。"苏宁易购市场负责人表示，在农村市场，他们的工作重心将放在打造区域特色品牌、带动特色产品进程，促进本地企业"+互联网"等方面。同时利用O2O打通线上线下，通过首页导航、搜索支持、促销支持及苏宁独有的实体店优势等方式，促进农特产品在中华特色馆的热销。

"现在我们已经开设 88 家特色馆，明年 3 ~ 12 月预计会再开 132 家。"上述负责人表示，中华特色馆真正从全渠道推广农民的产品，为农民带来可持续性的收入。

另外，在推进农村市场加盟工作方面，苏宁易购将进一步加快授权服务站、代理点和乡村联络员的设立、招募，并对新进人员展开系统培训。这意味着，在未来农村市场，苏宁易购将创造更多的就业岗位和创富机会。

苏宁董事长张近东曾满怀豪情地宣布，在农村市场的争夺上，苏宁一定会主动出击、寸步不让。现在看来，平京战役的战火从城市烧到农村，或许只是其农村战略的小小一步。

四、农村电商发展规划比较（阿里、京东、苏宁）

从农村电商发展规划，比较阿里农村电商、京东农村电商和苏宁农村电商三大电商巨头。截至 2013 年 12 月，农村网民规模达到 1.77 亿人，占全国网民总数的 28.6%。2014 年全国农村网购市场总量超过 1800 亿元，2016 年将突破 4600 亿元。

（一）阿里农村电商战略

2014 年，阿里巴巴在首届浙江县域电子商务峰会上宣布，启动"千县万村"计划，并在未来 3 ~ 5 年内投资 100 亿元建立 1000 个县级运营中心和 10 万个村级服务站。

（二）京东农村电商战略

2015 年 4 月 9 日，京东公布农村电商发展的阶段性成果，其中定位于农村大家电营销、配送、安装、维修的京东帮服务店表现抢眼——4 个月时间，开设了超过 400 家服务店，服务范围辐射超过 10 万个行政村。2015 年，京东将电商下乡的目标确定为开设 500 家县级服务中心、招募数万名乡村推广员，建立 1000 家左右的京东帮服务店。

（三）苏宁农村电商战略

苏宁也宣布，2015 年，苏宁易购服务站在全国开设 1500 家，率先覆盖一批经济较发达的县级和镇级市场。自 1 月 23 日苏宁易购首家服务站在宿迁洋河镇开业以来，截至目前，苏宁已经开设了 100 多家服务站。未来五年，苏宁计划建立 10000 家苏宁服务站，深入全国乡村，从渠道建设层面打通"农村电商"发展壁垒。

比较而言，阿里农村电商战略启动时间和目标都远远高于京东和苏宁。

【农村金融】

一、阿里巴巴——网商银行

（一）网商银行——社会资本银行的先锋

2015 年 6 月 25 日，作为国内首批试点的 5 家民营银行之一，背靠阿里巴巴旗下蚂蚁金服的浙江网商银行正式开业。中国银监会 2014 年 9 月 29 日发布消息称，同意浙江省杭州市筹建浙江网商银行（同时同意上海市筹建上海华瑞银行）。

对于浙江网商银行，批复显示，浙江蚂蚁小微金融服务集团有限公司认购该行总股本 30% 的股份；上海复星工业技术发展有限公司认购该行总股本 25% 的股份；万向三农集团有限公司认购该行总股本 18% 的股份；宁波市金润资产经营有限公司认购该行总股本 16% 的股份。其他认购股份占总股本 10% 以下企业的股东资格由浙江银监局按照有关法律法规审核，其中金字火腿（002515）持有浙江网商银行 3% 的股份。[1]

网商银行的口号是无微不至的，马云梦想未来五年网商银行能服务 1000

---

[1] 参见 http：//baike. baidu. com/link？url＝YeCzOK1NaZrl98nFikARgSu5c2wnGj46r9Qwk5yMdkRg PTZKBxB1LM2q0wwjMnn1y8P_ wg9Jx0YhwotwhaUEZq，百度百科对于网商银行的介绍，最后访问时间 2016 年 2 月 1 日 20：38。

万家企业。但是，网商银行主页显示，"蚂蚁小贷/网商银行旗下非农业经营性贷款统一品牌名称为网商贷，网商贷包含原淘宝贷款、天猫贷款、1688 阿里信用贷款、国际站网商贷、CNZZ 流量贷、口碑贷、大数贷等，请知晓"。[①] 这是非农业经营性贷款，同时在 2015 年 11 月 9 日，网商银行又推出了农业性贷款，主要是面向农村农户的互联网小额贷款产品——旺农贷，为农村里的种养殖者、小微经营者提供无抵押、纯信用的小额贷款服务。

据悉农村一直是蚂蚁金服集团和网商银行关注的地方。截至目前，蚂蚁金服旗下的支付宝在农村活跃用户数已经超过 6000 万人；蚂蚁小贷则为 18 万个农村小微企业累计提供了 1300 多亿元的信贷资金；余额宝、招财宝为 4000 万名农村理财用户创收 40 多亿元；保险业务则为农村用户提供了风力指数保险，保障农业生产；还有近百家农村金融机构入驻蚂蚁金服金融云，提高了运营效率，也减轻了 IT 建设成本。

另据蚂蚁金服人士介绍，网商银行自 2015 年 6 月底开业以来，已经先后推出了流量贷、淘宝天猫贷、口碑贷等产品，分别通过 CNZZ（全国最大流量统计网站）、淘宝天猫以及口碑的平台，为中小网站、淘宝天猫卖家以及线下小微餐饮商户，提供贷款、余利增值、供应链金融管理等金融服务。预计到 2015 年年底，网商银行将为 50 万家小微企业提供金融服务。

因此，结合马云创设网商银行的宗旨和网商银行本身的业务来看，其业务很接地气，一方面提供农业经营性贷款，为农村的养殖者等提供小微贷款服务；另一方面也维持其为网店用户提供服务的宗旨，提供相应的小微贷款服务。

（二）旺农贷[②]——农户与小微经营者的福音

2015 年 11 月 9 日起，蚂蚁金服旗下的网商银行对外宣布，面向农村农户的互联网小额贷款产品——旺农贷正式上线，为农村里的种养殖者、小微经营者提供无抵押、纯信用的小额贷款服务。旺农贷从 9 月中旬开始试点运行，服务范围覆盖了 17 个省份，是网商银行首款专门面向农村市场的金融服务

---

① 参见 https：//tech. ifeng. com/a/20151109/415037760. shtml，网商银行主页公示，最后访问时间 2016 年 2 月 1 日 21：01。

② 参见 http：//tech. ifeng. com/a/20151109/41503776_ 0. shtml，"网商银行上线旺农贷面向农村扶持小微经营者"，最后访问时间 2016 年 2 月 1 日 21：13。

产品。

旺农贷针对不同的农村经营场景提供最高 50 万元的贷款，无须抵押物也无须担保，贷款期限分 6 个月、12 个月和 24 个月，还款方式包括按月付息、到期还本和等额本金还款两种选择。有贷款需求的农户，可以在当地农村淘宝服务网点工作人员的帮助下，进入旺农贷无线端进行申贷，申贷时提供身份信息以及相应的土地、房屋或者门店的资产证明。网商银行在审核通过后将实时放款。网商银行农村金融业务负责人陈嘉轶表示，"我们既要服务真正需要帮助的农户，也会严格控制风险"。

网商银行旺农贷的优势就在于本地化线下推荐和大数据线上审核相结合。一方面是本乡本土的村淘工作人员，在择优授权并且培训之后，他们可以帮助农户进行申贷；另一方面，蚂蚁金服小贷业务多年来积累的经验和数据，都将运用于线上审核及贷后监控等环节。除此之外，网商银行已经与全国最大的农村小额信贷专业机构、中国扶贫基金会旗下的中和农信签订了合作协议，双方将在资金、渠道、客户、风控等方面实现共享合作。

2015 年 9 月 16 日，旺农贷上线试运行的第二天，首笔贷款便落户山东寿光。寿光一位从事蔬菜大棚种植的农户，在当地农村淘宝服务网点工作人员的帮助下，获得了 10 万元的旺农贷贷款。在试运行的两个月里，旺农贷已经在山东、河北、河南、安徽、甘肃、黑龙江、广东等 17 个省份 60 个县域的下辖村点开展业务试点，未来旺农贷将伴随农村淘宝及其他合作伙伴为更多农村用户提供服务。

二、京东金融"先锋京农贷"[①]——解决农资信贷需求

（一）"京农贷"——农村金融战略的重要落地产品

2015 年 3 月，京东提出农村电商"3F 战略"，即工业品进农村战略（Factory to Country）、生鲜电商战略（Farm to Table）和农村金融战略（Fi-

---

① 参见 http://news.sina.com.cn/o/2015 – 10 – 12/doc – ifxirmqz9960531.shtml，新浪新闻中心"京东金融'先锋京农贷'正式落地解决农资信贷需求"，最后访问时间 2016 年 2 月 1 日 22：18。

nance to Country)。"3F"战略的范畴涵盖从农民把农产品生产出来并卖到城市，回笼资金后再从城市购买工业品、农资等物品，用于消费、理财和再投资，这是一个完整的农村经济产业链。京东希望通过提供完整的、针对农村全产业链的金融服务，加速、优化整个农村经济链条的建设。

此次"京农贷"上线的两款产品——农资信贷领域的"先锋京农贷"、农产品信贷领域的"仁寿京农贷"，分别满足了农资购买环节的生产资料信贷需求和农产品收购环节的农产品信贷需求。

京东金融开放合作，与大型的农产品渠道销售商、县域电商龙头企业、农资生产企业的领军者、来自国际的金融合作伙伴等农资及农产品服务的相关平台跨界融合，谋求共赢。世界银行、杜邦先锋、永辉超市、金正大、买卖宝等农业产业链上的各类合作伙伴正在和京东金融展开深入的合作，通过创新为农民提供一站式生产、生活所需的金融服务。杨海泉表示，中国农业现代化进程中需要大量切合实际需求的金融服务，杜邦先锋愿意和京东金融一起，不断创新方式，为农民解决生产难题。世界银行国际金融公司中国金融机构部负责人徐伟川表示，我们非常赞同京东金融在农村金融领域的探索，并有兴趣对京东新建的农村金融小贷公司提供项目、知识、资金等多方面的支持。

2015年10月10日，京东金融在山东省济宁市汶上县发布了"先锋京农贷"的实施方案，并于当天向一位种植大户发放首笔10万元贷款用于购买农资。

据了解，京东金融此前发布农村金融战略和农村信贷品牌"京农贷"，深挖农资信贷和农产品信贷两大产品线。"先锋京农贷"是"京农贷"首批两个试点之一。京东金融和世界领先的种业公司杜邦先锋及其经销商合作，为农民提供种植环节所需的生产资料的融资贷款服务。

杜邦先锋是全球第一家也是最大杂交玉米种子企业，在中国不断引领着农村生产的创新。山东是农业大省，农业资源非常丰富。京东希望通过"先锋京农贷"在山东的试点成果，进而推广到全国，让全国百姓受益。

（二）有了先锋贷，农村买种不再愁

农产品的生产、收购、加工、销售等多个环节，会产生大量的资金需求。比如生产资料采购端，农民需要买种子化肥等农资，相应地就产生了赊销、信贷等需求；产品销售端，农产品企业也需要通过信贷、众筹等多种方式周转资金，保证农产品的生产和销售。

然而，由于信用无法评估，农民难以从传统金融机构获得信用贷款。作为"先锋京农贷"的合作方，杜邦先锋经销商山东大粮董事长赵汝学感慨："在和农户打交道的过程中，我们遇到了大量农户在农资购买环节的贷款难问题，虽然现在在农民贷款有农村信用社、有邮储银行，但是依旧有70%~80%以上的农民得不到贷款，或者融资成本过高。"

就拿农民种植玉米来说，玉米种子、配套农资的购买需要占用大量资金，大面积种植的资金压力对于农民来说是不小的负担。针对这一环节的融资难，京东金融和杜邦先锋公司合作，根据农户过往订单等资料给农户授信，通过贷款审核的农户在经销商处先拿到农资，等丰收会再向贷款发放方——京东还款。杜邦先锋新业务负责人杨海泉表示，杜邦先锋和京东金融合作，可以借助互联网平台的数据、渠道等多项优势，给农户在购买农资的时候提供融资，帮助农民降低成本、解决销路、增加收益，完成资金流和商品流的闭环循环。

（三）大数据管理，风险控制有保障

京东"京农贷"具有四大优点，第一，期限长。"京农贷"为农户提供长达9个月的融资贷款，农户可先拿种子，丰收后再还款。第二，利息低。第三，额度高。最高额度达到30万元，满足农户和种植大户在生产中的资金需求。第四，贷款申请快速便捷，最快可以当天放款，所有贷款无抵押无担保。作为"京农贷"的试点，"先锋京农贷"是一款无抵押、低利息、放贷快的高契合度信贷产品。

以先锋京农贷为例，京东金融基于杜邦先锋及其经销商的数据了解农户信用，先锋种业与其经销商分别作为农户农资信贷的二级担保和一级担保。整个流程中实现两点，第一，农户可以先拿种子，丰收后再还款。第二，通过合作经销商严控资金使用场景，只能购买种子、化肥等农资产品，间接防范风险。

未来，京东金融将会与更多涉农机构合作，基于合作伙伴、电商平台等沉淀的大数据信息，使用先进的风险识别和数据分析工具，了解农民的信用水平，并给予相应的授信额度，从而控制风险。

【农村众筹】

农业奖励众筹——以众筹网[①]为例

众筹网的众筹类别主要有三个，分别是奖励众筹、公益众筹和股权众筹。公益众筹主要涉及一些公益项目，股权众筹主要涉及消费连锁类、娱乐文化类项目，两者与农业关系不大。关联较多的主要是奖励众筹，这也是农业众筹在众筹网的主要募资方式。

在农业众筹中，对项目进行总览，可以看到以下分类。

既然是奖励众筹，单笔投资额度就很小。以上述食柜优品为例，最小支持额度在1元/份，可以获得一次抽奖机会。一些农业奖励众筹项目的起点可能会比这个略高，可能会向投资者寄送相关的小纪念品，例如卡片、信件等。总体而言，农业奖励众筹都维持在较低的价格，并且较低价格的支持一般也换来较低的回报，多是一些小纪念品或者抽奖机会，或者是以一定折扣获得众筹标的的产品。

另外，农业众筹奖励融资对于投资人来说，投资方式也非常简便。相较于股权众筹项目中，投资人需要注册、认证，出具相关证明文件的照片（例如身份证正反面、手持身份证照片、名片、资质证明等），农业众筹奖励融资的方式简单很多，对于投资人也没有那么多要求限制。

同时，农业奖励众筹也不需要较为规范的项目书，对于想要吸引投资和寻求支持的人来说是一大利好。再以上述项目为例，这个项目，不需要其他股权众筹项目较为严格的项目书，也不需要通过路演等形式来吸引投资人进行投资。只需要在进行身份认证之后，填写较为简单的内容信息即可，即项目基本情况、项目特色、资金用途、风险提示等内容。这也是农业奖励众筹项目的特点。

总结而言，对于农业项目来说，现在众筹网站在做的模式主要是奖励众筹，即项目发起人在筹集款项时，投资人可能获得非金融性奖励作为回报。

[①] http://www.zhongchou.com/nongye。

具体而言，农户在网站上刊登自己的项目，按照网站要求做较为简单的项目介绍，随后吸引投资者对项目进行小额投资。项目投资人可以根据支持额度，获得相应的回报，例如抽奖、获赠小礼物，在项目成功后也可能获得相关农业产品作为回报。

就这类农业奖励众筹项目而言，可以总结特点如下：

1. 项目多为特色农副产品，上线较为简单。

以众筹网上的农业奖励众筹为例，所展示多是有一定特色的农副产品。或是正当时节，或是地方特产，有"正宗湖南特产江永香芋"、"内蒙古纯绿色生态小米"等。同时，项目上线只需要将项目基本情况、项目特色、资金用途、风险提示等内容予以披露即可，相较于其他种类的股权众筹融资项目的上线要求，简单很多。

2. 单笔投资额较小，投资人投资简便。

一般的农业奖励众筹项目，会设置不同级别的投资额度，但是一般单笔的投资额度较小，少则几块钱，多也不过几百元上下。同时，投资人参与投资也较之一般的股权众筹项目简便许多，省去了身份认证、资质认证等诸多环节。投资人可以就自己喜欢的项目径直做小额投资，方便快捷。

3. 回报方式多元化，对农副产品的生产和营销有益。

在众筹网的较多项目中，根据不同的投资额度，投资者可以获得相应的回报。回报方式多元化，根据投资额度的不同可能是一次抽奖机会，可能是相关的卡片和纪念品，可能是相关农产品，可能是后期可以享受的一定服务（例如一部分认领果园植物的，后期可以享受到亲临果园并且品尝自己认领果树所结果实的服务）。这些对于在众筹网站上展出的农副产品的生产和营销有很大帮助。一方面，可以筹集所需资金。另一方面，可以让更多的人关注到这些产品，是一种成功的营销方式。投资者可以通过小额的投资享受乐趣和回报，融资者可以由此获得融资，进行营销，不失为多赢的农副产品行业的发展模式。

特约稿

中国互联网众筹法律与实务

李爱君[①]

众筹作为互联网金融的产物，已发展出多样的形式，如股权众筹、债权众筹、奖励众筹以及捐赠众筹等。其中又以股权众筹发展最为火热。

在我国，由于股权众筹发展的复杂化，实务中，只要是通过互联网技术实现的股权融资行为都被冠以"股权众筹"之名，不仅使得股权众筹一词含义的泛化，同样不利于各类股权融资行为的分类监管。《互联网金融指导意见》出台后，立法者对股权众筹做出了较为明确的界定，因此，笔者认为有必要对不同的股权融资模式加以区分。

随着互联网技术的发展，借助互联网技术进行股权融资的种种模式相继发展起来。从法律层面来看，在我国目前的法律框架下，通过互联网技术进行的股权融资的模式又可以概括为如下三种模式：股权众筹融资、互联网非公开股权融资以及互联网私募股权投资基金募集。股权众筹的研究，往往离不开对其他两类股权融资模式的分析。故本章前两节将对上述三类互联网股权融资模式进行详细介绍。下面对这三种模式进行分析。

第一部分　股权众筹法律与实务

股权众筹作为互联网股权融资模式的一种，该模式是《关于促进互联网金融健康发展的指导意见》（以下简称《互联网金融指导意见》）中规定的一种通过互联网技术进行股权融资的模式。如《互联网金融指导意见》中指出："股权众筹融资主要是指通过互联网形式进行公开小额股权融资的活动。股权众筹融资必须通过股权众筹融资中介机构平台（互联网网站或其他类似的电子媒介）进行。……股权众筹融资业务由证监会负责监管。"该《互联网金融指导意见》对其法律性质界定为"公开小额股权融资"活动。"公开、小额、

[①]　中国政法大学互联网金融法律研究院院长，教授。

大众"的特征，涉及社会公众利益和国家金融安全，必须依法监管。中国在证券业协会发布的《关于对通过互联网开展股权融资活动的机构进行专项检查的通知》中指出："未经国务院证券监督管理机构批准，任何单位和个人不得开展股权众筹融资活动。"

一、股权众筹概述

众所周知，众筹存在四类形式，即捐赠众筹、股权众筹、债权众筹以及奖励众筹。其中，股权众筹以其服务于中小微企业的独特功能，成为目前众筹最为主流的形式。一项制度的产生与存续往往是基于社会的特定需求。对于股权众筹而言，其社会需求无疑是我国中小微企业融资难的社会现状。近年来，受制于传统资本市场高门槛的准入标准，中小微企业既不能通过公开发行的途径向社会融资，又不具备足够的资产保证以获得银行的贷款资金。融资难问题已成为制约我国中小微企业发展的重要因素。另外，在机构投资者占绝对优势的传统投资市场，拥有少量闲置资金的居民个人往往苦于小额投资渠道的缺乏。正是在这样的现实背景下，股权众筹应运而生，通过互联网平台，连接投融资双方需求，不仅为广大拥有闲置资金的个人投资者提供了有效的投资途径，更为中小微企业提供了全新的融资途径。

从产生初始备受争议，到现有立法承认其合法地位，规范发展，股权众筹的发展路径印证了其产生与存在的必然性。然而，作为一个新兴发展的制度，股权众筹在我国仍然存在很多法律问题，有待法律、法规和监管制度的完善。

（一）股权众筹定义

1. 众筹的定义及分类

众筹起源于美国，是一种新形式的微型金融，它聚合众多中小投资者的资金，为初创期企业或者小微企业的发展提供资金。目前，学界对"众筹"一词并没有统一和确切的定义。从词语起源来看，"众筹"一词最初来源于英文"Crowdfunding"，是 Crowdsourcing（公众搜索）与 Microfinancing（微型金融）二词含义的融合。顾名思义，众筹的含义就是面向公众筹集资金，特别指以资助个人、公益慈善组织或商事企业为目的的小额资金募集。① 作为新型金融术语被收录于《牛津词典》中的 Crowdfunding 被定义为"通过互联网向众人筹集小额资金为某个项目或企业融资的做法",在中国香港被译作"群众集资",在中国台湾被译作"群众募资"。② 这是从词语的字面含义对众筹给出的定义。还可以从制度现象来给众筹定义,如莫里克对众筹给出的定义:"筹资人依托互联网众筹平台为其发起的项目向出资人融资,每位出资人,即投资者,通过少量的投资金额从筹资人那里获得实物(比如预期产出的产品)或股权回报"。③ 这一定义偏向于对众筹现象的描述,通过该定义,可以对众筹运作有较为明确的认知,易于大众接受,因而经常被人们引用。笔者认为,不论是从词义角度还是制度现象角度对众筹所做的定义,虽表述上存在差异,但实质都表达了"众筹平台运用互联网技术连接初创企业与投资者,以解决双方投融资需求"的实质。

我国众筹援引自美国众筹,故在众筹形式上,同样承袭了美国众筹的四种形式的分类,即捐赠众筹、股权众筹、债权众筹以及奖励众筹。本节重点介绍股权众筹,其他三类众筹形式将在后续章节详细介绍。

2. 股权众筹的定义

作为众筹的一种,股权众筹区分于其他三类众筹的特征在于投资者投资后回报的特殊性——融资者公司的股权。股权众筹中,投资者通过互联网平台,一般称为股权众筹平台(或平台),将资金投入初创公司并取得该公司的股权,并最终分享投资公司的未来盈利。因此,通过对这一行为加以严格的合规性限制,即可给出股权众筹的定义,即股权众筹是指小额项目发起人通过网络平台宣传、介绍自己的项目,合格投资者通过网络平台对自己感兴趣的项目进行股权投资的新型投资模式④。我国《互联网金融指导意见》中对股权众筹的定义:即股权众筹融资主要是指通过互联网形式进行公开小额股权融资的活动。股权众筹融资必须通过股权众筹融资中介机构平台(互联网

---

① 转引自杨东,苏伦嘎. 股权众筹平台的运营模式及风险防范 [N]. 国家检察官学院学报,2014(4).

② 黄健青,辛乔利. 众筹——新型网络融资模式的概念、特点和启示 [J]. 国际金融,2013(9):64.

③ 吴凤君,郭放. 众筹融资的法律风险及其防范 [J]. 金融与法律,2014(9).

④ 孙永祥,何梦薇等. 我国股权众筹发展的思考与建议——从中美比较的角度 [J]. 浙江社会科学,2014(8).

网站或其他类似的电子媒介）进行。在《关于对通过互联网开展股权融资活动的机构进行专项检查的通知》中对于股权众筹的界定则表述为，"股权众筹融资主要是指通过互联网形式进行公开小额股权融资的活动，具体而言，是指创新创业者或小微企业通过股权众筹融资中介机构互联网平台公开募集股本的活动"。

在目前的实践中，股权众筹涉及三方主体，即融资者、股权众筹平台以及投资者。其中融资者是具备融资需求的初创企业、小微企业以及发起人，投资者往往是拥有闲散资金的个人或组织，由于该类投资者一般均为小额投资，所以也被形象地称为"草根投资者"。而股权众筹平台则是连接融资企业与投资者，并为双方的投融资行为提供特定服务的互联网平台，后面有关股权众筹法律关系部分还会对三方主体进行较为详细的分析，在此不再赘述。

（二）股权众筹的特征

作为一种新型的融资模式，相较于传统融资形式而言，股权众筹拥有其特殊属性，具体而言，其特征主要表现为以下几个方面。

1. 依托于互联网技术

股权众筹相较于传统融资模式最为重要的特征便是对互联网技术的严重依托。在股权众筹中，融资者与投资者双方之间的投融资行为本身即通过股权众筹平台来完成的，股权众筹平台作为互联网媒介，承担着连接投资者、融资双方的重要作用。对于融资者而言，需要通过平台发布融资项目信息，以获取投资者的关注，而对于投资者而言，同样需要通过平台了解优质的投资项目，以完成投资行为。而这些，无一不依托于互联网技术对信息进行公布。作为互联网技术成果的股权众筹平台在股权众筹投融资行为中的重要作用是不言而喻的。目前，各国立法虽然对股权众筹平台性质的界定上存在差异，但对于股权众筹融资活动必须通过股权众筹平台进行，各国立法均已做出了明确的规定。如我国在《互联网金融指导意见》中就明确要求"股权众筹融资必须通过股权众筹融资中介机构平台（互联网网站或其他类似的电子媒介）进行"。

2. 融资规模较小

受制于融资主体的特殊性，即融资主体一般为初创企业或小微企业，这类企业小规模的运营模式决定了其对资金的需求量相对较小，也就决定了股权众筹融资规模的受限。在我国，大型企业可以通过主板、创业板、新三板市场融资，也可以向银行申请贷款筹措资金，还可以向小贷公司贷款融资，融资途径可谓多样。然而，这些融资途径却不向小微、初创企业开放。应该说，在我国，大规模的融资需求已经存在足够完善的融资制度支持，正是这些初创企业以及小微企业的小规模融资需求催生了股权众筹这一融资模式的产生和发展。

从制度发展初衷来看，股权众筹的定位是服务于小微或初创企业，国外通过立法对股权众筹的融资额有一定的限制，如美国作为股权众筹发展规模最大的国家，其2012年正式通过的JOBS法案规定了股权众筹12个月内融资额累计不超过100万美元。意大利作为世界上第一个股权众筹监督规则生效的国家，其对融资额的上限规定是每年500万欧元。在我国目前还没有具体的对融资额进行相关的规定。但根据《互联网金融指导意见》对股权众筹融资"公开、小额"的规定，可以看出，我国股权众筹同样具有融资规模较小的特征。

3. 投资者众多

众筹也被称为草根金融，其特点之一就是大众参与度高，参与门槛较低。股权众筹作为众筹的一种，同样具备上述特征，一般而言，其投资者来源分散、广阔，且投资者多为拥有少量闲散资金的个人。因此，股权众筹投资者多为草根民众，而非机构投资者或专业投资者，当然，成熟的投资者在股权众筹领域中也存在，与普通大众只是多寡的不同。[1] 投资者的草根性决定了股权众筹项目融资的完成需要依赖于众多投资者的集合投资。而投资者众多也是由股权众筹的"公开"特征所决定的。

4. 投资风险大

股权众筹的风险主要来源于两个方面，一方面，不同于奖励众筹等其他众筹模式回报的确定性，股权众筹的回报和企业未来的发展息息相关，而企业未来发展往往是极具不确定性的，尤其作为股权众筹融资者的小微、初创企业，其处于企业发展初期，抵抗市场风险和行业风险的能力都相对较弱，故投资者的投资回报更具不确定性，风险损失较大；另一方面，股权众筹在我国仍属于初期发展阶段，各方面的制度并不完善，也就

---

① 朱玲. 股权众筹在中国的合法化研究 [J]. 吉林金融研究，2014（6）.

导致了股权众筹运作中存在诸如信息披露不完全、欺诈投资者以及平台虚假项目实现自融等问题，而上述问题最终的结果便是投资者投资风险的无限扩大。

二、股权众筹法律关系

作为法学的基本概念，法律关系是进行法律思考和分析的重要工具，其属于社会关系的范畴，表现为人与人之间的关系。但是，法律关系不同于一般的社会关系，它是以法律规范为基础形成的、以法律权利与法律义务为内容的法律主体之间的社会关系。① 因此，要明确股权众筹的法律关系，首先要确定股权众筹法律关系的主体。

（一）股权众筹三方法律主体

一般而言，股权众筹法律关系主要涉及三方主体，即融资者、股权众筹平台以及投资者。

1. 融资者

如上文所述，股权众筹融资者是存在资金需求，但缺乏融资渠道的初创、小微企业以及发起人。根据《股权众筹私募融资管理暂行办法（意见征求稿）》（以下简称《管理办法》）的规定，股权众筹融资者应当为中小微企业或其发起人，同时应当为股权众筹平台核实的实名注册用户。融资者通过股权众筹平台进行项目融资必须履行特定的职责并不得从事法律禁止的事项，如融资者必须通过股权众筹平台发布项目真实、准确的融资信息，向投资者如实报告相关重大信息，且不得欺诈发行或向投资者承诺投资本金不受损失或者承诺最低收益等。《互联网金融指导意见》对于股权众筹融资者的规定则要求"股权众筹融资方应为小微企业"，同时强调了融资者的信息披露义务，要求融资者"应通过股权众筹融资中介机构向投资人如实披露企业的商业模式、经营管理、财务、资金使用等关键信息，不得误导或欺诈投资者"。可见，《管理办法》和《互联网金融指导意见》虽然表述有所差异，但实质上都侧重了对融资者性质以及信息披露义务的规定。

---

① 张文显著. 法理学［M］. 高等教育出版社，2011：111.

2. 股权众筹平台

从法律关系主体角度而言，股权众筹平台是指股权众筹网络平台的搭建者和运营方。在股权众筹产生之初，股权众筹平台对自身的定位是作为桥梁连接有融资需求的微创企业以及有投资需求的投资者，为二者最终的投融资行为提供中介平台。因此，股权众筹平台的职责主要是为融资者和投资者提供技术平台，发布融资者项目融资的相关信息，为投融资者之间的投融资行为提供机会。然而，随着股权众筹的发展，股权众筹平台的职责早已不只是信息提供如此简单。相反，为了保证项目的优质性以提高平台自身的信誉，最终吸引投资者，平台需要对融资者的融资项目进行审核，并最终决定是否上线；融资过程中，为了投融资双发最终协议的签订，股权众筹平台还需要为双方提供诸如法律咨询、法律文档等服务；项目融资成功后，股权众筹平台还需要为保护投资者利益对融资者项目实施以及公司治理等情况进行后续监督。不仅如此，有些股权众筹平台更是不甘心仅收取服务费，进而开始对自身平台上的优质融资项目进行投资，以获取股权。由此可见股权众筹平台角色定位的复杂性。

根据我国《管理办法》第五条的规定，股权众筹平台是指通过互联网平台（互联网网站或其他类似电子媒介）为股权众筹投融资双方提供信息发布、需求对接、协助资金划转等相关服务的中介机构。同时，该法还对股权众筹平台的准入、职责以及禁止从事的行为进行了明确严格的规定，足见股权众筹平台在股权众筹法律关系中的重要地位。同时，《互联网金融指导意见》明确规定："股权众筹融资必须通过股权众筹融资中介机构平台（互联网网站或其他类似的电子媒介）进行。股权众筹融资中介机构可以在符合法律法规规定前提下，对业务模式进行创新探索，发挥股权众筹融资作为多层次资本市场有机组成部分的作用，更好地服务创新创业企业。"

3. 投资者

投资者是指具有投资需求的一方，即向企业投入资金获得股权，并最终享受企业未来利润的一方。一般而言，投资者必须是通过股权众筹平台实名认证的注册用户。由于股权众筹的高风险性以及投资者的草根性（即对投资风险不具备专业的认知和承受能力），各国立法均对股权众筹投资者的资格进行了限制，即只有"合格投资者"才能进行相应的投资行为。笔者认为，就我国目前的发展现状而言，法律对合格投资者的准入门槛规定无疑是高的，似有违背股权众筹初始的"草根投资"的目的。这也是《管理办法》作为征求意见稿，备受争议的地方，当然，上述合格投资者条件的规定仍处于征求意见阶段，最终是否生效以及是否会根据征求的意见进行修改，仍处于不确定阶段，因此，对于上述标准，应该说可以从参考意义角度来对待。从《互联网金融指导意见》对合格投资者的标准来看，"投资者应当充分了解股权众筹融资活动风险，具备相应风险承受能力，进行小额投资"。其对合格投资者的标准仅从"风险认知"和"风险承受能力"两个角度进行了概括的规定，最终的具体标准，仍有待于后续法规的完善补充。

4. 资金存管机构

一般而言，从制度发展之初来看，资金存管机构并不是股权众筹法律关系中的必要主体，只是基于现行法律制度对平台资金监管的严格限制，股权众筹平台为规避相关法律风险而引入的合作伙伴。但就我国目前的法律体系而言，第三方资金存管机构的引入与否已经直接影响到平台的合规与否，在我国，第三方资金存管机构已经成为股权众筹不可或缺的一方主体。《互联网金融指导意见》第十四条明确了"客户资金第三方存管制度"，要求互联网金融从业机构应当选择符合条件的银行业金融机构作为资金存管机构，对客户资金进行管理和监督，实现客户资金与从业机构自身资金分账管理。由此观之，资金第三方存管制度已是互联网金融监管的必然要求，股权众筹同样也不例外。因此，资金存管机构作为股权众筹法律关系的一方主体已经是必然之势，而且在我国，该资金存管机构应该仅限于银行业金融机构。

就其功能而言，资金存管机构一般是受股权众筹平台委托为其平台上的融资项目提供第三方资金存管以及支付等服务，其目的是对投资者的资金安全提供安全保障。

（二）股权众筹法律关系

实践中，大家对股权众筹的认知往往是以股权众筹平台为出发点，故而对股权众筹法律关系进行分析时，总是将股权众筹法律关系笼统地定性为股权众筹平台所参与的法律关系——居间合同法律关系。然而，因为股权众筹涉及三方法律主体，其法律关系并不只单一地由股权众筹平台提供居间服务而形成的居间合同关系，相反，股权众筹法律关系应是多个不同的法律关系所形成的复合形式。具体而言，股权众筹法律关系还包括投融资者之间股权投资法律关系、投融资者与第三方支付机构之间的资金支付服务关系以及股权众筹平台与第三方托管银行之间的委托法律关系等。因此，对股权众筹法律关系的分析有必要分别对不同主体之间的行为具体分析。

1. 股权众筹平台与融资者以及投资者之间的关系：居间合同法律关系

股权众筹平台与投资者以及融资者之间的居间合同关系是股权众筹中最为重要的法律关系。根据《中华人民共和国合同法》（以下简称"合同法"）第四百二十四条的规定，居间合同是居间人向委托人报告订立合同的机会或者提供订立合同的媒介服务，委托人支付报酬的合同。通过对法条表述的分析，居间合同法律关系包含三方面要素，一是居间人的义务是为委托人提供与第三方签订合同的机会或信息，撮合委托人与第三方交易主体之间合同的签订。从股权众筹的发展初衷来看，股权众筹平台最初的目的就是撮合融资者与投资者之间协议的签订，具体则表现为在平台上发布相关项目融资信息，为投融资双方协议的签订提供中介服务。虽然随着股权众筹的发展，平台的服务内容更加丰富化了，但其根本目的仍然是促成投融资双方签订协议。① 二是居间人的中介性，即居间人只是作为委托人与第三方之间的桥梁，并不能直接参与二者之间的法律关系，属于中介服务人，在交易双方当事人之间起到的是介绍、协助的作用。在我国，由于股权众筹平台并没有获得金融牌照，不能从事相关金融业务，其仅能作为中介平台存在。三是居间人的服务为有偿提供，即居间合同具有有偿性。居间人促成合同成立后，委托人要向居间人支付报酬。在我国实践中，众筹平台的盈利模式在于完成项目融资后，向融资者和投资者收取一定比例的服务费，这一点也正符合居间合同的特性。虽然也有平台仅向融资者收取服务费，形式上，平台与投资者之间关系似乎不满足居间合同的有偿性。但从实质来看，平台只是将其本应向投资者收取的服务费直接转嫁到融资者身上，即融资者为投资者的服务费进行了代付。故在该种形式下，股权众筹平台与投资者之间仍然为居间合同法律关系。

总体而言，股权众筹平台与投融资者之间的关系是两个居间合同，即股权众筹平台与融资者之间的居间合同以及股权众筹平台与投资者之间居间合同。在股权众筹平台与融资者之间的居间合同法律关系中，投资者是第三方

---

① 虽然目前平台也存在直接参与项目投资，或者提供资金流通等行为，但都是因为监管不到位导致的混乱行为。在严格的法律规范下，平台的定位仅为中介服务机构，不得参与双方关系。

交易主体的存在，反之，在股权众筹平台与投资者之间的居间合同法律关系中，融资者则为第三方交易主体。

2. 融资者与投资者之间的法律关系：股权投资法律关系

融资者与投资者之间的股权投资法律关系是股权众筹法律关系中的基础法律关系。股权众筹产生的根本原因便是解决融资者的融资困难与投资者的投资无门问题，即股权众筹的最终目的是投资者与融资者签订协议，融资者将资金投入融资者公司。没有这一基础法律关系，就不会有股权众筹平台提供服务的可能性，也就不会存在所谓居间合同法律关系，故股权众筹法律关系中其他的法律关系都是为这一股权投资法律关系服务的。

就融资者与投资者之间的法律关系性质而言，在股权众筹融资活动中，投资者对融资者进行投资，融资企业出让自身部分股权给予投资者，投资者因此成为融资企业的股东。股东对公司的权利，就是股权，股东正是通过股权的享有与行使，来体现其在公司中的法律地位。① 实际上，在此过程中，投资者实质是通过投资行为获得了融资企业的股权，融资企业与投资者之间构成了股权投资法律关系。

3. 第三方支付平台与融资者、股权众筹平台、投资者之间的法律关系：支付服务法律关系

股权众筹作为一个股权投融资行为，必然涉及投资资金的支付与流转问题。投资者选择项目投资时需通过第三方支付平台才能完成资金支付，而融资者最终获得融资资金同样离不开第三方支付平台的划拨，而股权众筹平台作为中介机构，并不存在相关金融牌照，故要实现自身平台上融资者与投资者之间投资资金的流转，就必须和第三方支付机构合作，由其提供相关支付通道的服务。

在支付通道模式的第三方电子支付中，第三方电子支付机构根据与投资者之间的合同，向投资者提供银行网关，与融资人不存在直接法律关系。在虚拟账户模式的第三方电子支付中，投资人与融资人及众筹平台都是第三方电子支付平台的注册用户，支付平台为各方提供资金转移服务。第三方电子支付机构从投资者向融资者及众筹平台转移资金过程中是以中立的身份参与其中，对其各方提供平等的保护。目前的第三方电子支付服务合同中，第三

---

① 李建伟. 公司法［M］. 中国人民大学出版社，2011：226.

方电子支付机构往往将其与投资者、融资者及众筹平台之间形成"代收代付"服务的合同关系，第三方电子支付机构作为用户的代理人，只是用户资金的管理者，按照用户要求转移用户资金。① 第三方电子支付机构在这种合同关系中所承担的义务主要包括：对客户备付金的保管义务；按照客户指令代收款项和代付款项的义务；按照客户的要求返还备付金的义务；资金安全的保障义务；对交易记录信息的披露义务；客户个人信息保护义务；等等。②

4. 股权众筹平台与资金存管银行之间的法律关系：委托合同法律关系

第三方资金存管机构并不是目前股权众筹法律关系中必然的参与主体，只是平台为了保证自身中立性，避免因资金通过平台流转而被认定为非法集资的风险而引进的一方主体。即平台通过与资金存管机构签订委托合同，由资金存管机构为平台上的融资项目分别开立资金存管账户，提供相关资金存管服务，即在项目融资过程中，投资者的投资资金直接存入托管机构开立的托管账户，由资金存管机构代为管理，并在项目融资完成后将资金划拨给融资者。资金存管机构以其提供的服务向股权众筹平台收取报酬。故股权众筹平台与资金存管机构之间的法律关系为委托合同关系。

（三）股权众筹法律性质

根据《互联网金融指导意见》对股权众筹"公开小额融资"的定性，可见，立法者对股权众筹的法律性质定性为一种公开的股权融资行为，即公募发行行为。

1. 股权众筹是一种股票发行行为

股权众筹是投资者通过股权众筹平台向具有融资需求的小微、初创企业投资，并获得企业股权的行为；从融资者的角度来看，是一种通过转让企业自身股权以获取融资的行为。该行为本质为一种股票发行行为。

2. 股权众筹是公募发行行为

根据我国证券相关法律的规定，证券发行包括公开和非公开，即公募与私募两种形式。《证券法》第十条规定：公开发行证券，必须依法获得证监会

① Gillette，C. P. &D. Walt. Uniformity and Diversity in Payment System. Chieago—Kent College of Law. Chieago——Kent Law Review，2008，Vol. 83，p. 499.
② 李莉莎. 第三方电子支付法律问题研究［M］. 法律出版社，2014：60.

核准；向不特定对象公开发行证券或向特定对象发行证券累计超过两百人可认定为公开发行；非公开发行证券，不得采用广告、公开劝诱和变相公开方式。从法律规定可以看出，公募发行证券必须获得证监会的核准。在我国现行的法律体系下，向公众募集资金的典型且唯一的方式是上市公司公开发行股票的行为，而任何其他形式的面向社会大众的公开募股的行为都被认为是非法集资行为。①

在我国，股权众筹应属于公募发行行为。首先，《互联网金融指导意见》将股权众筹定性为"公开、小额的股权融资行为"，其"公开"的表述明确了股权众筹公开发行的特征。不仅如此，《关于对通过互联网开展股权融资活动的机构进行专项检查的通知》更是详细地表述了股权众筹融资活动的公募属性。一方面，将股权众筹定义为"创新创业者或小微企业通过股权众筹融资中介机构互联网平台公开募集股本的活动，"表明其"公开募集股本"的公募属性；另一方面，表明股权众筹融资"公开、小额、大众"的特征，凸显投资者的公开、不特定性；此外，通知还明确了"未经国务院证券监督管理机构批准，任何单位和个人不得开展股权众筹融资活动。"股权众筹融资必须获得证监会核准，这也是和现行《证券法》的规定相衔接的表述，更加明确了股权众筹融资的公募属性。

三、股权众筹存在的法律问题

（一）我国立法滞后

1. 各国对股权众筹的立法现状

作为一种向公众发行股票的证券发行行为，股权众筹自产生之初就决定了其需受到严格的管制。国外对于股权众筹的立法已相对完备。具体而言，股权众筹在各国监管程度不一。意大利先拔头筹，在 2012 年 12 月议会通过了"Decreto Crescita Bis"（或称"Growth Act 2.0"），成为世界上第一个将股

---

① 杨东，苏伦嘎. 股权众筹平台的运营模式及风险防范［N］. 国家检察官学院学报，2014（4）.

权众筹正式合法化的国家。① 2012 年 4 月，美国总统奥巴马签署通过著名的《初创期企业推动法案》(*Jumpstart Our Business Starups Act*，简称 JOBS 法案)，正式将股权众筹纳入法律调整的范围。时至今日，美国、意大利、英国、新西兰、法国等国家已颁布了股权众筹的相关立法，其他一些国家，如加拿大、澳大利亚等也正在对股权众筹的监管进行建议和征求意见。②

JOBS 法案旨在简化创业企业发行股票的程序，帮助创业企业发展，其第三章为众筹融资，即允许企业公开发行一定额度的证券并豁免证券发行注册要求。JOBS 法案通过有条件地设定豁免，降低初创期企业的融资成本。可以说，JOBS 法案为股权众筹确定了基本的监管框架，该法案的出台对于股权众筹的规范发展起到了至关重要的推动作用。具体而言，法案对于股权众筹的监管主要从以下几个方面进行了规定。

（1）发行豁免条件

法案新增的 4（a）（6）规定，发行人每年通过股权众筹平台筹集的资金不超过 100 万美元的，可以享受证券发行注册豁免。该数额将根据通货膨胀情况至少每 5 年调节一次。另外，法案同时要求上述股权转让必须通过已注册的经纪商或集资门户进行。

（2）股权众筹平台的规定

对于股权众筹平台，JOBS 法案要求其在证券交易委员会登记注册为经纪商或集资门户，其义务设定重在信息披露和信息提供，前者强调与投资风险和其他投资者教育材料相关的信息披露，后者要求提供发行人披露的相关信息，以及投资者教育义务。③ 对于平台的信息披露义务，法案同样进行了详细的规定，不仅包括具体的信息披露对象，还包括信息披露的内容，如发行人的基本信息包括名称、网址等；发行人公司董监高以及持有 20% 以上股份的股东信息；发行人的财务状况、经营情况；项目基本信息等。如此详细的规定，使得实践中对股权众筹平台信息披露监管更具有可操作性。

（3）合格投资者的规定

对于投资者，法案出于保护投资者利益的考量，对投资者资格进行了限

① 张雅. 股权众筹法律制度国际比较与中国路径［J］. 金融与法律，2014（11）.
② 樊云慧. 股权众筹平台监管的国际比较［J］. 法学，2015（4）.
③ 郑若涵. 中国股权众筹法律制度问题研究［J］. 南方金融，2015（461）.

定，要求投资者必须是"满足委员会为保护投资者和公众利益的要求而规定的条件"或者"遵守证券交易委员会规定的保护投资者和公众利益的规则"。不仅如此，对于投资者的投资限额，法案同样区分不同情况进行了限制性规定，即投资者在一年内的投资应符合如下条件：a. 投资者年收入或资产净值少于 10 万美元的，只能投资 2000 美元或年收入、资产净值的 5%，以较高者计；b. 投资者年收入或资产净值超过 10 万美元的，可投资的数额为年收入或资产净值的 10%，但不得超过 10 万美元，以上数额将根据通货膨胀情况至少每 5 年调整一次。

不难看出，JOBS 法案对于股权众筹的监管主要是从三方法律主体的角度进行规制，通过对融资者、股权众筹平台以及投资者资格以及相关权利、义务的规定，即可对股权众筹进行较为全面有效的监管。对于我国股权众筹的监管立法而言，JOBS 法案无疑具有很好的借鉴价值。

2. 我国股权众筹立法

（1）《互联网金融指导意见》对股权众筹的规定

在我国，股权众筹立法一直处于较为滞后的阶段，2015 年《互联网金融指导意见》出台之前，我国股权众筹立法基本处于空白状态。《互联网金融指导意见》的出台，不仅赋予了股权众筹的合法地位，明确了股权众筹的公募属性，更是为股权众筹后续的立法指明了立法方向。意见明确了国家鼓励互联网金融的发展，但同时应在有效的监管中有序发展的指导思想，为空白的互联网金融监管指明了立法方向。意见对股权众筹的规定主要体现在两方面。

①《互联网金融指导意见》第九条对股权众筹的专条规定。《互联网金融指导意见》专列第九条对股权众筹进行了规定，一方面体现了股权众筹作为互联网金融主要形式之一的重要地位，另一方面也体现了立法者对股权众筹监管概括的立法意向。就条文表述来看，意见主要表达了以下几方面的意思。

第一，意见对股权众筹的定义进行了明确的规定，条文表述为，"股权众筹融资主要是指通过互联网形式进行公开小额股权融资的活动"。毫无疑问，《互联网金融指导意见》突出明确了股权众筹"公开、小额"的特征。这一表述与 JOBS 法案"小额证券发行豁免注册要求"似有重合，因此，也有专家指出，这是立法者对公募股权众筹的承认。正如前文所述，笔者仍然认为，《互联网金融指导意见》这一"公开小额"的规定是对"公募"的承认，还是针对互联网金融的特殊性而对宣传方式公开性的特殊许可，在具体监管法律法规正式出台之前，实在不宜做出太过明确的判断。毕竟在现行法律体系下，《互联网金融指导意见》的法律性质决定了它不可能突破《证券法》公开发行的规定。

第二，意见明确了"股权众筹融资必须通过股权众筹融资中介机构平台（互联网网站或其他类似的电子媒介）进行"。可以看出，意见在强调了股权众筹平台在股权众筹融资活动中的必要地位后，对股权众筹平台的定位仍然是"中介机构"，即突出股权众筹平台的中介性，这与《管理办法》对平台的定位是一致的。

第三，意见明确了股权众筹融资方应为小微企业，同时明确了融资方信息披露的内容。条文表述为"股权众筹融资方应为小微企业，应通过股权众筹融资中介机构向投资人如实披露企业的商业模式、经营管理、财务、资金使用等关键信息，不得误导或欺诈投资者"。体现了股权众筹服务于中小微企业的初衷，同时，意见对融资者信息披露义务的规定体现了股权众筹监管的重要方向便是对投资者的保护。但遗憾的是，《互联网金融指导意见》并未对股权众筹平台的信息披露义务进行明确，无疑会导致实践中，各平台对融资者提供的信息怠于审核，最终将损害投资者利益。

第四，意见同样要求股权众筹投资者为合格投资者，即"投资者应当充分了解股权众筹融资活动风险，具备相应风险承受能力"，同时投资者应"进行小额投资"。合格投资者从来都是股权众筹立法的重中之重，《互联网金融指导意见》同样如此，不仅在股权众筹这一条提及，更是在后文专列条文中对"合格投资者制度"进行明确。从条文表述来看，意见对合格投资者的标准采用了"风险识别能力"和"风险承受能力"双重标准，至于具体的标准，则有待于后续立法的详细规定。

第五，意见明确了"股权众筹融资业务由证监会负责监管"。《互联网金融指导意见》的亮点之一便是明确了互联网金融不同行业的不同监管部门，这样有利于各部分针对各行业不同的行为特征进行专门性的监管，无疑是互联网金融良性发展的有力措施。

②《互联网金融指导意见》对互联网金融监管的原则及重点制度安排的规定同样适用于股权众筹。综观《互联网金融指导意见》全文，意见明确了互联网金融监管的原则以及重点制度安排，专列条文对"第三方存管制度"、

"信息披露"、"消费者权益保护"以及"合格投资者"等制度进行规定，凸显了互联网金融监管的重点。应该说，《互联网金融指导意见》的出台对于互联网金融监管而言意义重大，虽然其作为一项行政规范性文件，在法律效力上层级较低，但作为立法者立法意向或方向的体现，其效力实质是通过后续细则的制定来体现的。一般而言，《互联网金融指导意见》往往会为后续法律法规的制定提供立法方向。也即《互联网金融指导意见》中重点规定的监管制度毫无疑问会在后续的监管立法中详细体现。此外，虽然《互联网金融指导意见》立足于整个互联网金融，而非某一特定领域，但股权众筹作为互联网金融的一部分，拥有互联网金融的共性，同样应受意见调整。因此，在目前并无具体法律法规规定的情况下，《互联网金融指导意见》作为立法者最直接的反映，股权众筹行业无疑应根据《互联网金融指导意见》的规定相应进行合法调整。

（2）《关于对通过互联网开展股权融资活动的机构进行专项检查的通知》对股权众筹的定性

相较于《互联网金融指导意见》而言，《关于对通过互联网开展股权融资活动的机构进行专项检查的通知》更加详细地表述了股权众筹融资活动的公募属性。一方面，将股权众筹定义为"创新创业者或小微企业通过股权众筹融资中介机构互联网平台公开募集股本的活动"；另一方面，表明了"股权众筹具有公开、小额、大众的特征，涉及社会公众利益和国家金融安全，必须依法监管"，凸显了投资者的公开、不特定性；此外，通知还明确了"未经国务院证券监督管理机构批准，任何单位和个人不得开展股权众筹融资活动"。表明股权众筹融资必须获得证监会核准。不仅如此，目前，一些市场机构开展的冠以"股权众筹"名义的活动，通知更是指出，"目前，一些市场机构开展的冠以'股权众筹'名义的活动，是通过互联网形式进行的非公开股权融资或私募股权投资基金募集行为，不属于《互联网金融指导意见》规定的股权众筹融资范围"。将股权众筹与其他互联网股权融资行为进行了明确区分。

（二）股权众筹的道德风险问题

1. 融资企业的道德风险

作为一种小额公开发行行为，相较于传统的公开发行而言，监管者对于股权众筹融资企业无论是信息披露还是财务审查等方面的要求都大大降低。

不仅如此，对于融资者而言，只要融资项目经过股权众筹平台的审核即可上线融资。可以说，在股权众筹融资中，众筹平台扮演了证券交易所的角色，压缩、精简了传统金融市场完整、严密的挂牌审核程序，很大程度上豁免了财务报表审计和法律合规性审查方面的义务，降低了初创企业的信息披露成本。① 这样的模式吻合了小微、初创企业融资成本承受能力较弱的现状，有利于企业融资更加开放、自由和高效，但同时，外部监管的放松同样会导致初创企业为了吸引投资者投资、提高募资成功率和公司估值，在申请项目融资时，对项目的描述、财务报表等资料进行粉饰和包装，甚至采用一些广告性、宣示性用语来夸大宣传和误导投资者。因为对于融资者而言，相较于投资者，其在股权众筹中无疑处于绝对的信息优势，故而其夸大宣传信息的行为被平台及投资者发现的机会概率是极小的，而此行为却会给融资者带来超过预期的融资，在这样收入与成本极不匹配的情况下，融资企业作为经济主体，处于利益最大化的考量往往会选择夸大信息以吸引投资者。

而在项目融资成功后，融资者同样会存在道德风险。基于理性人假设，个体为追求利益最大化，筹资者会利用信息资源的优势，通过众筹平台完成融资后，将所筹资金从事于商业计划书以外的高风险行业，导致投资者利益受损的风险大幅度提高。②

2. 股权众筹平台的风险

股权众筹存在的道德风险并不仅限于融资者的道德风险，股权众筹平台同样如此。

由于股权众筹平台的收入完全取决于向成功融资项目的企业收取服务费，在目前监管并不健全的情况下，不排除平台为了增加收入、提高综合排名等原因而降低创业项目的准入门槛，放行更多不满足条件的融资项目进入平台募资的可能性。这类现象普遍存在于股权众筹，股权众筹本身具有投资回报周期长以及回报不确定等特性，使得投资人很难界定损失是否是客观的。③

3. 投资者对公司治理情况的监管困难

股权众筹平台存在上述道德风险，最终损害的往往是投资者的利益，然

---

① 周灿. 我国股权众筹运行风险的法律规制［J］. 财经科学，2015（3）.
② 蓝俊杰. 我国股权众筹融资模式的问题及政策建议［J］. 金融与经济，2015（2）.
③ 同②。

而，实践中，投资者所处的信息弱势地位又会在一定程度上加剧这一道德风险，最终导致投资者利益受到严重损害。

投资者通过股权众筹平台向融资企业投资后，获得公司股权，但受限于投资者投资金额的有限性，股权众筹平台的投资者投资后，往往是作为融资企业的小股东而存在的。然而，在我国，股东文化的缺失，大股东对小股东的保护意识淡薄、回报意识不强是我国企业普遍存在的问题。① 不仅如此，融资的小微初创企业由于处于公司发展初期，往往在公司的治理机制上存在缺陷，从而在一定程度上导致信息披露的履行质量和信息本身的质量上都存在问题。加之我国目前整个社会诚信机制的欠缺，企业呈现给税务、银行、股东各一张报表的现象严重，因此企业的真实内部治理情况不可能被小股东所知。在这样的企业背景下，加上股权众筹业务的特殊性——投融资的进行主要依赖股权众筹平台，处于信息弱势方的小股东，即投资者对于项目的认知、项目进展情况的获取和监督主要也通过平台进行，而在股权众筹平台一味强调自身"中介性"的情况下，投资者作为小股东对于融资企业的公司和治理或项目进展情况可以说是一无所知，遑论后续监督。

（三）信息不对称问题

1. 投资者处于信息弱势

现代信息理论认为，在市场经济活动中，不同的主体对于相关信息的了解程度是有差异的，掌握信息比较充分的人员，往往会在经济交往中处于比较有利的地位，而信息贫乏的人员，则处于比较不利的地位。一般而言，股权投资中必然存在信息不对称的问题，但传统的股权投资中，一方面，法律对融资企业的信息披露进行了严格规定，保障了投资者的信息获取；另一方面，传统股权投资中，机构投资者占较大比重，而机构投资者借助自身资金优势往往可以通过尽职调查等方式有效地减少两个主体之间的信息不对称。相比较而言，众筹面向小额且分散的普通投资者，在这种独特的融资结构下，高昂的信息成本、投资者投资经验的缺乏和"搭便车"的心态，使得众筹投

① 孙永祥，何梦薇. 我国股权众筹发展的思考与建议——从中美比较的角度［J］. 浙江社会科学，2014（8）.

资者必然面临着与传统投资方式相比更为严重的信息不对称问题。① 同样地，作为众筹的一种，股权众筹这一特殊的属性无疑会加剧投融资双方间信息的不对称。

一般而言，股权众筹投资者往往会处于信息劣势地位，主要原因在于，首先，股权众筹投资者一般为"草根投资者"，相较于传统股票发行市场上的大型机构投资者而言，股权众筹投资者不论是经济实力还是专业判断能力都存在较严重的不足，他们并没有能力和经验来正确判断投资机会的价值，同样不会有充足的资金支持去对融资企业的相关信息做详细的尽职调查，以判断项目的优劣；其次，股权众筹是通过互联网技术将处在不同地域的融资者和投资者连接起来，因此在实践中，融资项目中的融资企业与投资者往往是处于不同地理位置的陌生人，地理距离的加大无疑会增大投资者获取融资企业信息的难度；最后，从成本效率的角度分析，股权众筹投资者的投资额度一般较小，这就意味着其最终的收益有限，在有限收益的前提下，投资者进行尽职调查、后续监督的意愿是非常弱的，因为高额的信息成本与最终的收益并不成正比，因此，投资者都会选择放弃这一信息成本投入。

2. 平台信息披露义务不明确

对于投资者而言，信息劣势地位决定了其自主获取企业信息不具有可行性。所以，在股权众筹中，投资者只能依赖于股权众筹平台对融资者的信息进行充分、真实的披露。然而，从我国现行立法来看，对股权众筹平台发布信息的程度，即平台应当发布融资者的哪些信息，对于发布的信息平台是否应当承担审查的义务，以及平台因自身审查过失导致发布的信息存在虚假对投资者造成损失时，是否应当承担责任等，并不存在明确规定。这也就导致了实践中，股权众筹平台对融资企业及项目信息的披露往往存在不同的标准，而且平台对于融资者提交的材料仅进行形式审查，因融资者提供虚假材料导致投资者利益受损的，平台并不因此承担任何责任。由此观之，在平台信息披露义务不明确的情况下，投资者信息劣势的问题并未因股权众筹融资者形式上的信息披露而有所改善。

信息不对称不仅会导致融资过程中的道德风险，更是会导致逆向选择的

---

① 何欣奕. 股权众筹监管制度的本土化法律思考——以股权众筹平台为中心的观察 [J]. 法律适用，2015（3）.

形成。投资者很难真实判断企业家的能力以及企业的质量，因此，投资者将整体低估众筹平台上项目的质量而要求更高的投资回报，导致了高质量的企业由于不能获得公正的价格，将不会通过众筹平台进行融资；反过来，众筹平台将走向一个非最优的平衡，即高质量的项目、企业被低质量的项目、企业驱逐，最终导致众筹平台上只存在着大量低质量的项目、企业。

基于信息不对称所引发的上述风险，有必要降低双方之间信息的不对称。但由于股权众筹的融资者多为小微、初创企业，过重的信息披露义务会导致其融资成本的增加，最终违背股权众筹制度产生初衷。所以国外立法一般都采取了小额发行豁免的制度，降低了对发行人的信息披露要求。在我国，虽然同样不能加重融资者的信息披露义务，但考虑到我国投资者投资风险意识薄弱的现实，法律仍然有必要把握好融资企业融资成本与投资者保护之间的平衡。笔者认为，明确股权众筹平台对融资者信息的实质审查义务以及后续持续监督义务不失为一个不错的选择，在不增加融资者融资成本的前提下，又提高投资者的信息获取真实可能性。根据《互联网金融指导意见》对互联网金融信息披露制度的规定，可以看出，立法者也是倾向于赋予平台严格的信息披露义务的。意见第十五条明确规定，从业机构应当对客户进行充分的信息披露，及时向投资者公布其经营活动和财务状况的相关信息，以便投资者充分了解从业机构运作状况，促使从业机构稳健经营和控制风险。从业机构应当向各参与方详细说明交易模式、参与方的权利和义务，并进行充分的风险提示。因此，股权众筹同样应顺应指导意见的要求，在未来的立法中明确平台的信息披露义务，并对披露信息内容、审查程度等进行详细规定。

（四）投资者保护问题

随着股权众筹的火热发展，不规范的发展模式以及不成熟的投资者使得投资者保护问题成为亟待解决的重大问题。股权众筹的一项重大挑战在于投资者保护。具体而言，投资者保护主要涉及以下几个方面的问题。

1. 投资者隐私权保护欠缺

一般而言，隐私作为私人生活的重要组成部分，法律主体应当有权决定能否为他人所知或以何种方式为他人所知，如果他人违反本人意愿而擅自窥探甚至公布，即构成对该法律主体独立生活空间的侵犯。^① 在我国，隐私权属于私法保护的范围，我国《侵权责任法》第二条第一款规定，侵害民事权益，应当依照本法承担侵权责任，其中第二款对于民事权益采用了列举的方式，其中即包括隐私权。实践中，股权众筹投资者要参与项目投资，必须经过股权众筹平台的实名注册程序，投资者需要向股权众筹平台提交真实姓名、身份证号、联系电话、家庭地址等身份信息，此外，平台为了审核投资者是否具有合格投资者的资格，还会要求投资者提供诸如年收入等信息。上述信息作为投资者的隐私信息，投资者为投资目的提供给股权众筹平台并不存在法律问题。但实践中，由于互联网技术的公开性以及不安全性，投资者在股权众筹平台上填写的上述信息极容易被诸如"黑客"的第三方获取，最终将上述信息用作其他用途，损害投资者利益。更有甚者，除了客观原因导致的投资者信息的泄露外，不排除存在一些股权众筹平台，甚至融资企业将其获得投资者相关信息用于其他非正常用途，最终损害投资者利益。总体而言，股权众筹中投资者隐私权保护已成为投资者保护重要的一部分。

对于侵犯隐私权应承担的责任，《侵权责任法》第十五条规定了停止侵害、赔偿损失、消除影响、恢复名誉等方式。然而，股权众筹的特殊性决定了投资者隐私权受到侵犯的形式以及投资者证据的获取与普通的侵犯隐私权行为存在较大区别。因此，《侵权责任法》对于投资者的保护力度可谓杯水车薪。笔者认为，股权众筹投资者作为一类特殊的消费者——金融消费者，要加强对其隐私权的保护，有必要从金融消费者保护的角度出发进行相关立法。《互联网金融指导意见》同样对互联网金融消费者权益保护专列条文进行了规定，由此可见，互联网金融消费者权益保护对于股权众筹，甚至整个互联网金融的发展而言，都是具有重要意义的。

2. 投资者存在受欺诈风险

一般而言，由于股权众筹的信息不对称，投资者极易受到来自融资者及股权众筹平台的双重欺诈。

在我国，股权众筹发展并不完善，甚至正处于相对混乱的阶段，相关监管立法的滞后使得股权众筹在实践中的运作并不规范。股权众筹行业的混乱，最终导致一些不良企业通过虚假信息获取投资者的投资后捐款逃走，或者不

① 朱庆育. 民法总论［M］. 北京大学出版社，2013：398.

良平台假借虚假项目，实现自融。即通过虚假的项目，将投资者的资金流入平台，并最终卷款消失。而这些行为最终都导致作为信息弱势者的投资者利益的受损。

3. 合格投资者标准

由于市场本身并没有蕴含化解股权众筹中欺诈风险的力量和完整机制，投资者保护问题仍是需要法律规则予以解决。[①] 法律对于投资者的保护除了增加融资者及股权众筹平台的义务外，"合格投资者"的限制同样也是各国股权众筹立法较为常用的投资者保护措施。即将股权众筹平台投资者限定在有足够风险认知和承受能力的投资者范围内，以减小投资经验缺乏的投资者进入股权众筹领域，无辜承受投资损失。相较于发达国家完善的投资者教育，我国股权众筹的投资者尚需一段成长期，在我国，大部分投资者在面对具有高风险属性的股权众筹项目时，仍然缺乏足够的风险判断能力，羊群效应[②]会继续制造盲从。因此，明确合格投资者标准成为我国投资者保护必要的措施。

《互联网金融指导意见》在"股权众筹融资"一条明确规定：投资者应当充分了解股权众筹融资活动风险，具备相应风险承受能力，进行小额投资。实质是要求股权众筹的投资者必须为具有风险识别和风险承受能力的"合格投资者"。不难发现，《互联网金融指导意见》对合格投资者标准采用的是概括的"风险识别"和"风险承担"能力双重标准。至于具体的判断标准，则有待于后续立法的补充完善。笔者认为，后续立法可以借鉴 JOBS 法案的做法，通过投资者所拥有的资产或财富来判断投资者的风险承担能力。此外，还可以通过对单笔或投资总额不超过投资者资产特定比例的规定来避免投资者面临超额的投资风险。而对于风险识别能力的判断，则可以通过赋予股权众筹平台对投资者提供充分的投资风险提示义务，以及在股权众筹平台上设置与投资风险相关的问答，只有通过特定问卷的投资者才能进行投资等方式进行判断。

---

① 郑若涵. 中国股权众筹法律制度问题研究［J］. 南方金融，2015（461）.

② "羊群效应"也叫"从众效应"：指个人的观念或行为由于真实的或想象的群体的影响或压力，而向与多数人相一致的方向变化的现象。经济学中"羊群效应"是指市场上存在那些没有形成自己的预期或没有获得一手信息的投资者，他们将根据其他投资者的行为来改变自己的行为。

（五）募集资金管理问题

股权众筹作为一项股权投资活动，必然存在投资者与融资者之间资金流转的问题。然而，受限于股权众筹运作模式的特殊性，投资者与融资者之间的资金并不存在二者之间直线流转的可能性。一般而言，股权众筹平台在发布融资项目的同时，会根据融资者的事先申请以及融资项目的具体情况分别对各具体项目设定不同的募集期限，即投资者需在募集期限内才能进行有效投资，且该期限届满，投资者投资金额未达到融资者融资总额特定比例的，则为项目融资失败，投资资金需分别返还至各投资者。正是因为募集期限的存在以及期满项目失败后资金返还的问题，决定了投资者的投资资金不能直接进入融资者的自有账户，即项目募集期限届满之前，投资者的投资资金需要被冻结在一个第三方账户中，待项目募集期限届满，且项目融资成功后，由第三方账户统一划拨至融资者账户。

在我国股权众筹发展之初，为了便利投资者与融资者之间的交易，股权众筹平台往往会直接充当二者之间资金流转的通道，即募集期内，投资者的投资资金被统一存放在股权众筹平台自有的账户，待募集期结束且项目募集成功后，平台再将其账户汇总冻结的投资资金统一划拨给融资者。在这样的运营模式下，虽然各股权众筹平台均表明募集期内投资资金将会处于冻结状态，但由于该资金账户为平台自有，平台对该账户内资金拥有控制权，其冻结状态不过是一种形式上的"冻结"，对于账户内资金，平台完全可以以所有人身份随时动用，故而不排除平台携款潜逃的可能性。不仅如此，即使在平台善意管理上述资金的前提下，若不采取有效的隔离措施，很可能会使得项目资金与平台自有资金发生混淆。也正是因为上述原因，股权众筹平台动辄便会被冠以"非法集资"的帽子。

目前，为了保证自身的中介性，将平台与项目资金有效隔离，一些股权众筹平台开始引进独立的第三方机构对项目资金进行管理。其中，最为主流的便是通过第三方托管机构对资金进行托管，排除股权众筹平台对资金进行控制的可能性。在该模式下，股权众筹平台本身并不涉及资金保管，平台仅是与第三方托管机构签订委托合同，委托第三方托管机构为平台上的各融资项目的资金提供独立的托管服务。实践中，第三方托管机构一般为获得了相应牌照的第三方支付平台和银行。在具体的项目流程上，投资者在募集期内进行投资时，其投资资金将直接存在托管机构为各项目分别开立的托管账户并冻结，待募集期限届满，且项目成功后，由该第三方托管机构将托管账户内资金解冻并统一划拨至融资方自有账户。

第三方机构托管的模式隔离了股权众筹平台与融资者对项目资金的控制，在一定程度上保障了募集期内资金的安全性，但同时也会增加平台运作的成本。综合我国《证券法》、《投资基金法》以及新出台的《管理办法》等相关立法来看，其更加注重对相对弱势群体即投资者的权益保护，在平台成本支出与投资者利益保护的平衡上，毫无疑问，确保资金的安全性，即投资者的保护显然更为重要。目前，国外股权众筹平台在实践中大多都采用了第三方资金存管制度，有的采用了将资金交由外部信托账户运营者托管的方式，如澳大利亚的 ASSOB（The Australian Small Scale Offerings Board，澳大利亚小额发行板），有的则采用了向第三方支付平台或银行进行托管，如美国的 Kickstarter 是以亚马逊支付作为整个交易过程中最重要的资金存管和交易平台，即出资人的资金不必经过或汇入众筹平台，而是直接汇入亚马逊支付，筹资人同样也不是从平台获得资金，而是通过亚马逊支付渠道把资金转入自己的账户。[①]

正如前文所述，《互联网金融指导意见》明确了"客户资金第三方存管制度"，也就明确了股权众筹中银行作为第三方资金存管机构的必要性，就具体监管制度而言，则有待于未来立法的完善补充。

四、案例分析

（一）股权众筹平台现状

随着"私募股权众筹"被排除在股权众筹之外，修改为"互联网非公开股权融资"，一场对于众筹"公私分明"的监管划分也随之落定。《互联网金融指导意见》及《关于对通过互联网开展股权融资活动的机构进行专项检查的通知》出台之后，原来运行"股权众筹"的平台纷纷陷入改名风波，即平台网站上不再出现与"众筹"相关的字眼，而是用"互联网非公开股权融

---

① 吴凤君，郭放. 众筹融资的法律风险及其防范［J］. 金融与法律，2014（9）.

资"加以替代。公开资料显示，目前仅有阿里巴巴、京东以及平安这三家企业获得了相关股权众筹的试点资质。① 但笔者查询了三家平台的网站，其中，阿里巴巴旗下的淘宝众筹其业务仅限于产品众筹，对股权众筹并不涉及，而京东众筹网站上并不存在任何与"股权众筹"相关的板块或产品，相反，在其网页板块划分中包含了一块"私募股权融资"，其实质为《互联网金融指导意见》意见出台之前所谓的"私募股权众筹"，只是在意见出台之后，修改了相关的名称，板块内相关的项目的流程等实质仍然是互联网非公开股权融资。而平安旗下的平安众筹，在其网页上确实存在"股权众筹"以及"股权融资"的板块。故下文将以平台众筹平台为例，对其平台股权众筹的运营模式进行简单分析。

（二）股权众筹平台分析

目前，在平安众筹的网页上，虽然明确存在股权众筹的板块，但该板块中仅存在两个融资项目，其中一个项目尚未开始融资（离项目开始尚有68天），另一个正在进行融资的项目，距离结束剩余33天，但并无任何投资者认投该项目。就平台具体的运作方式来看，主要可以从以下几个方面简单介绍。

1. 项目运作流程

在具体操作流程上，投资者首先需要经过平台的注册流程，即通过提供手机号码或提供其他第三方账户（新浪微博、腾讯微博或者微信）绑定的方式注册成为平台注册用户。但成为平台注册用户，仅能浏览相关项目，若要进行投资，则需要进行实名认证，包括提供真实的身份证号以及身份证照片。此外，投资者还需绑定自己的邮箱，并设定支付密码。

2. 平台信息披露

在项目信息披露方面，平台与互联网非公开股权融资存在较大的不同，平台对于项目信息的披露对象范围并不仅限于注册用户或合格投资者，相反，普通的游客（即使未注册），也能在网站股权投资相应的页面，通过点击特定项目查看相关项目融资信息。在该项目页面中，平台会提供融资项目的信息，包括文字及视频版的项目基本信息、文字版的融资项目基本信息（如项目所

---

① 马元月. 股权众筹拟明确"公私"分类监管 ［N］. 北京商报，2015–08–18（007）.

属阶段；项目出让股份比例；企业注册时间、地点；公司名称、住址以及公司员工人数等），融资企业的商业模式、历史情况以及未来计划，此外，平台还会提供项目公司的股权结构（包括股东名称、所持股份以及相互关系等）以及股东简介。

3. 合格投资者要求

目前，平台上并未对投资者的资质做出任何要求，平台并未要求投资者提供证明自身资产能力的材料等，也未提出任何对投资者是否合格的审核标准。

4. 资金流转

就平台项目资金的流转来看，投资和注册为平台用户后，都会拥有一个平台会员账户，投资者可以选互联网直接充值或体现，即投资者事先将自有资金充值进入自己的会员账户，待选择好特定的投资项目时，直接用会员账户上的资金进行投资。

第二部分　其他互联网股权融资：法律与实务

一、互联网非公开股权融资模式：法律与实务

（一）互联网非公开股权融资概述

一般而言，在《互联网金融指导意见》出台之前，实务中，凡是通过互联网技术进行的股权融资行为，都被冠以"股权众筹"之名。同时，为了规避《证券法》公开发行的限制，上述融资行为往往会通过对投资者人数的限制以及宣传的特定范围等方式使其融资行为满足《证券法》上的非公开发行的要求。然而，随着《互联网金融指导意见》的出台，股权众筹被定性为公开融资行为，上述股权融资行为则被排除在真正的股权众筹范围之外，为了对股权众筹进行严格监管，同时防止平台继续滥用"股权众筹"一词，《关于对通过互联网开展股权融资活动的机构进行专项检查的通知》更是明确指出：目前，一些市场机构开展的冠以'股权众筹'名义的活动，是通过互联网形式进行的非公开权融资或私募股权投资基金募集行为，不属于《互联网金

融指导意见》规定的股权众筹融资范围。并明确将目前存在的互联网股权融资行为分为三类：股权众筹、非公开股权融资以及私募股权投资基金募集。

互联网非公开股权融资作为互联网股权融资形式的一种，目前并不存在明确的定义或范围，更不存在相应的立法规范。从其行为性质来看，该融资行为应属于私募融资行为。

（二）互联网非公开股权融资的基本形式

目前，我国互联网非公开股权融资主要存在以下三种形式：

1. 天使合投模式

（1）天使合投模式概述

天使合投融资模式是实践中的一种股权融资的方式，该模式的典型代表是天使汇。天使汇 Angel Crunch 是天使合投平台。其特点在于：一位领投人起到项目评估的核心作用，众多跟投人选择跟投。创业者不仅能够获得资金，还可以获得除钱以外更多的行业资源、管理经验等附加价值。与股权众筹不同之处在于，其投资人是特定群体，并不是面向普通大众，规定一个项目的众筹投资人数不能超过 30 人，天使汇引入的快速合投机制也开始成为行业效仿的范例，该机制通过一个或几个具有独立专业判断能力的领投人与另外一部分具备资金实力的财务跟投人组合的方式实现企业的快速融资。

这种模式为了实现集合投资，领头人和跟投人通常会签订管理协议以确定双方的权利和义务。如果人数众多或者股权协议比较复杂，双方也可以成立合伙企业，以特殊目的公司（SPV）等形式来参与企业管理。国外采用此模式的主要有美国的 Ange List 以及澳大利亚的 ASSOB 等。

（2）天使合投模式的法律分析

这一模式的法律性质是非公开的股权融资。因为其投资人是特定群体，并不是面向普通大众，规定一个项目的众筹投资人数不能超过 30 人。同时这一模式也在一定程度上规避了被认定为非法集资的风险。目前对此模式进行调整的法律及行政法规主要有《证券法》、2010 年最高人民法院 18 号司法解释等。2014 年 12 月 28 日《私募股权众筹融资管理办法》（征求意见稿）并不对该种模式进行调整，因为《私募股权众筹融资管理办法》并没有实施，因此不具有法律效力。

2. 个人直接股东模式

（1）个人直接股东模式概述

从字面意义来理解，个人直接股东模式即投资者直接对项目进行投资并获得股权，成为融资公司的股东。在具体操作流程上，投资者会通过直接浏览股权众筹平台所列出的融资项目，然后挑选其认为有潜力的项目或企业进行投资。项目融资成功后，投资者会通过股权众筹平台的电子化程序签订包括转让协议、股权凭证在内的文件，在收到纸质版的股权证书、投资协议书等文件之后，投资者便直接成为融资企业的股东。

在个人直接股东模式下，投资者是基于自己对项目的判断进行投资，因而该方式对于投资者的专业要求较高，投资者必须对项目比较熟悉或具备专业的投资经验。因此，平台一般会建议投资者采取小额单笔投资、多样化行业项目的方式分散风险。有些平台还会代表投资者持有股份和管理投资，并将企业发展状况及股利分红等情况及时反馈给投资者，同时，平台会收取一定的管理费用。① 目前，这种模式主要集中在英国，如英国著名的股权众筹平台 Crowdcube 和 Seedrs 就采用此种模式。

（2）个人直接股东模式法律分析

该模式的法律性质是私募股权融资行为，其法律关系主体主要是投资者、融资者以及互联网融资平台。三者之间的法律关系主要包括：个人投资者与融资者之间的股权法律关系；个人投资者、融资者与互联网平台之间的居间服务法律关系。

3. 基金间接股东模式

（1）基金间接股东模式概述

相较于个人直接股东模式而言，基金间接股东模式加入了基金代理的因素。在此种模式下，股权众筹平台通常会事先成立全资子公司负责管理旗下的私募股权基金，通常一只基金仅投资于一家初创企业。在具体流程上，同样地，投资者仍然直接通过股权众筹平台对可投资项目进行浏览，并依自己的判断选择其认为有潜力的项目。与个人直接股东模式有所区别的是，投资者的投资资金并不是直接以投资者的名义进入融资企业，而是转入其所挑选的项目所对应的基金，并最终以基金的名义投资项目企业。投资者是众筹平台中项目个股的基金持有者，基金的面值和项目公司的价值等值。在这种融

---

① 柏亮. 众筹服务行业白皮书 2014［M］. 中国经济出版社，2014：23－24.

资模式中投资者是项目公司的间接股东，其所有投票权被基金所代理，投资者对融资项目公司基本上没有影响力，① 即投资者的所有投票权被基金所代理，全资子公司行使对基金的管理权，代表基金行使股东权。美国著名股权众筹平台 Funders Club 和 Ange List 都采用了此种模式。

（2）基金间接股东模式概述

在该模式下，因为基金公司的参与，隔断了融资者与投资者之间的直接股权投资关系，即投资者并不直接将资金投入融资者公司并成为融资者的股东，而是由基金公司将投资者的资金集合后以基金名义投资给融资企业，并由基金公司担任融资者的股东，故该模式下法律关系的基本主体应该是融资者与基金公司，二者之间形成股权投资关系；而基金公司与投资者之间则属于基金投资关系；同时，互联网平台与融资者、基金公司以及投资者之间仍然是居间服务关系。

同样地，该模式作为非公开股权融资形式的一种，其法律性质仍属于非公开，故应属于私募股权融资行为。

（三）互联网非公开股权融资存在的法律问题

1. 立法空白

正如前文所述，互联网非公开股权融资是随着股权众筹的范围界定而被划分出来的股权融资类型，该模式并不受《互联网金融指导意见》的调整，故在目前阶段，互联网非公开股权融资基本属于立法空白状态。对于该模式的法律调整仅能依靠现行法律体系下相关的其他法律，如《公司法》、《证券法》、最高人民法院关于非法集资的司法解释以及《刑法》上相关罪名的规定等。

但上述法律仅能在非公开股权融资触及非法集资以及违法公开发行的情况下才能对该行为有所调整，属于事后的调整，不利于投资者利益的保护。此外，有效监管的缺失，同样会导致该融资行为运行的不规范，进而引发种种风险。

2. 公开发行风险

《证券法》第十条规定：公开发行证券，必须依法获得证监会核准；向不

---

① 邱勋，陈月波. 股权众筹：融资模式、价值与风险监管［J］. 互联网金融，2014（9）：59.

特定对象公开发行证券或向特定对象发行证券累计超过两百人可认定为公开发行；非公开发行证券，不得采用广告、公开劝诱和变相公开方式。

从法律规定可以看出，公募发行证券必须获得证监会的核准。互联网非公开股权融资应当满足非公开性，即不能构成《证券法》规定的公开发行条件。但实务中，互联网非公开股权融资的非公开性却备受争议。从形式上来看，似乎有"公开发行"的嫌疑，主要原因在两个方面：一是发行对象不满足《证券法》私募发行的规定，二是存在公开宣传之嫌。

（1）发行对象问题

根据《证券法》的规定，私募发行要求发行对象"特定，且不超过 200人"。首先，发行人数是否超过 200 人问题。实务中，互联网非公开股权融资并非都是规范运作；相反，为了规避"公开发行 200 人"的限制，互联网平台会通过将小额投资的投资者集体"打包"方式，如成立有限合伙企业，并最终以该有限合伙企业的名义向融资企业投资，进而减少投资者数量，使得该项目融资的发行对象不超过 200 人。对于该种做法，虽然目前监管者并未明确规定为违法，但从实质来看，该融资行为的实际投资者已超过 200 人限制，已经构成了《证券法》公开发行的条件。

其次，发行对象是否特定问题。我国《证券法》对于何谓特定对象并无规定，理论上认为："主要是那些不需要证券法提供特殊保护，能够自己保护自己的投资者。一般认为主要包括三类人：一是与发行人有特殊关系，足以保护自己的人；二是有丰富投资经验，足以保护自己的人；三是有足够财产，足以保护自己的人。"[①] 实践中，各国一般都采用第三个标准，即财富标准来界定非公开发行的对象，主要是因为财富标准比较容易客观化，能够为商业活动提供较为确定的标准。[②] 由此可见，法律规定的"特定对象"实质是为了强调投资者具有足够的风险认识和风险承受能力，而并非字面意义上的"特定与否"。因为非公开发行相较于公开发行而言，法律并未对发行主体做出特别严格的如信息披露等义务性规定，法律监管力度也远不如公开发行，因此，为保护投资者利益，法律要求发行对象特定，即将发行对象限定在具

---

① 彭冰. 股权众筹的法律建构 [J]. 互联网金融与法律，2015（6）：3.
② 彭冰. 非法集资行为的界定：评最高人民法院关于非法集资的司法解释 [J]. 法学家，2011（6）.

有投资风险认识和承受能力的投资者范围内，以保护投资者利益。从这一角度出发，在实践中，我国互联网非公开股权融资平台往往会从形式上将项目融资信息仅供平台注册用户浏览，即将投资者限定在了"注册用户（会员）"这一特定范围内，但实质上，注册用户是否属于"特定范围"仍存在争议。另外，虽然各平台对于投资者都规定了不同程度的准入标准，通过对投资者的收入、投资经验等进行审核后，只有合格的投资者才会有权进行投资。但实际上，平台是否会对投资者的资格进行实质审查以及投资者提交材料是否真实性等，并不存在监管，因而投资者是否真正达到合格投资者标准存在疑问。

因此，从实质来看，目前，众多互联网非公开股权融资都存在不满足发行对象特定的要求。

（2）是否存在公开宣传的问题

互联网非公开股权融资依托于互联网平台技术，由于互联网的公开性、交互性，融资者通过互联网平台发布融资项目信息本身就是一种公开的宣传。虽然有人主张，互联网平台所公布的融资项目信息并不是任何上网者均可获取的，只有经过注册程序的合格投资者才能查阅融资项目的具体信息。即平台已将项目宣传限定在了"合格投资者"的范围，并不属于《证券法》所规定的"广告、公开劝诱或变相公开的方式"。但笔者认为，注册用户这一范围是否属于特定范围本身就存在疑问，因此，目前非公开股权融资仍旧存在公开宣传的嫌疑。

综上所述，互联网非公开股权融资在缺乏监管、规范的情况下，往往会因为非规范的运作，以及个别平台以合法形式掩盖非法目的的行为导致其涉嫌违法公开发行的风险。

3. 非法集资风险

（1）我国对非法集资的法律规定

根据中国人民银行 1999 年《关于取缔非法金融机构和非法金融业务活动中有关问题的通知》第一条的规定，"非法集资"是指单位和个人未依法定程序经有关部门批准，以发行股票、债券、彩票、投资基金证券或其他债券凭证的方式向社会公众募集资金，并承诺在一定期限内以货币、实物及其他方式向出资人还本付息或给予回报的行为。而实务中，我国《刑法》并未规定"非法集资罪"。一般而言，在我国非法集资泛指《刑法》第一百七十六条

"非法吸收公众存款罪或者变相吸收公众存款罪"、第一百七十九条"擅自发行股票、公司、企业债券罪"以及第一百九十二条"集资诈骗罪"。

又根据 2010 年《最高人民法院关于审理非法集资刑事案件具体应用法律若干问题的解释》，向社会公众（包括单位和个人）吸收资金的行为满足以下四个条件即可认定为非法吸收公众存款或者变相吸收公众存款：第一，未经有关部门依法批准或者借用合法经营的形式吸收资金。第二，通过媒体、推介会、传单、手机短信等途径向社会公开宣传。第三，承诺在一定期限内以货币、实物、股权等方式还本付息或者给付回报。第四，向社会公众即不特定对象吸收资金。该《解释》第四条同样对集资诈骗罪中的"以非法占有为目的"进行了解释，第六条也规定"未经国家有关主管部门批准，向社会不特定对象发行、以转让股权等方式变相发行股票或者公司、企业债券，或者向特定对象发行、变相发行股票或者公司、企业债券累计超过 200 人的，应当认定为刑法第一百七十九条规定的擅自发行股票、公司、企业债券"。①

（2）互联网非公开股权融资与非法集资界限模糊

实务中，对于上述三项罪名，由于"集资诈骗罪"要求"以非法占有为目的"，除了一些假借平台名义实现自融的情况外，正常的互联网平台较少涉及"集资诈骗罪"；而"擅自发行股票、公司、企业债券罪"的认定关键是"公开发行，即发行对象超过 200 人"，这一问题在违法公开发行部分已经详细论述，这里不再赘述。

因此，我国互联网非公开股权融资容易触碰非法集资的红线，很大程度上是因为互联网非公开股权融资与"非法吸收公众存款罪"界限模糊。根据最高人民法院的司法解释，构成该罪需要具备四项条件。一是未经有权部门批准。就我国互联网非公开股权融资而言，其运营本身毫无疑问是不存在任何合法批准的；二是向社会公开宣传。对于这一要件，互联网非公开股权融资平台上的项目展示，虽然已限制在"注册会员"的特定范围内，但该范围是否属于公开，则存在不同的看法；三是承诺固定回报。对于这一要件，互联网非公开股权融资本身就是一种股权投资行为，这也决定了必然存在以股权作为回报的结果；四是向不特定对象吸收资金。对于这一要件，虽然互联网非公开股权融资平台都采用了"合格投资者"准入以及限定特定数额的投

---

① 参见 2010 年《最高人民法院关于审理非法集资刑事案件具体应用法律若干问题的解释》。

资者的做法，但上述行为在实质上是否合法，仍然存疑。

综上所述，我国互联网非公开股权融资在缺乏有效监管的情况下，极易触碰非法集资的红线，因此，有待于后续监管立法的完善

（四）案例分析

互联网非公开股权融资真正引入我国应该是 2013 年，相较于国外发展完善的制度而言，我国互联网非公开股权融资的运营仍处于发展的初级阶段，由于缺乏明确细致的监管规定，实践中，各股权融资平台的运营也相对较为混乱，并不存在统一的模式。目前，国内互联网非公开股权融资平台发展较好的主要有国外的 Crowdcube、Angel List 和国内的天使汇和原始会等。其中，天使汇属于国内较早涉足互联网股权众筹的平台，且从后期发展来看，二者在运营模式各方面都拥有自身的特点，较能代表我国互联网非公开股权融资股权众筹平台的运作模式。

1. 业务定位

一般而言，互联网非公开股权融资平台最主要的业务便是为初创、小微企业或者发行人的融资提供平台，审核并向投资者推荐优质的融资项目，降低融资者与投资者之间的信息成本。目前，我国互联网非公开股权融资平台在选择融资项目时，往往会具有平台自身的偏好，即平台会选择特定行业，一般为平台认为具有潜力的行业的初创小微企业作为融资者，为其发布项目融资信息。对此，不同的股权众筹平台往往存在不同的行业选择。其中，天使汇平台上项目的行业分类包括 22 类，包括移动互联网、IT、电子商务、O2O、游戏、传媒娱乐、社交等。

大部分互联网非公开股权融资平台的主营业务是为融资者与投资者之间的交易提供居间服务，主要是信息发布、需求对接、协助资金划转等服务。但随着互联网非公开股权融资的不断发展，互联网非公开股权融资平台的业务并不仅局限在此基本业务范围内。其中，天使汇并不仅依靠融资者与投资者的手续费作为平台发展的唯一收入来源，相反，对于平台上优质融资项目，天使汇会直接以自有财产进行投资，取得股权以获得高额的未来收益。当然，平台是否可以以居间服务人的身份进行投资，即平台的投资者身份是否会有违平台的中介性。笔者认为，未来立法应当对此予以禁止。因为平台作为居间人决定了其相较于一般投资者而言，能够获取更多有关项目的重要信息，

因此，在此基础上平台的投资对于普通投资者而言无疑是有失公平的。不仅如此，平台参与投资后，其中立性也会大打折扣，即平台会为了自身投资项目的成功融资，可能会选择性地向投资者发布有关项目的利好消息，故意夸大项目，最终损害普通投资者利益。

此外，天使汇在投资者的定位上，虽然两者对项目的定位都是一些科技创新项目，但对投资者的定位却存在极大的差别，大家投的门槛较低，草根投资人容易参与，而天使汇则是在专业投资人的圈子内众筹，草根投资人较难参与。①

2. 投资模式及投资规则

目前，我国互联网非公开股权融资平台一般采取"领投 + 跟投"制度，领投人投资项目募资金额的 10% ~25% 并参与项目的经营管理。② 就天使汇的融资模式而言，采取了"领投 + 跟投"模式。此外，天使汇还推出了一种"快速合投"的模式。这种模式的特点主要是为合投设置时间壁垒，即对每个融资项目都设置有投资周期。而所谓"领投跟投"则是拥有一定领域投资经验和风险承担能力的投资者通过平台审核后成为该领域的"领投人"，"领投人"通过分享投资经验，带领"跟投人"进行合投，"领投人"因此获得跟投人的利益分成以及项目方的股份奖励。③

就投资规则而言，天使汇在其《天使汇领投人规则》中做了明确规定，包括：①基石投资人（第一个确定投资意向的投资人）不一定是领投人；②如果有多名领投人有领投意向，需要创业者最终确定一名领投人代表；③为了定价的公允，建议下一轮领投人可以从现有股东以外寻找；④每轮的联合领投人（Co - lead）不建议超过 2 个，并且联合领投人之间最好有过往的合作，彼此熟悉；⑤领投额度最低不得少于本轮融资的 5%，最高不得超过 50%；⑥本轮投资人在 3 名以内时，各参与方可以选择不采取本规则；本轮投资人超过 5 名时，需签署一致行动协议，领投人作为该项目代表人负责投后管理事宜和重大决策；如投资人超过 10 名，建议设立专项有限合伙制企业 SPV 投资该项目（SPV 的设立可以通过绿色通道），领投人作为 GP 进入公司

---

① 孙永祥. 我国股权众筹发展的思考与建议——从中美比较的角度 [J]. 浙江社会科学，2014 (8).

② 张雪琦. 股权众筹：现状、风险及应对策略 [J]. 青海金融，2015 (3).

③ 杨东，苏伦嘎. 股权众筹平台的运营模式及风险防范 [J]. 国家检察官学院学报，2014 (4).

的董事会，跟投人作为 LP，领投人获得 5% ~20% 的利益分成（Carried Interests），领投人通过天使汇后台的 LP 管理系统和股东管理系统提高变更效率和投后管理的效率；⑦单个项目单次融资的投资人数量不得超过 30 名，任何时刻的股东总数不得超过 200 名；⑧领投人要对领投项目的投资判断、风险揭示、竞争利益冲突做充分的信息披露，对跟投人充分地进行投后管理的信息披露，但公司可以选择对跟投人进行有限度的信息披露；⑨从挂牌到认购共30 天时间，如果认购额不满 80%，则本次众筹失败，如果认购额超过 80% 但不足 100%，领投人需要补足，具体比例可以由领投人和创业者协商而定，要在融资前将比例清晰地披露给所有投资人。①

3. 运作流程

一般而言，虽然互联网非公开股权融资平台或多或少地存在自身经营的特色，但在项目融资的基本流程上，各互联网非公开股权融资平台并无本质上的差异。股权众筹平台上项目的融资往往需要复杂的阶段，具体如下：①融资者、投资者申请成为平台注册会员；②平台进行资格审核；③通过审核的融资者提交融资项目申请文件；④平台对项目进行审核；⑤通过审核的项目进入平台项目库；⑥通过审核的合格投资者/领投人浏览项目库，选择拟投资项目；⑦投资人/领投人线下约谈创业者；⑧投资人/领投人投资项目（跟投人跟投项目）；⑨项目融资成功，资金划拨至融资者账户；⑩双方履行线下增资扩股手续。对于上述流程，各平台在实践操作中必然存在区别，其中，尤以平台对投资者的审核最为重要，因此，下文将就此环节对比大家投与天使汇之间存在的区别进行分析。

作为一种股票发行行为，股权众筹要求发行对象即投资人特定，同时为了规避非法集资的风险，互联网非公开股权融资平台往往会要求投资者首先接受平台的实名注册，成为会员，以将项目融资信息发布限定在特定"注册会员"范围内。一般而言，股权众筹平台对投资者的审核可以从以下三个方面来看。

（1）平台对于投资者申请注册会员要求提供的信息。在天使汇平台上，用户完成注册程序后仅具有注册会员的身份，不能进行投资。若需要进行投资或融资，还需要完成投资者/融资者申请，即成为天使汇认证的合格投

---

① 天使汇网站"天使汇领投人规则" http：//help. angelcrunch. com/leadinvest, 2015 年 10 月最后访问。

资者/融资者。

（2）对于合格投资者的要求。在天使汇平台上，完成注册程序的用户可以申请成为合格投资者。根据《中国天使投资合格投资人规则》，天使汇对合格投资者的标准区分机构投资者和个人投资者分别进行了不同的规定。对于个人投资者而言，则必须符合以下条件之一，才能被认定为合格投资者：①投资者个人年收入在最近两年内每年收入超过 100 万元人民币或者夫妻双方合计收入在最近两年内每年收入超过 200 万元人民币，且能提供相关收入证明；②投资者本人名下现金及其前一交易日日终证券类资产市值 100 万元人民币以上。证券类资产包括客户交易结算资金、股票、基金、债券、券商集合理财产品等，信用证全账户资产除外；③投资者本人名下固定资产市值 1000 万元人民币以上，其中不包括主要居所，且能提供相关财产证明。对于机构投资者而言，则必须符合以下条件之一：①银行、保险公司、注册的投资公司；②公司、企业等机构总资产超过 3000 万元人民币；③股东是全部由合格投资者组成的商业机构；④总资产超过 3000 万元人民币的投资基金，包括天使投资基金、风险投资基金、私募股权基金，并有专业人士负责投资。此外，规则同时规定，符合以下任何一条的自然人或机构可被列为"专业投资人"：①拥有不低于 3000 万元人民币投资的自然人（包括与其配偶共同拥有）；②任何拥有不低于 3000 万元人民币投资的公司；③任何为其自身账户、或为其他专业投资人账户进行投资管理，合计投资不低于 1 亿元人民币的自然人。①

（3）对于领投人的审核标准。根据《天使汇领投人规则》对领投人的定义，天使汇要求领投人必须符合以下条件：①领投人应符合天使汇的合格投资人要求；②领投人为在天使汇上活跃的投资人（半年内投资过项目、最近一个月约谈过项目）；③在某个领域有丰富的经验，独立的判断力，丰富的行业资源和影响力，很强的风险承受能力；④一年领投项目不超过 5 个，有充分的时间可以帮助项目成长；⑤至少有 1 个项目推出；⑥能够专业地协助项目完善 BP、确定估值、投资条款和融资额，协助项目路演，完成本轮跟投融

---

① 天使汇网站"中国天使投资合格投资人规则"http：//help. angelcrunch. com/qualifiedinvest，2015 年 10 月最后访问。

资；⑦有很强的分享精神，乐意把自己领投的项目分享给其他投资人。① 此外，该领投人规则还对领头人的权利义务进行了较为详细的规定。从上述领投人的资格限制来看，天使汇在具体资格限制上凸显了对领投人高于普通合格投资者的资质要求。这也是由领投人在项目中的重要地位所决定的。

4. 资金流转

在我国，非法集资一直属于互联网非公开股权融资平台极易触碰的风险，因此为规避上述风险，平台往往会在资金流转及控制上格外小心。对于平台而言，能否经手融资，是监管者考察其是否构成非法集资的重要标准。对此，天使汇并没有公布平台融资流转的信息，因此，并不能确定其平台上的融资是否直接流经平台，再转向融资者。但在《天使汇领投人规则》中"天使汇的服务"项下规定了"创业者与天使汇签署股权托管协议和网络融资服务协议，天使汇为公司的股权登记、股权管理、变更、增资、员工持股计划等方面提供电子化的服务"。这里创业者与天使汇签署的股权托管协议不免让人对资金的安全和平台的权限心生疑惑。

在筹资期限内，各投资者直接将投资资金转入兴业银行开立的托管账户内，待有限合伙成立后，投资者再将有限合伙企业合伙人的投资资金转入有限合伙名下，最终以有限合伙的名义将投资款总额转入融资者自有账户。这种引入独立第三方托管机构的资金管理方式无疑是符合股权众筹平台中介性要求的做法。然而实践中，不乏形式意义上的第三方托管的存在，即平台仍然对账户内的资金存在控制权。因此，有必要审核平台的第三方托管是否为真正意义上的"第三方托管"。

二、互联网私募股权投资基金募集：法律与实务

（一）互联网私募股权投资基金募集概述

互联网私募股权投资基金募集是指，私募股权基金管理人通过互联网进行募集资金。其实质仍然是一种私募股权投资基金，只是在募集方式上采用

---

① 天使汇网站"天使汇领投人规则"http：//help. angelcrunch. com/leadinvest, 2015 年 10 月最后访问。

了互联网技术。作为私募投资基金的一种，私募股权投资基金同样应当受诸如《证券投资基金法》、《私募投资基金监督管理暂行办法》等法律法规的调整。根据上述法律规定，私募基金管理人不得向合格投资者之外的单位和个人募集资金，不得向不特定对象宣传推介，合格投资者累计不得超过200人。又根据《私募投资基金监督管理暂行办法》第十二条的规定，私募投资基金合格投资者是指具备相应风险识别能力和风险承担能力，投资于单只私募基金的金额不低于100万元且符合下列相关标准的单位和个人：（1）净资产不低于1000万元的单位；（2）金融资产不低于300万元或者最近三年个人年均收入不低于50万元的个人。上述所谓金融资产，则包括银行存款、股票、债券、基金份额、资产管理计划、银行理财产品、信托计划、保险产品、期货权益等。

（二）互联网私募股权投资基金募集法律关系分析

互联网私募股权投资基金募集的法律性质实质是一种私募股权基金，只是改变了传统私募股权基金募集的途径，采用互联网的方式进行基金募集。在该模式下，法律关系的主体是基金持有人、基金管理人、互联网平台。而基金管理人后期因将基金投入融资企业，获取股权而与股权融资企业之间形成的股权投资关系则属于该基金的自主行为，并不在该模式的法律关系调整范围内。故在该模式下，三方主体之间的法律关系主要包括：基金持有人、基金管理人、互联网平台这三方主体形成的居间合同法律关系以及基金持有人与基金管理人之间的信托法律关系。

（三）互联网私募股权投资基金募集存在的法律问题

就我国目前的法律规定来看，私募股权投资基金的合法性已经存在立法加以明确。但互联网私募股权投资基金作为私募股权投资基金形式的一种，其存在的法律问题主要是公开性问题。即采用互联网形式进行募集的形式是否满足法律对私募股权投资基金所要求的"非公开性"。《私募投资基金监督管理暂行办法》第二条明确规定，"本办法所称私募投资基金（以下简称私募基金），是指在中华人民共和国境内，以非公开方式向投资者募集资金设立的投资基金。"强调了私募投资基金的非公开性，互联网私募股权投资基金同样应当满足该要求。同时《私募投资基金监督管理暂行办法》第十四条也规定，

"私募基金管理人、私募基金销售机构不得向合格投资者之外的单位和个人募集资金，不得通过报刊、电台、电视、互联网等公众传播媒体或者讲座、报告会、分析会和布告、传单、手机短信、微信、博客和电子邮件等方式，向不特定对象宣传推介。"即宣传的非公开性。因此，在实践操作中，互联网私募股权投资基金的互联网募集形式是否具有非公开性，仍存在争议，有待于后续监管立法的明确。

第三部分　其他众筹：法律与实务

一、捐赠众筹：法律与实务

（一）捐赠众筹概述

1. 捐赠众筹的含义

所谓捐赠众筹，是指投资者通过众筹平台对项目发起人进行投资，发起人对此不提供任何形式的回报，且投资者在投资时就不会期待任何实质性的回馈或回报，其行为实质是一种单纯的赠予行为。在该种众筹模式下，项目发起人往往是需要资助的弱势公司或个人，甚至发起人是慈善机构，其在平台上募集捐款，并最终用于公益用途。而投资者选择对平台上的项目进行融资，其目的并不是为了获取未来的收益或是具有象征意义的奖励等，相反投资者仅是出于爱心而对发起人或项目提供一定的资金帮助。可以说，捐赠众筹实质是一种通过互联网技术扩大化了的募捐行为。一般而言，捐赠众筹用于公益募捐的比较常见，但是也有资助盈利公司或个人的情况。

2. 捐赠众筹的发展及现状

作为众筹模式的一种，捐赠众筹与股权众筹最大的区别在于投资者的投资不具备任何形式的回报，即投资者的投资具有公益性。也正是这一无偿性，决定了捐赠众筹必然不会成为我国众筹的主流形式。就我国目前而言，捐赠众筹的发展远不如股权众筹火热，甚至有衰退之势。但不可否认的是，捐赠众筹是早期引导众筹快速发展的重要模式，股权众筹不过是其后才产生且逐渐合法的形式之一。作为世界最大的众筹平台，同样也是将

"众筹概念"引入我国的典型众筹平台——Kickstater，其早期快速发展就是依赖于捐赠众筹。

就世界范围来看，捐赠众筹其实已经发展较为完善，国外发展较好的捐赠众筹平台如美国的 Watsi，该平台即以捐赠众筹模式运营，其运营的主要理念是帮助那些无法负担医疗费用的穷人，通过众筹募集爱心捐款投资，为其提供医疗资金。[①] 在该平台上，"发起人"是一个个的"patient"（病人），平台会将其照片以及基本信息，尤其是所患疾病的信息以及治疗所需费用的总额进行展示，同时平台还会将所收到的款项数额进行实时更新，分别通过"已经募集的金额"和"还需募集的金额"进行显示。而平台的投资者，其实质为天使捐赠人，则通过平台网站的浏览，按照自己的意愿选择希望帮助的对象，进行捐款。且 Wasti 保证整个募集捐赠过程的高度透明化，捐赠资金将全数成为受救助者的医疗费用。Wasti 这一救助理念以及其高度透明的运作过程，使得网站获得了很多人的认可，也帮助了许多需要帮助的弱势群体。此外，国外发展较好的捐赠众筹网站还有帮普通人集资旅行的 Trevolta 及创意融资网站 Crowdtilt。

目前，捐赠众筹网站在我国并不常见，甚至屈指可数。受制于我国大众较低的慈善意识，除了常见的慈善团体或者非营利性机构外，极少有个体或公司会主动选择通过众筹募集捐款以帮助穷困者。目前，比较典型的捐赠众筹平台是新浪微博旗下的"微公益"，项目主要由红十字会这类非政府组织（NGO）发起，或者平台将审核程序外包给 NGO 并由其做尽职调查和认领。

（二）捐赠众筹的法律关系

投资指的是特定经济主体为了在未来可预见的时期内获得收益或是资金增值，在一定时期内向一定领域的标的物投放足够数额的资金或实物的货币等价物的经济行为。[②] 捐赠众筹虽然形式上是一种天使投资行为，但从行为本身来看，"投资者"在出资时并不存在未来可预见的收益或资金增值，且投资

---

① Wasti 网站 https：//watsi. org/about，2015 年 10 月 20 日最后访问。

② 百度百科"投资"，http：//baike. baidu. com/link？ url ＝ Z – dt3IjYQbuyZZiwZBg6Z1az _ fMAn7v9bEnjYCXFCAlz0QcGOSBb3lmh0TnW7pt9xgPS2mxUeFEM2C6_ rpfiR_ .

者也并不以此为投资目的，即该行为并不具备"投资"所要求的盈利性。因此，捐赠众筹应不属于投资法律关系。又根据我国《合同法》第一百八十五条规定："赠予合同是赠予人将自己的财产无偿给予受赠人，受赠人表示接受赠予的合同。"可见，捐赠众筹中出资人与项目发起人之间应属于一种赠予关系，受合同法调整。

（三）捐赠众筹存在的法律问题

相较于股权众筹而言，捐赠众筹因为本质为一种赠予行为，其行为可能引发的风险相对较小，因此，该种模式也较少存在触犯法律规定的情况。捐赠众筹中，双方当事人的权利义务应当遵循公益事业捐赠相关的法律法规以及合同法的规定。实践中，我国捐赠众筹可能存在的法律问题主要是受赠主体的限定问题。根据《公益事业捐赠法》第十条的规定，在我国，只有公益性社会团体和公益性非营利的事业单位可以接受捐赠。其中，"公益性社会团体"是指依法成立的，以发展公益事业为宗旨的基金会、慈善组织等社会团体；"公益性非营利的事业单位"是指依法成立的，从事公益事业的不以营利为目的的教育机构、科学研究机构、医疗卫生机构、社会公共文化机构、社会公共体育机构和社会福利机构等。这也就决定，在我国，只有满足上述条件的特殊主体才能接受捐赠。虽然《合同法》第十一章有关赠予合同的规定，放宽了对受赠人的范围。但《合同法》所规范的是单个、偶然的赠予行为，而捐赠虽然从单个行为来看，是众多赠予合同的集合，但由于捐赠往往涉及人数众多，所以立法者才会对其进行专门立法加以规定。从特殊法优于普通法的使用原则来看，《公益事业捐赠法》相对于《合同法》而言，无疑是特殊法。因此，捐赠众筹在运作中对于受赠人，及项目发起人应当满足上述特殊规定。

二、奖励众筹：法律与实务

（一）奖励众筹基本概述

1. 奖励众筹含义
奖励众筹，从其词语字面含义来看，在该种模式中，投资者通过众筹平台对项目进行投资后，将会获得一定形式的回报，作为奖励，这也是奖励众筹与捐赠众筹最大的区别。当然，对于回报的形式，区别于股权众筹，与投资金额相当的股权回报，奖励众筹的回报更侧重于"奖励"而非"对等"。一般而言，奖励众筹的发起人会提供一定形式的回馈品、纪念品或荣誉作为对投资者投资行为的奖励，同时，融资者用于回馈的不得是欠款的利息、公司盈利或股票。一般而言，奖励众筹中回报的价值往往与投资者投资的金额不具有对等性，通常是与项目有关的具有象征意义的物品。投资者对项目进行投资时并不是以获取未来收益为目的而进行，相反，更多的是出于对项目的认可，即投资者往往会出于对项目的欣赏以及投资后可能获得"奖励"回报所包含的精神含义，而选择对项目进行投资，以帮助项目发起人实现其项目。

就回报众筹而言，其基本运作流程：即融资者（项目发起人）向众筹平台申请发布项目融资，平台对相关项目进行审核后将通过审核的项目至于众筹平台，投资者通过众筹平台浏览项目，并最终按照自己的意愿选择自己支持的项目进行投资。通常每个项目都有固定的融资金额目标和期限，在规定期限内筹集到目标金额项目即成功，融资者可获得相应的投资资金。反之，项目融资失败，投资者所投入的资金将返至各投资人自有账户。对于项目融资成功的，融资者应在获得融资资金后，按照项目宣传所规定的用途，将资金用于融资项目的建设，并在项目成功后将其许诺的特定物品回馈至各投资人。众筹平台将资金转入项目发起人账户前也要从中抽取一定比例的服务费用，但是通常不会向投资人收费。[①]

2. 奖励众筹发展及现状

如前文所述，美国最大的众筹平台 Kickstater 在其发展的初级阶段，主要是以捐赠众筹作为主要营业模式，但在后续发展中，奖励众筹逐渐成为平台主流。不仅如此，美国另一大众筹平台 Indiegogo 同样也是采取奖励众筹的模式。

从奖励众筹的成功案例来看，较为典型的就是 Pebble E‐Paper 智能手表，该款手表是由 Allerta 公司通过 Kickstaerter 平台发起的项目，该项目最初融资目标定为 10 万美元，然而，在 2012 年 4 月 11 日至 5 月 18 日短短 37 天之内，

---

① 蔡海宁，王蕾. 互联网金融之众筹的法律思考［J］. 仲裁研究，2014（3）：116.

项目就获得了 68929 人的资助，累计筹资额达到了 1000 万美元。作为典型的奖励众筹项目，其在项目发布时就根据不同的投资额度设定了相应的奖励，如投资 1 美元以上，会让投资者了解到 Pebble E－Paper 智能手表的最新进展等独家消息；投资高于 99 美元，为投资者提供一款零售价为 150 美元的黑色手表；投资超过 125 美元，投资者可从三种颜色的手表中任选一款；投资超过 240 美元，可从三种颜色的手表中任选两款；而投资超过 1250 美元的，公司将根据投资者所提供的创意，为投资者设计专有智能手表，同时还能获得 5 款不同颜色的手表。类似的案例还包括纪录片《Inocente》的众筹项目，正是通过奖励众筹，该纪录片的导演募集到 5 万美元的资金，成功拍摄该纪录片，并最终获得奥斯卡奖。

在我国，典型的奖励众筹的网站则包括点名时间、追梦网以及众筹网。

（二） 奖励众筹的法律关系

虽然在奖励众筹中，投资者的出资对应了一定的回报，其行为具有未来利益，在形式上满足了"投资"行为所要求的盈利性，但由于其回报多侧重于精神意义上的奖励，因此回报的经济价值与投资成本并不成正比，甚至差距甚大，因此，对于奖励众筹应属于何种法律关系，学界是存在不同理解的。目前，我国学者在奖励众筹的法律形式认识上，存在以下学说：（1） 预购说。该说认为奖励众筹是征集投资者进行提前购买[①]；（2） 团购与预购结合说，认为奖励众筹是结合了团购属性和预购的属性[②]。

笔者认为，因为奖励众筹中回馈商品与投资者的投资资金之间存在较大的差距，若回馈的是价值相差悬殊的象征性纪念品，则该模式下融资者与投资者之间的法律关系就偏向公益事业捐赠或赠予的范畴。但是，由于商品或服务的价值因人而异，如果差距在市场允许的范围内，并符合出资人的期待，实质就是对商品或服务的预购，所以理应受到《消费者权益保护法》和《产品质量法》的约束。

[①] 王晓杰. "众筹" 助力 "微创业" 预售服务开创融资新模式 ［N］. 经济参考报，2013 － 04 －19.

[②] 罗明雄，唐颖，刘勇. 互联网金融 ［M］. 中国财政经济出版社，2013，10：186.

（三）奖励众筹存在的法律问题

相较于捐赠众筹而言，奖励众筹不存在融资者条件的限制，该模式可能存在法律风险即触碰"非法集资"的红线。在我国，非法集资泛指《刑法》第一百七十六条"非法吸收公众存款罪或者变相吸收公众存款罪"、第一百七十九条"擅自发行股票、公司、企业债券罪"以及第一百九十二条"集资诈骗罪"。奖励众筹以非金融类奖励作为投资回报，并不涉及证券发行，因此并不存在"擅自发行股票、公司、企业债券"的可能。实践中，奖励众筹较多触碰的往往是"非法吸收公众存款罪或者变相吸收公众存款罪"以及"集资诈骗罪"。

一般而言，奖励众筹在我国并不存在明确的法律进行规范，从最高人民法院对于"非法吸收公众存款或变相吸收公众存款"的认定四项条件来看。奖励众筹并不存在政府部门的批准，而通过股权众筹平台向社会公开宣传项目信息，且以实物作为回报，吸收不特定公众的资金。虽然实践中，各众筹平台均通过注册会员的形式，将宣传对象限定在"会员"的特定范围内。但"注册会员"是否属于特定对象，对此，我国目前并无明确认知，监管层目前倾向于默示承认。另外，在众筹中，由于投资人缺乏对平台的监督，难以了解资金募集的真实用途。而且，即使了解了其真实用途，也很难对之实施有效的监督。因此，这种募集资金的行为很有可能形成对投资人的欺诈，或者给投资人造成严重的经济损失，影响金融安全与社会稳定。[①] 因此，对于奖励众筹平台而言，最为重要的是保证资金流转的透明以及投资资金独立性。

而对于"集资诈骗罪"，因为该罪要求"以非法占有为目的"，实践中多为不良商家，假借众筹平台的形式，虚构项目进行融资，并最终捐款逃走的情形。因此，该罪实质上并不属于奖励众筹的风险，只是他人假借众筹名义可能引发的风险，且该罪在认定上较为明确，不存在混淆情形。

三、债权众筹：法律与实务

债权众筹是指有投融资需求的双方（出借方必须为个人，借入方可以是

---

① 刘少军. 民间金融的类型与法理分析（下）［J］. 中国流通经济，2012（10）：115.

个人或者企业）通过互联网平台直接进行借贷的资金融通行为，投资人在项目到期时收回本金，通常还能得到固定的利息收益，是一种点对点的直接融资模式①，其本质就是避开金融机构的民间借贷，包括线上和线下两种类型。我国最早的债权众筹平台是上海于 2007 年成立的"拍拍贷"，到现在，中国的债权众筹平台已经超过了 2000 家，模式各有不同，比较著名的有红岭创投、人人贷、宜信、陆金所、翼龙贷、积木盒子等。面对的对象主要是得不到大型商业银行重视的中小微企业，债权众筹平台通过互联网优势，提供给这些企业手续简单、方便快捷的金融服务。通过债权众筹，较为落后的地区可以得到来自富裕地区的资金，是小微企业等市场竞争中的弱势群体的福星。

① 郑旭江. 互联网金融的法律分析［J］. 西华大学学报（哲学社会科学版），2014（6）：68.

众筹法制发展动态

日本众筹法制的发展与完善

森胁章①　　陈景善②

一、综述

众所周知，众筹一般指，"新成长型企业与资金提供者通过互联网链接，从多数资金提供方筹集小额资金的方式"。

原本通过上市，利用网络设备筹资的企业与投资者可以满足各自所需，但是上市需要雇用专家，要通过复杂的上市审查，还需要一定的时间。而且，一旦上市，还要设置专门的宣传部门持续性地公开信息。

因而，没有一定规模的资金，上市成本比较高。比如，需要10亿日元，100亿日元，200亿日元等资金时上市为宜。对作为承销商的证券公司的规制也比较严格，而证券公司也很难经营规模效益比较小的交易。当然，通过这样的规制就自然形成投资者可放心进行交易的环境。但是，资本市场还有不少对小规模资金的需求。因此，需要开发基金门槛比较低，信息披露义务等负担比较轻的创业板或新三板等场外交易系统。

众筹所需资金规模就更小，例如50万日元或10万日元左右。此规模的资金筹集适用大规模信息披露就不太适宜，但是因为从不特定多数人处筹集资金，所以最低限度地保护提供资金的投资者的机制还是必要的。

二、日本对众筹的分类

一般而言，日本众筹分为三个类型。

---

① 安德森毛利法律事务所合伙人，上海首席代表，日本律师。
② 中国政法大学教授，翻译。

（一）捐赠型众筹

这是通过互联网募集捐赠的方式。对捐赠无须支付对价。对捐赠者寄送有效利用资金等记载的书面资料。受赠者中比较多的是，非营利团体，地震重建地区或发展中国家的一些团体。筹集规模也比较小。网络平台的运营者通常也是非营利法人。日本有一家著名的捐赠型平台叫 http：//justgiving.jp。该平台有各种各样的捐赠项目。比如：获得诺贝尔奖的山中伸弥教授参加大阪马拉松，为了鼓励其全程跑完马拉松而要求向其主持的京都大学 IPS 细胞研究所捐赠。此信息在该网络平台公布之后，2015 年 10 月 21 日的时点 35 名个人共计捐赠了 406000 日元（约 2 万元人民币）。

（二）预购型众筹

购买者（资金提供者）预先支付金钱用于开发产品，对预购者提供完成品的方式，并不一定提供物品，也有提供劳务服务的情况。对价不是金钱，而有可能是物品或劳务服务。平台运营机构大部分是盈利企业。代表性的有以下平台：

https：//readyfor.jp/

http：//camp‐fire.jp/

https：//motion‐gallery.net/

例如：readyfor 平台有这样的项目。有在非洲肯尼亚从事 13 年医疗活动的医生，为了筹集在肯尼亚运营诊所的费用而筹资。对资金提供者设置不同的捐赠金额，3000 日元（约人民币 150 元），10000 日元（约人民币 500 元），30000 日元（约人民币 1500 元），100000 日元（约人民币 5000 元），1000000 日元（约人民币 50000 元）。相应地作为回报支付物品或劳务服务。捐赠 1000000 日元的情况下，回报如下：

用电子邮件发送当地孩子们的感谢照片；寄送年度报告；股东名片 100 张；在诊疗所的墙上留名；举办诊疗所股东任命仪式；参加当地视察活动；肯尼亚一日游。

根据平台记载，截至 2015 年 10 月 21 日，323 人共计筹集了 6096000 日元。因为有回报，有对价，提供金额也比捐赠型高。

（三）投资型众筹

通过网络平台投资者投资给企业的方式。利益回报是金钱。投资型还分为隐名合伙型（基金型）和股份①型。隐名合伙型是通过网络平台，投资者与企业之间签订隐名合伙合同出资的方式。隐名合伙指，共同经营的一种方式，日本商法有规定。在日本一直以来运用于投资计划中，是典型的投资方式之一。隐名合伙日语称"TOKUMEI KUMIAI"，简称"TK"。虽然用"合伙"字句，但是与所谓的合伙以及"partnership"不同。在通常的合伙中是全体出资人之间签订合伙协议，但是在隐名合伙中只有个别投资者与企业之间个别的形成法律关系。

概言之，这是投资者投资于企业，从中分得利润的方式。在隐名合伙中，还有基于隐名合伙合同募集资金，将募来的资金借贷给企业的"融资"方式。平台运营者大部分是盈利型企业。比较有代表性的是，http：//www. securite. jp/fund/平台。

该平台有这样的项目。

项目一：真棒！爱知支援基金"四海王基金"。这是爱知县的地域经济振兴项目之一。生产日本酒的"福井酿造股份公司"创业 100 年，与签订合同的农家作为原料购入"梦吟香"的特殊米，筹集酿造"梦吟香"酒的资金。出资份额为 30000 日元（约人民币 150 元），募集总额为 9450000 日元（约 47万元人民币）。出资人不仅有现金分红，还可以得到"梦吟香系列"的各种纯米酒。

项目二：孵化！阪神沿线，"新在家"车站"iL CONAMON 基金"。在关西阪神电车公司高架下空地开店支援项目。阪神电车经由的"新在家"车站附近的高架下店铺因人口减少的原因接连停业关张，成为"铁门紧闭"一条街。因而，想在近邻广泛募集资金，援助商铺。"iL CONAMON"是七七萨饼店，出资份额为 1 万日元（约人民币 50 元）。募集总额为 100 万日元（人民币 50 万元）。出资者不仅能期待现金分红，还可以得到该店提供的正宗的现压意大利面。铁道公司极力宣传，很多沿线的居民也认可，应该是能筹到预期的资金。

---

① 日本取消了有限责任公司形式，只有股份有限公司，因而称"股份型"，不称"股权型"。

另外，"股份型"，因为投资者通过向企业投资取得股份，是极其单纯明快的方式，但是涉及受证券监管的问题。

三、振兴日本地域经济的政策与众筹

日本众筹模式的兴起与日本地域经济的振兴具有密切联系。在现执政党的领导下，日本实施所谓的"安倍经济学"。在金融政策、财政政策、成长战略中，提到利用小额风险投资鼓励创业，商业模式的创新，由此众筹成为了振兴地域经济的对策。以下概括介绍：

2013 年 6 月 14 日，内阁会议制定"日本再兴战略 – JAPAN is BACK –"以及"规制改革实施计划"；

2013 年 6 月 28 日，日本证券业协会召开"向新成长企业投入风险资金的研究恳谈会"，并整理了相关讨论内容；

2013 年 12 月 13 日，金融资本市场振兴有识之士会议提出"金融资本市场振兴建议"；

2013 年 12 月 25 日，金融审议会审议通过"新成长企业风险基金供给方式等工作报告"；

2015 年 5 月 30 日，"金融商品交易法等部分修改法案"（2014 年法律第 44 号）通过；

2014 年 6 月 17 日，日本证券业协会通过"非上市股份交易制度等工作报告"；

2015 年 5 月 19 日，第一种金融商品交易业协会制定了"股份投资型众筹业务规则"；

2015 年 5 月 26 日，第二种金融商品交易业协会制定了"电子申请型电子募集业务说明等相关规则"。

四、日本的众筹相关主要规制

在日本，关于众筹的主要规制调整的对象是投资型众筹。规制的终极目的是投资者保护，但是规制内容还包括规制运营者的，规制投资企业的。以下介绍主要内容。

（一）信息披露规制

在日本，如果募集出资的行为符合"有价证券的募集"，就产生提交有价证券报告书或招股说明书的交付义务。提交有价证券报告书之后，原则上产生一系列的信息披露义务（如同在中国提交"年报"等）。该义务与上市与否无关。

关于"有价证券的募集"《金融商品交易法》详细地做了规定。以股份为对象时，原则上劝诱行为的相对方为 50 人以上时，符合"有价证券的募集"。

通过互联网筹资的众筹方式如果符合该要件，那么就涉及"有价证券的募集"，从而自然增加募集者的负担。但是，关于这一点这次修改并未采取放宽的措施。

那么采取隐名合伙方式会如何？以隐名合伙等的持有份额为对象时，是否相当于"有价证券"的问题，要看《金融商品交易法》有关有价证券的规定。根据《金融商品交易法》的规定，属于"可视为有价证券"的范畴，因而成为规制的对象。

但是，"视为的有价证券"在"募集"要件方面有人数要求，实际上购买有价证券的人数应达到 500 人以上，因而即使通过众筹募集资金，而实际出资者未达到 500 人，那么以提交有价证券报告书为主的一系列的披露义务就可以免除。尤其是，不符合"募集"时什么规制都无法适用吗？也不是，实际上符合"私募"的范畴，根据少数人私募规制，其义务内容只有对投资者的告知以及书面交付义务，与前述信息披露负担相比而言截然不同。

（二）对金融商品交易业者等的规制

投资型众筹平台运营者在网上提供给出资者购买有价证券的行为符合"有价证券"的"募集"或"私募"时，由《金融商品交易法》调整。《金融商品交易法》规定，以股份以及债券为对象进行交易的定义为第一种金融商品交易业，隐名合伙等基金份额为对象时称为第二种金融商品交易业，区分设了规制。另外，无论是第一种还是第二种，为了确切地履行业务应完善业务管理体制，有必要完善公司内部规章制度等以及对员工的培训。

另外，对非上市的有价证券：a 在网上公布信息的行为；b 在网上披露信息与电子邮箱等信息送达方式并用的行为。这些行为符合"有价证券"的"募集"或"私募"的情形下，将其称为"电子募集交易业务"，对此设了特殊规制。

i. 签订合同之前交付的书面材料

进行电子募集业务时，签订合同之前交付的书面材料中，除了一般性记载以外，再加以上内容。①确认发行人，名称或姓名以及住所；②发行人为法人时，法定代表人的姓名；③记载发行人的事业计划内容以及资金用途。另外，在网页上有格式或电子邮箱等"电子申请型"，"电子募集业务说明等"，填入这些表格之后需要填以下内容。①申请期间；②募集目标金额；③应募金额低于募集目标金额以及超过时的处理方式；④募集资金的管理方法；⑤进行电子募集业务的发行人的审查机制概要以及审查结果概要；⑥申请后的撤销或解除所需必要事项；⑦关于买卖机会的事项及其他引起顾客注意的事项也应记载。

ii. 在网上提供信息的义务

金融商品交易业者等进行电子募集业务时，原则上有义务在网页上易于发现的明显的地方提供相应的信息。具体而言，签订合同之前交付的书面材料应记载的事项中包括手续费等，风险以及上述 i 所记载的提供信息的义务。

除此之外，在进行电子募集交易时，需要完善的有：a. 必须要充分采取措施管理电子信息处理组织；b. 采取足够的措施在网页上标识应记载的事项。

此外，进行前述"电子申请型"电子募集业务时，应完善下列机制。

i. 发行人的财务状况，事业计划内容以及资金用途其他电子申请型电子募集业务等为对象，判断其适合与否，是否进行了确切的审查（确认目标募集金额与发行人的事业计划是否相匹配）等，均需要采取必要的措施；

ii. 应募额在申请期间内未达到目标募集额的情形以及超过目标募集额的情形如何处理的方式，该处理方式不得令顾客产生误解；

iii. 只限于顾客的应募额在申请期内达到目标募集金额的情形，适用有价证券发行方式时，对应达到该目标募集金额的期间为止，如果发行人未确保收到相应对价，应采取确保收到资金的措施；

iv. 顾客在申请之日起经由不低于 8 日的期间，该顾客可以撤销申请或与发行人解除合同（除斥期间），对此应采取确认的措施；

v. 发行人得到应募顾客的缴付之后，该发行人对顾客应定期提供事业状况及确切的信息。

（三）关于运用的规制

关于隐名合伙型基金资产的运用，适用投资运用业相关规制。即使筹集资金的方式为众筹的情形下也不例外。进行投资运用业的金融商品交易业者的登记要件是严格的。而且行为规制也是严格的。

（四）《金融商品销售法》上的规制

《金融商品销售法》规定，以"金融商品的销售等"为业进行业务者，具有对重要事项的说明义务。无论是股份型还是隐名组合型（基金型），对其进行销售或代理或中介的时候应适用该法律规定。因而，众筹平台的运营者基于该法，对作为顾客的投资者，负有说明投资风险及重要事项的义务。另外，根据该法确保制定以劝诱适当性为内容的劝诱方针，并有公布的义务。

（五）洗钱及其他规制

众筹平台的运营者应该是符合"金融商品交易业者"，所以应防止洗钱，基于"防止转移犯罪收益相关法律"（所谓"守门法"）交易时具有确认的义务。具体而言，投资者出资时，运营者有必要确认是否为本人的特定事项以及进行交易的目的。

五、2014 年众筹相关——《金融商品交易法》的主要修改内容

如前所述，2014 年 5 月 30 日，日本修改了《金融商品交易法》，同时配套完善了下位法，下位法先于 2015 年 5 月 29 日施行。进而，日本证券业协会也修改了规则。该修改的主要内容围绕着众筹的有效利用。以下，概述众筹相关法规修改内容。

（一）新设了"少额电子交易业务"范畴，放宽了一些规制

众筹的特征在于其"少额"，所以本次修改中对电子募集交易业务的"少额"要件做了规定以外，放宽了特别规制。"少额"定义：即发行价额的总额

未满 1 亿日元（约人民币 500 万元），而且每个人的缴付金额为 50 万日元（约为人民币 25000 元）以下。总额未满 1 亿日元的基准为：a. "募集" 或 "私募" 开始之日前的一年以内所进行的同一种类的 "有价证券" 的 "募集" 或 "私募"；b. 申请期间为所重复的同一种类的 "有价证券" 的 "募集" 或 "私募" 发行价额的累积总额。

每个人缴付金额为 50 万日元（约人民币 25000 元）的基准：缴付前一年以内所进行的同一种类的有价证券，对此应募或缴付累计总额。

另外，效仿第一种金融商品交易商与第二种金融商品交易商的区分方式，对非上市股份进行众筹的称为 "第一种少额电子募集交易业务"，隐名合伙等基金持有份额所进行众筹的称为 "第二种少额电子募集交易业务"。

对于第一种小额电子募集交易商，放宽了关于第一种金融商品交易商的部分规制，从最低资本额为 5000 万日元（约为人民币 2500000 元）降到 1000 万日元（约人民币 500000 元）。而且，并未禁止兼营，未赋予自有资本规制与扣除金融商品交易责任公积金的义务。此外，第一种小额电子募集交易商不负有加入投资者保护基金的义务。

对于第二种小额电子募集交易商，放宽了第二种金融商品交易商的部分规定，原本的最低资本额 1000 万日元（约为人民币 500000 元）降到 500 万日元（约为人民币 250000 元）。

（二）关于小额部分，例外允许证券公司等进行非上市股份的投资劝诱

一直以来，日本证券业协会禁止作为第一种金融商品交易商的证券公司对非上市公司股份进行投资劝诱。但是，在第一种小额电子募集交易业务中例外允许进行投资劝诱。

通过这次修改，在股份型众筹中，允许对非上市公司进行投资劝诱。

韩国众筹法制的发展与完善

陈景善[①]

众所周知，2012 年 4 月美国总统奥巴马公布了乔布斯法案，乔布斯法案于 2015 年 11 月才通过是因为之前关于众筹的制度构造未完成。乔布斯法案规定为了支援新兴企业，为了便于企业在创业初期易于筹集资金，放宽了现有的法规，其中涉及众筹（Crowdfunding）。该法案全面肯定了众筹基金，但是对于众筹，美国也有两种见解。一种见解认为众筹给创投企业会带来划时代的变化，[②] 另一种见解认为允许众筹会对现有证券法体系带来影响，不利于投资者保护。[③] 而韩国于 2012 年 5 月 12 日公布了"企业投资活性化"方案，其中提到众筹，作为筹集资金的改善对策，[④] 因而在韩国，企业只要有好的项目就可以筹资，众筹有依据了。但是，韩国的众筹与中国同样，在制度未完善的情况下，自发性地开始，而且是有效地展开，目前尚未出现"野蛮生长"的情况。

众筹类型有：（1）捐赠型（the donation model）；（2）奖励型（the reward model）；（3）预购型（the pre – purchase model）；（4）借贷型（the lending model）；（5）股权型（the equity model）等。其中股权投资型众筹实际上存在是否有违证券法的问题。

在考虑设计众筹制度与现有证券法的衔接问题上：众筹是否需要申报；资金需求者对资金的设定；对个别投资者投资金额的限度；众筹平台应在监管当局备案；为保护投资者提供信息等行为规制。因而在制度设计上，亟须解决的是在现有金融监管制度基础上应放宽还是严格监管的问题，严格监管就存在筹资不灵活的问题。

---

① 中国政法大学教授，东亚企业并购与重组法制研究中心主任。
② John Mossman，"sen Michael Benet helps lead session on crowdfunding for small fiems"，Denver Post 2012. 6. 9.
③ Commissioner Luis A. Aguilar，Public Statement by Commissioner.
④ 企划财政部公告资料. 企业投资活性化方案说明资料［Z］. 2012 – 05 – 01：9.

一、众筹与《韩国证券法（资本市场法）》的修改

本章主要列举众筹类型，并结合分析在韩国完善众筹立法过程中证券法规面临的问题，众筹作为灵活的资金筹集方式还无法完全与证券法的严格监管原则一致。

（一）韩国众筹类型的梳理

1. 捐赠型（the donation model）

捐赠型众筹的投资者不能从自己所投资的项目中获得任何回报（财务上的回报）。捐赠型众筹虽以捐助为名，但获益对象并不一定以公益目的为必需，也不是只有非营利组织才能作为捐助对象，也可以用于营利组织①。需要帮助的普通个人也可以直接在众筹平台上发起众筹项目。捐赠型众筹一般被用于对疾病及贫困的救助、对梦想的支持和对创意的鼓励。在国外，捐赠型众筹是最早出现的众筹类型，所募集的金额也在所有众筹募集金额中占了很大一部分。纯粹的捐赠型众筹网站比较少见，往往掺杂在奖励型与预购型众筹网站中出现。Global Giving 是一个纯粹的捐赠型众筹平台，它允许平台上的筹资者从世界各地获得资金援助。目前，我国在农村金融中也经常使用该方式。韩国的捐赠型众筹平台有近 17 家：②

http：//www. goodefunding. net/；

http：//www. theggumfunding. net/；

http：//www. mymeme. co. kr/；

http：//www. cufn. co. kr/；

http：//www. i－seed. co. kr/index/；

http：//www. ohmycompany. com/；

http：//www. wadiz. kr/；

http：//wegen. kr/；

---

① 金嫣美. 创投企业与众筹［Z］. 信息法学，第 16 卷，第 2 号.
② 丁大. 韩国众筹与资本市场法的修改以及内容［D］. 2015 年中韩金融法论坛：聚焦互联网金融的发展与法律应对论文集，2015：60.

http：//www. kfunding. com/；

http：//www. keedari. com/；

http：//www. tumbibug. com/；

http：//www. tenspoon. co. kr/；

http：//www. funding21. com/；

http：//funroo. net；

http：//urmygift. com；

http：//www. knockingon. me/；

http：//www. startuplink. net/.

2. 奖励型（回报型）（the reward model）

奖励型众筹是提前与资金提供者约定回报并支付的方式。如果回报是金钱的情形下，就会分类为贷款型或股权型。如果返还投资款那就是贷款型，如果支付事业的成果那就是股权型。而且事业成果成为回报时，又可称为预购型众筹。奖励型众筹的投资者可以从自己投资的项目（如果项目成功）中获得一定回报，这种回报可能是有形的也可能是无形的，但我们所能确定的是该奖励的金钱价值与投资者投入的数额相比非常单薄。奖励型与预购型众筹的投资者在投资项目的时点上，并不以获得投资回报为其投资目的，之所以投入金钱只是纯粹出于对某项事物的喜爱给予支持的情形比较多。从奖励类众筹中获得的回报即使有往往也只是一个名义上的小礼品、一张唱片或"致谢"中出现的投资者本人姓名或提前见剧组人员，访问外景地等。[1] Kick-starter 与 Indie Go Go 是奖励型/预购型众筹最著名的互联网平台。

3. 预购型（the pre – purchase model）

预购型众筹的代价是通过众筹筹集资金，生产后交付产品。预购型众筹多见于新产品的研发或网络游戏的开发，通过该种众筹，筹资企业既能获得急需的现金流，也能获得第一批产品的用户，并通过用户对产品的建议而不断地改进产品，不仅能获得财务上的支持，还能获得非财务的支持，并且在这种关系中，筹资者与投资者的紧密联系与信赖关系也是不可忽视的，作为

---

[1] David Groshoff, Alex Nguyen, & Kurtis Urien, Crowdfunding 6. 0：Does the SEC's FinTech Law Failure Reveal the Agency's True Mission to Protect – Solely Accredited – Investors , The Ohio State Entrepreneurial Business Law Journal, 2014 – 2015, page282.

"看着孩子长大"的投资者往往对产品拥有很高的忠实度。在此类型中，并不需要交付给投资者的生产物与经济投资价值一致，在这一点上与回报型并没有本质上的差异。尤其是给投资者的产品与市场上流通的产品具有差距时，例如限定版相册或作者亲笔信函等书籍，也可以视为回报型众筹。实际上，在同一个众筹平台两者均有的情形比较多，有时候投资人购买时给予优惠。

4. 借贷型（the lending model）

借贷型众筹又被称为 P2P（peer – to – peer）借贷，平台上的贷款类型既可以是有息贷款也可以是无息贷款。借贷型众筹是指借款人将自己的借款需求挂在平台网站上，投资人通过对借款人提供信息的分析决定是否将自己的钱借给对方的一种网络小额借贷行为。在借贷型众筹中，筹资人通常通过向人数众多的借款人各自借少量的资金满足自己的融资需求。借贷型众筹中比较有名的无息平台是 Kiva，有息平台则是 Prosper 和 Lending Club[①]。目前韩国贷款型平台有 5 家：

http：//www. moneyauction. co. kr/；

http：//keefun. kr/index. php/；

http：//fundingtree. co. kr；

http：//www. popfuding. com；

http：//8percent. kr.

借贷型是通过贷款中介机构形成间接的关系，但是与一般的网上贷款不同，投资者根据资金需求者的资金需求信息（平台公布的充足的信息）决定贷款，由此通过平台形成借贷关系。但是，在实际运用中，因为种种理由，资金需求者与投资者并不直接签订贷款合同，众筹平台或平台安排的金融机构向资金需求者提供贷款，放贷的风险完全由投资者负担。

5. 股权型（the equity model）

股权型众筹（以下简称"股权众筹"），是指筹资人（一般是小微企业）为获取资金，将自己的筹资项目在股权众筹平台上发布，通过提供股权的形式吸引投资者投资入股该公司，投资人通过公司分红或其他退出机制获取高额回报的金融活动。股权众筹中需要注意的是在不违反证券法以及公司法为

---

① C. Steven Bradford，Crowdfunding and the Federal Securities Laws［J］. Columbia Business Law Review，2012，page20 – 23.

前提是核心。以股权众筹型向投资者交付公司的股份或股权时，与直接性公开（Direct Public Offering，DPO）区别并不明显。众所周知，直接性公开就是通过证券公司经公开募集程序公开企业信息募集资金。笔者认为，直接公开与股权型众筹的最大的区别在于中介机构不同，金额上有所区别。众筹主要是以小规模的筹资为目的。

股权众筹存在三方主体，分别是筹资者、投资者和股权众筹平台。三者之间的法律关系比较复杂，股权众筹活动过程中也存在各种各样的风险，股权众筹在我国现行法律体制下也存在着一定的障碍，但下文的论述力图证明股权众筹在我国实现的必要性与可能性。

注册在美国的 ProFunder 是典型的股权众筹平台，在美国《工商初创企业推动法》（*Jumpstart Our Business Startups Act*，JOBS）出台之前，ProFunder 曾被迫于 2011 年 6 月终止了在其网站上发行证券的行为，其原因是加州政府要求 ProFunder 只有在按加州州法注册为证券经纪商（broker - dealer）时才能在其网站上发行证券①。像韩国股权型平台目前只有 2 家。

http：//www. opentrade. co. kr；

http：//www. opportune. co. kr.

但是，《韩国资本市场统合法》修改，众筹具有正式的法律规范后，今后应该有飞跃的发展。

（二）众筹与现有法规是否有冲突

众筹原本是在熟人之间筹集资金的形态发展成通过互联网自发性地发展，虽然没有违反法律的意图，但是偶尔会产生违反现有法律体系的结果。在此，列举在韩国立法讨论中成为争议焦点的一些问题。

1. 从筹资公司的角度

对于通过众筹平台拟要筹集资金的公司，应否适用证券法是最大的问题。如果众筹属于"证券募集"，就应根据证券法提出募资申请书，按照公开募集程序，负有公示义务，但是如此一来增加筹资公司的融资成本。

（1）是否是"证券"——相关法律依据

---

① C. Steven Bradford, Crowdfunding and the Federal Securities Laws ［J］. Columbia Business Law Review，2012：24 - 25.

如果适用证券法应探讨是否属于"证券"的问题。《韩国资本市场法》中导入了"投资金融商品"这一概括性的概念。根据该法第三条第一款规定，"金融投资商品"指，"为得到利益或以回避损失为目的，约定现在或在将来特定的时间交付金钱、其他有财产价值的（以下简称"金钱等"），由此取得权利，为了取得该权利业已支付或应支付的金钱等总额（销售手续费等大总统令规定的金额除外）。该总金额有可能（以下简称"投资性"）超过从其权利回收或可回收的金钱等总金额（包括解除／中止手续费等大总统令规定的金额）的。《韩国资本市场法》第四条第二款列举的证券种类有：债务证券、股权证券、收益证券、存托凭证、投资协议证券、衍生集合证券等六种类型。该条在列举个别证券种类的同时，涵盖进了"与这些证券类似的种类"，由此达到的法定形式虽然不同，但是实质上符合证券性质的也可适用《资本市场法》的目的。这种概括性的概念的导入是受到美国联邦证券法的影响，因此关于众筹法规的完善上也参考了美国。

（2）众筹各个类型是否具有证券的属性

在捐赠型众筹中，投资者没有期待的利益，也就是前述金融投资商品的要件中所规定的"获得利益或以回避损失为目的"的要件无法认定。因而，捐赠型众筹不存在是否适用证券法的问题。

在回报型或预购型众筹中，有可能回收的款超过所投资的款（回报或商品的经济价值）。但是这样的回报或对商品的期待是否存在"为得到利益或以回避损失为目的"呢，对此尚有疑问。以商业或消费为目的的实物交易应区别于金融投资商品，大多数意见认为回报型众筹或预购型众筹中的商品的交付并不是因金融投资而得到的利益，而是更接近消费。美国联邦证券法也区分投资与消费的概念。

在借款型众筹中，投资者拥有本金加利息的回报，与"债务证券"类似。但是，并不是约定支付固定利息的都可称为"债务证券"，适用《资本市场法》，按照标准的格式大量发行的情形下才符合"证券"的要件。但是，借款型众筹是以大多数投资者为对象，因而与债券类似，认定为"债券证券"的可能性大。在美国是否认可为负债（debt）的问题，可以举 Reves Test 的例子。[①] 判断是否为负债，应参考以下要件：负债的债务人与债权人的动机

---

① Reves v. Ernst &young, 494 U. S. 56（1990）认定的要件，也称为"family resemblance test"。

（Motivation）；债券的销售方式（Plan of distribution）；投资大众的合理期待；是否存在其他规制，无须适用证券法。与无须适用证券法规定的负债类似的情形下，不得视为证券。但是，借款型众筹是否符合这四个要件，能否认定为是无须适用证券法的债券，具有适用的余地。

股权型众筹想当然是证券法适用的对象，虽然与公司法构造中的股权的赋予不同，但是在约定交付成果的情形下，符合《资本市场法》规定的"投资合同证券"，因而具有适用证券法规范的余地。"投资合同证券"是导入美国联邦大法院认定的"Howey Test"，"Howey Test"指特定的投资者与其他投资人共同经营投资项目，合同中标示出投资金钱等与他人共同履行项目的结果损益的权利。分享共同事业利益的股权参与型众筹是符合"投资合同证券"的。即接受投资者的投资共同进行事业发展；投资者投资金钱；主要是公司经营，投资人参与经营的情形有限；具有对收益的期待。在美国这种投资型众筹运用不多的原因主要是因为须适用证券法。

（3）是否符合证券的"募集"

如果因众筹给投资者提供的权利符合"证券"的性质，募集时需要按照证券法令提交招股说明书，办理公开募集手续。但是，如果属于免除的对象就无须提交招股说明书。

关于众筹是否属于募集的问题，需要看《资本市场法》的规定。《资本市场法》第九条第七款规定，"募集是基于大总统令规定的方式，新发行于50人以上的投资者，劝诱购买证券的要约"。关于"要约的劝诱"，《资本市场法》实施令第2条第2号本文规定："为使被劝诱人购买证券，在报纸、广播、杂志等发布广告，发放简介、宣传单等印刷物，召开投资说明会，通过电子通讯等方式，劝诱购买证券或劝诱买卖等，通知证券发行或卖出的事实，介绍购买程序等活动。"计算该条规定的50人以上时，并不是以实际投资的投资者为基准，而是以成为被劝诱对象者为基准，因而如果众筹平台的会员超过50人以上时，就相当于公开募集。但是，根据《资本市场法》第119条第1项以及施行令第120条第1项规定，募集资金未达到10亿韩元时，可以免交募集申报书。

2. 从众筹平台的角度

本节着重介绍韩国法学界探讨的众筹平台也有可能违反现行法规的问题。

（1）众筹平台是否相当于开设新市场

众筹平台等是否等同于"证券市场"的问题。韩国《资本市场法》第386 条有关于开设市场的规定:"非交易所不得根据本条第 1 项开设市场或类似市场的设施利用类似设施进行证券或场内衍生产品交易。"根据该条,可以进行交易的只有韩国交易所,处垄断地位,如果众筹平台相当于"证券市场",那就是违法的设施。美国证券法规定的交易所的定义:"集结证券的买受人与卖出人,履行通常理解的证券交易所的机能的设施。"① 众筹平台的功能是连接资金需求者与投资者,但是事后流通并不明确,因而不应该认为是新开设的"证券市场"。

(2) 是否相当于投资中介

除了前述问题以外,还存在众筹平台是否属于投资中介的问题。根据《资本市场法》第 6 条第 3 项规定,"投资中介业指,无论是谁的名义,以他人的计算买卖金融投资商品,劝诱,发出要约,要约的承诺或发行证券以及认购的劝诱,发出要约,对要约的承诺为业者"。也就是说,以他人之间的证券买卖的成立为前提进行中介业务,从事证券发行相关的业务也包括其中。根据《资本市场法》第 12 条的规定,如果要从事投资中介业,应具备要件并要得到金融委员会的批准。众筹平台大部分不具备证券公司的批准要件。

(3) 是否相当于投资咨询业务

那么,众筹平台是否可以进行投资咨询业务呢。根据韩国《资本市场法》第 6 条第 6 款规定:"投资中介业是有关金融投资商品的价值或金融投资商品的投资判断(种类,目录,购买,处分,购买以及处分的方法,数量,价格以及时期等)应咨询营业的。"为了避免违反该条规定,众筹平台不得在营业范围中自发性地记载从事投资咨询业务。

(二) 关于众筹的规范

1. 需要制度化

韩国的众筹与中国相同,在市场上自发性地形成,逐渐在多样化的产业中所利用,从纯粹的捐赠型在专为纯粹的投资型发展的过程中,有可能存在违反现有法律体系的可能,因而每个国家都在有局限性地适用。但是,众筹平台上筹集创业资金是比较灵活的、创新性的方式。基于技术和通讯的发达,

---

① Securities Exchange Act of 1934 § (a) (1), 15U. S. C § 78c (a) (1) (2010) .

可以用少的成本将计划项目变为商品。也就是说，通过众筹平台筹集的小规模资金，在现有金融模式下是无法达到的，弥补了现有金融模式的空白。

规范众筹的制度与现有法律体系的冲突，在如何解决的问题上，只能依据政策立法。

2. 放宽规制

（1）在证券法上规定为免报告对象

在借贷型众筹与股权众筹方式中最大的绊脚石，依据证券法是否符合"募集证券"的类型，需要提交招股说明书，办理公开募集手续的问题。当然依据众筹筹集资金的大部分情况下符合小规模公开募集，应免除提交招股说明书的义务。因而，韩国修改了《资本市场法》，明确规定了免除条款，避免了不确定性。如果是在众筹平台发行股份等典型的证券，当然应适用证券法。但是，韩国学界认为回报型众筹也概括到"金融投资商品"的范围是不恰当的。但是，修改《资本市场法》之前，该法根据金额规定了免交招股说明书。免除条款的设置需慎重，因为免除与几十年以来证券法固守的投资者保护相冲突。因而，放宽制度时必须解决投资者保护的问题。在众筹平台筹集资金，即使不按照证券法的公开募集程序，平台本身会提供投资者所需要的信息，如果没有足够的信息，筹资将会失败。而且，证券法规定的公开募集程序是在互联网时代和社会网络时代未发达的情形下所规定的，并没有必要用旧的规范来阻碍新型筹资方式，增加筹资的成本。当然，在众筹程序中提供虚假信息、遗漏重大信息的情形下，存在投资者保护的问题，但是在发行的阶段严格规定有关信息与程序并无法解决根本问题。只能以公示不实、不公正的行为处罚。

（2）为投资者保护的措施

①给投资者提供必要的信息

美国的乔布斯法案将众筹所需的投资者保护委任给 SEC（美国证券监督委员会），尤其是通过众筹方式筹集资金时，要求规定给潜在投资者提供信息的范围。因而，如果美国的 SEC 只按照目前规定要求提供信息，那免交招股说明书就无意义。而且，乔布斯法案对于股东人数超过一定基准的情形，继续准备赋予公开义务，但是如此一来会给创投企业以及新生企业提高筹资的成本。如果根据公开标准再加外部审计，其费用非常高，直到首次公开发行（以下简称"IPO"）为止企业需要相当长的时间，为了 IPO 之前易于筹资而再利用众筹平台，却在众筹阶段还赋予公开义务的话，这一规制就缺乏合理性了。

在以众筹方式筹资的情形下，平台提供投资者的必要信息，当然平台公开的信息并未涵盖证券法规定的证券招股说明书的所有信息，但是应该是包括投资者所要求的信息，只有信息充分筹资才会成功。因而，监管机构规定应提供何种信息，将其法定化是缺乏效率的。但是，在众筹平台提供虚假信息或遗漏重要信息的情形下，应与证券招股说明书不实的情形相同严格处罚，由此达到保护投资者的目的。

②设定投资限度与对投资者的教育

虽然所有的事业内含风险，但是众筹的风险比较大。拟要筹资的是在创投企业的情形下，风险更大。而且，通过众筹平台的筹资基本上没有流动性，但是众筹平台上的大部分投资者是不具备足够分析投资风险的，投资能力差的投资者，这是众筹的内在风险。如果这一问题不解决，有可能产生众多欺诈问题。乔布斯法案中是设定个别投资者能够担负的投资限额来拟要解决欺诈的问题。

在现有金融体系下，银行以及证券公司等中介机构在一定程度上担负着投资者保护的问题，那么众筹平台是否应该也按一定程序要担负投资者保护的问题呢。在这方面，众筹平台应进行投资者保护教育，使得投资者在认识风险的基础上应参与投资。平台不得停留于下载"投资风险提示"或"同意"等形式上保护投资者，加入会员后应实质性地审查事业计划书，监控众筹程序之后，允许实际投资等，应实质性地运营。

③对众筹平台的规范

如前所述，将众筹平台视为开设新市场处罚或要求得到投资中介业或投资咨询业的批准，并不现实。当然确切的众筹平台的运营是核心，因而众筹平台虽然可以成为监管对象，但是赋予与现有的证券公司等中介机构相同的准入门槛或行为规范是不恰当的。

众筹平台的运营权限，平台应自律性地制定，政府从监管的角度制定条条框框缺乏效率性。但是，在平台运营中存在欺诈或不正当行为时应业内各自处罚，没有必要始终监管众筹平台。

二、韩国《资本市场法》关于众筹的主要规定

在众多学者以及国会对众筹制度规范进行探讨之后，韩国于 2015 年 7 月通过了《资本市场法修改草案》，在《资本市场法》中正式定位众筹模式。即，互联网小额投资中介业；规范投资型众筹；修改的主要内容是新设放宽进入门坎以及发行规则；采取严格规定投资限额以及转受限制等投资者保护措施。

（一）定义

《资本市场法》第 9 条第 27 款规定：通过网上众筹平台向投资者募集小额证券或以私募中介作为营业者。

关于互联网小额中介业者，《韩国中小企业创业支援法》也有定义。

（二）准入制度①

表1

	一般投资中介业	互联网小额投资中介
准入制度	批准制	注册制
最低资本金	30 亿韩元	5 亿韩元（约250多万元人民币）

从表 1 中可以得知韩国资本市场法对互联网金融平台实施的是注册制，最低资本金也与一般投资中介相比而言非常低，积极鼓励中小企业创业，并创造融资环境。

（三）放宽筹资规定

表2

一般公募	小额公募（10 亿韩元以下）	众筹
申报材料约为 27 种	公示资料约 17 种	发行条件，财务状况，事业计划书等，无须提交有价证券申报书

---

① 该部分表格参见丁大．韩国众筹与资本市场法的修改以及内容［D］．2015 年中韩金融法论坛：聚焦互联网金融的发展与法律应对论文集，2015：63 - 64.

在表 2 中可以看到对小额公募通过法律规定做出界定，10 亿韩元以下（约人民币 500 万元）是小额，而且在一般公募相比而言公示的资料种类也少，更重要的是无须提交有价证券申报书。

（四）保护投资者规定

1. 限制发行主体年度发行额：一个企业一年以 7 亿韩元为限，不得超过该金额；

2. 限制投资者的投资限度：因发行人大部分是创投企业等风险比较高，限制投资者的投资额度；

在额度方面区分了专业投资者和一般投资者，参考表 3；并规定了对同一个企业不同收入的投资者年度能够投资的限额。

投资者区分（专业性，风险承受能力等）

表 3

区分	在同一个企业中	年度投资总额限制
一般投资者	200 万韩元（约 1 万元人民币）	500 万韩元（约 2.5 万元人民币）
收入等要件	1000 万韩元（约 5 万元人民币）	2000 万韩元（约 10 万元人民币）

3. 为了保护二次投资者，限制一年内在投资者之间转卖；
4. 众筹发行人，大股东一年内禁售；
5. 未达到募集金额 80%，取消发行；
6. 禁止众筹平台形成资金池；
7. 禁止众筹平台购买众筹证券，接受投资咨询；
8. 众筹平台宣传方式的限制；
9. 规定发行人等的损害赔偿责任。

三、关于众筹投资者退出机制的探讨

鉴于韩国众筹制度于 2016 年 1 月 25 日起实施，韩国金融委员会于 2015 年 12 月 18 日决定，引进众筹中间回收市场，该回收市场有效利用"K－OTC

BB" 场外市场，设置回收通道，实现众筹投资资金的回收。"K - OTC BB" 系统由金融投资协会运营，是证券公司中介的非上市股份交易的设施。该系统扩大买卖双方的机会，公开价格和买卖双方签订的内容，便于提高交易的便利与稳定。

综上所述，韩国在众筹法制完善的过程中对其做了充分探讨和定位，尤其是在证券法制中做到既放宽又足够保护投资者。

资料

韩国资本市场和金融投资业相关法律部分修订法案

——众筹法规的修改与完善

李锦珠①　　陈景善②　译

为了了解韩国完善众筹法规，将众筹纳入《资本市场法》时的立法讨论过程，本文介绍了韩国国会议员申东雨等提交给国会的立法修订法案③。

一、概要

1. 提案经纬

（1）提案人：申东雨议员等 10 人

（2）提案日：2013. 6. 12

（3）回复日：2013. 6. 13

2. 提案理由

众筹是指利用互联网平台，从多数的小额投资人手中筹集资金的方式。

通过美国 JOBS 法案，使得在经济复兴中的众筹角色被重新认可后，众筹作为创业、风险投资企业的创新型筹集资金方式，成为了全世界关注的对象，并且意大利、英国、日本等世界主要国家为了众筹的制度化而加紧步伐。

作为正准备着以创造性的知识、技术和思想为基础的创造经济腾飞的韩国也有必要引进众筹制度，改善创业、风险投资企业的筹集资金的环境。

对此，一方面，对于通过互联网的小额证券公募，应大幅放宽有价证券报告书等现有的伴随证券发行的公示制度，新设小额投资经纪人使众筹作为创业、风险投资企业筹集资金的有效方式；另一方面，为防止因放宽公示制

---

①　中国政法大学研究生院硕士研究生。

②　中国政法大学教授。

③　参照韩国政务委员会公开资料。

度而造成的信息不对称等问题使得投资人受到善意的损失，制定限制投资限度、发行人的赔偿责任、互联网小额投资经纪人的禁止要约邀请等监管系统，使得众筹成为具有信赖性的可持续筹集资金手段。

3. 主要内容

（1）追加互联网小额投资经纪人的定义，用总统令制定能够使用互联网小额投资中介使用者的范围和互联网小额投资中介的方式（法案第9条第27项新增）。

（2）禁止未注册的互联网小额投资中介，拟要成为互联网小额投资经纪人应在金融委员会登记（法案第117条之3，第117条之4新增）。

（3）互联网小额投资经纪人不经营其他金融投资业的情况下，在商号中不得使用"金融投资"一词，不是互联网小额投资经纪人不得使用"互联网小额投资中介"或与此类似的名称（法案第117条之5新增）。

（4）互联网小额投资经纪人的大股东变更时，应在2周内向金融委员会报告（法案117条之6新增）。

（5）为使互联网小额投资经纪人健全地营业，保护投资人而新设营业行为规范（法案117条之7新增）。

①禁止互联网小额投资经纪人通过计算取得自己中介的证券，禁止接受与投资或经营相关的咨询。

②在充分确认投资人要约的内容和其危险性之前互联网小额投资经纪人不得接受有关证券投资人的要约。

③禁止向互联网小额投资经纪人的任意要约，禁止不当的差别待遇，要约期间届满时赋予结果通知义务等。

④对于互联网小额投资经纪人，除了限制范围内的投资广告和发行人提供的信息和公示或传送等以外，禁止一切诱导证券要约的行为。

（6）禁止互联网小额投资经纪人保管、接受存管投资人的财产，投资人的认购定金不得汇入互联网小额投资经纪人而应存入信托公司或银行、证券金融公司等机构，并且制定其他对认购定金管理所必要的事项（法案第117条之8新增）。

（7）非互联网小额投资经纪人不得发布有关互联网小额投资中介的广告，仅允许互联网小额投资经纪人或证券发行人通过互联网小额投资经纪人开设的网页发布投资广告（法案第117条之9新增）。

（8）制定通过互联网小额投资中介募集证券的特例（法案第117条之10新增）。

①用互联网小额投资中介的方式募集小于总统令制定金额以下的证券时，不受提出证券申报书等公示制约，为了根据总统令规定的投资人保护而采取必要的最低限度的措施。

②用互联网小额投资中介的方法募集证券时，要约金额在募集预定金额的一定比例以下时，取消该发行。

③要约期间允许发行人和投资人通过互联网小额投资经纪人进行交流，该过程中如有能使投资人的投资判断起到影响的重要信息时，证券的要约期限届满7日前可以修改公示内容。

④投资人的投资不得超过总统令制定的投资限度，通过互联网小额投资中介发行的证券应义务性地存管和预存，并要保护，存管之日或保护性存管之日起一年内禁止证券的出售或提现。

⑤在证券要约期间届满前，投资人可以撤回证券的要约。

（9）互联网小额投资经济人应根据金融委员会制定公告，确认发行人的财务情况、营业计划、资金的使用计划等相关事实关系（法案第117条之11新增）。

（10）因发行人的虚假、不实公示使证券的购买人遭受损失时，证券发行人应赔偿该损失（法案第117条之12新增）。

（11）互联网小额投资经纪人应将证券的发行限度及投资限度的管理业务，投资人名单的制订和管理业务等，向根据总统令制定的中央记录管理机关及韩国存管结算院进行委托（法案第117条之13新增）。

二、研究建议

1. 总结

众筹一般指"具有创意性的想法或营业计划的企业等通过中介企业（融资企业）在网络上提出想法或营业计划，向多数有共鸣的小额投资者募集事业资金的方式"（见图1）。

众筹的类型，根据资金募集、补偿方式等区分为：①后援、捐赠型；②贷款型；③投资型（见表1）。

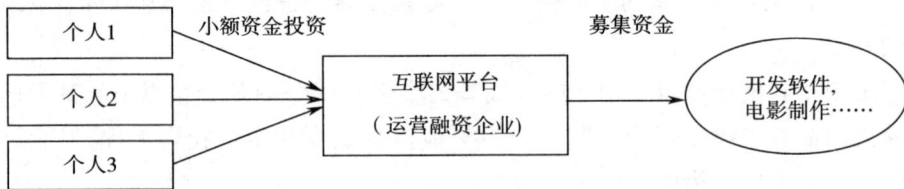

图1 通过众筹的资金筹集

表1   众筹的类型

类型	资金募集方式	补偿方式	主要事例
援助、捐赠型	支援金、捐赠金缴纳	无偿或非金钱性补偿	主要有效利用于艺术、公益性领域事业资金的筹集
贷款型	贷款	有偿（支付利息）	用于需要紧急资金等的需求者筹集资金时（贷款公司中介）
投资型	出资（取得股份）	有偿（利益分配）	创业企业等筹集资金时有效利用

资料来源：金融委员会提资料。

众筹是在2008年雷曼兄弟公司破产引起的金融危机之后，随着银行急剧缩小放贷规模，新生、中小企业等受金融冷落现象越发严重后，才逐渐成长起来的。

并且，众筹随着IT技术的发展，通过SNS在假想空间参与者的双向交流变为可能，资金需求者不再单向公示，而是通过资金提供者（投资人）对资金需求者的公示内容进行研究和质疑等分辨其诚意，使得集体智慧的发现成为可能。

在全世界范围内，2009年众筹的市场规模为5.3亿美元，2010年为8.5亿美元，2011年为14.7亿美元，2012年为28亿美元（同比增加91%）[①]，呈现出急剧成长的趋势。

如上所述，随着通过众筹募集资金的活跃，最近在美国、意大利等国家出现了为了奠定众筹法定化、制度化的基础而产生的立法事例，对此了解如下。

---

① 2012年的实绩是Massolution（美国全球性众筹产业研究机关）的预期值。

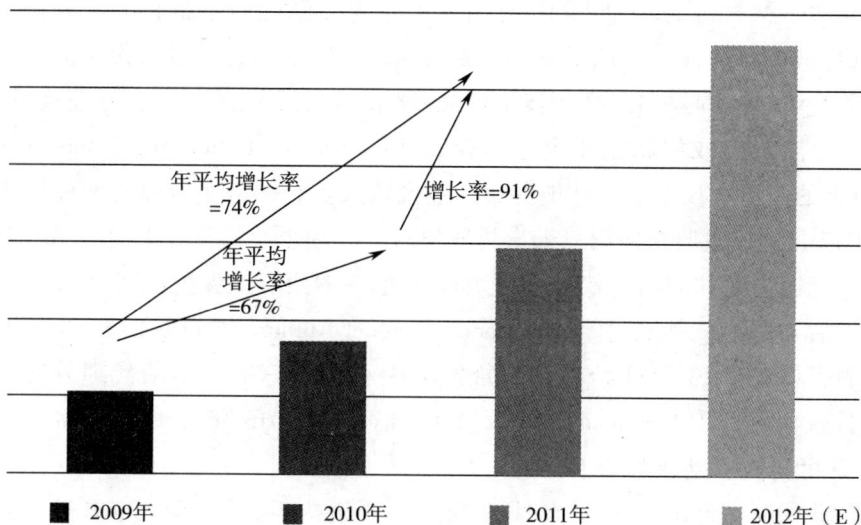

年平均增长率
=74%

增长率=91%

年平均
增长率
=67%

■ 2009年　　　　■ 2010年　　　　■ 2011年　　　　■ 2012年（E）

资料来源：Massolution（美国全球性众筹产业研究机构）。

图2　世界众筹市场的规模

首先，美国为了促进小规模企业的创业资金筹集而在 2012 年 4 月制定了 JOBS 法案（Jumpstart Our Business Startups Act），为投资型（证券型①）众筹提供了法律依据②，主要内容有证券发行公司（需求者）一年内通过众筹向一般投资者发行 100 万美元的证券时，可以免予提出证券申告书，根据投资人的年收入或纯资产限制年投资总额③，为了保护投资人而使发行人信息公开义务化，制定损害赔偿责任等规制，通过众筹购入证券的一般投资人的交易应当限制为一年期的交易④。

----

①　资金提供者（投资人）向资金需求者的事业支援资金，取得该股份证券、债务证券等，资金支援的方式是通过资金需求者公募或私募证券等买卖进行的。

②　为了 JOBS 法案的试行的 SEC 的相关规定于 2013 年 10 月 23 日公布，通过 90 日的意见收集后将决定规定的确认与否。资料来源：美国证券交易委员会报道资料（SEC Press Release），SEC Issues Proposal on Erowdfunding，2013 年 10 月 23 日。

③　a. 投资人年收入或纯资产未满 10 万美元时：2000 美元或年收入和纯资产的 5% 中更多的金额。b. 投资人的年收入或纯资产为 10 万美元以上时：未满年收入或纯资产的 10%（但总投资限度为 10 万美元）。

④　资本市场研究院. 为了支援创业、风投中小企业的韩国版众筹制度化方案［Z］. 2013. 金融委员会提供资料；产业通商资源委员会，《中小企业创业支援法部分修订法案（全夏镇议员代表提议的议案号 5103 号）检讨报告书》，2013 年 6 月。

其次，意大利于 2012 年 10 月制定了《为了创业的革新和促进成长的法案》（Growth Decree）承认了众筹的合法化，主要内容有通过股份型众筹筹集资金的企业的范围限制到高新技术产品及创新相关创业企业①，专业投资者、银行、金融机构或创新创业企业培养人（innovative startups incubators）获得 5% 以上的股份并投资后，才能募集一般投资人资金，各企业投资额能筹集到 500 万欧元，控股股东向第三人出售股份时，应在企业章程等里面明示一般投资人也能出售的共同出售权（tag‑along）的一般投资人保护规制②。

然后，英国金融规制厅（Financial Conduct Authority，FCA）于 2012 年 10 月发表了将于 2013 年开始将众筹规定为中小企业筹集资金的代理方案的计划，其后金融厅（Financial Service Authority）于 2013 年 2 月最初将 Crowd-Cube 认可为投资型众筹的中介机构③。

与此同时，韩国于 2007 年出现众筹中介机构后，从 2011 年开始正式成长起来，金融委员会对 7 个众筹中介企业④进行调查后，结果显示 2012 年通过众筹筹集的资金额为 74.41 亿万元，其中贷款型为 46.68 亿元，占整体的 62%，投资型为 23.28 亿元，占整体的 31%。

表 2　　　　　　　　　2012 年韩国众筹的现状　　　　单位：百万元,%，件

区分		资金筹集额	金额百分比	件数
捐赠型		66	1	18
后援型		379	5	31
投资型		2328	31	10
贷款型	企业对象	987	13	29
	个人对象	3681	49	913
	合计	4668	62	942
总计		7441	99	1001

注：1. 以 7 个调查对象为基准（7 家企业的市场占有率推算为 90% 以上）；

　　2. 投资型众筹是适用于投资人筹集的手段，提出小额公募申告书等。

---

① 事业经历 4 年未满，发行人限制为年销售额 70 亿美元的企业。

② 金融委员会提供资料；产业通商资源委员会，《中小企业创业支援法部分修订法案（全夏镇议员代表提议的议案号 5103 号）检讨报告书》，2013 年 6 月。

③ 金融委员会提供资料。

④ 调查的 7 个对象的市场占有率推算为 90% 以上，7 家企业分别是 popfunding、韩国金融平台、otrade、fundingtree、demoday、wegeneration、fund。

如上所述，通过国内众筹筹集资金呈逐渐活跃的趋势，但目前因缺乏直接规制众筹的法令而存在限制，与因非金融当局规制对象而仅具有随着捐赠金筹集而附随的申告义务的后援、捐赠型众筹不同，通过证券发行而筹集资金的投资型众筹①从投资人筹集资金的行为属于现行资本市场法规定的公募②行为，考虑到具有与此法抵触的可能，就像美国的JOBS法案对于投资型众筹制定法律依据一样，我们国家需要将投资型众筹制度化的意见也正在被提及③。

由此，修正案新设了担当众筹中介的"互联网小额投资经纪人"的定义，提供了投资型众筹④的制度化的法律依据，在为了使得通过现有的资本市场难以筹集资金的小规模的创业初期的风投、中小企业通过证券发行，可在持续性地顺利地筹集资金的意图上进行提案。

修正案的主要内容有：①将众筹的中介公司定义为特殊形态的投资中介公司，登记于金融委员会；②为了创业、风投企业的资金筹集能顺利进行，对于通过网络的小额证券公募免予提出证券申告书等公示规制大幅度放宽；③为了确保市场信赖，应提供投资金额限制、公示内容的事实确认及损害赔偿责任等投资人保护制度；④为了防止中介公司的无理的营业行为，禁止根据自身资产的投资及投资咨询等。

如上所述，对于想要制定投资型众筹法律基础的修正案，①和风投企业的创业活跃的美国相比，韩国的天使投资人的数量和投资规模都远远不足，考虑到风险资本（VC）主要投资于马上要上市的企业，适应创业初期的风

---

①　资金提供者（投资人）向资金需求者的事业支援资金，取得该股份证券、债务证券等证券，资金支援的方式是通过资金需求者公募或私募证券等买卖进行的。

②　向50人以上建议取得证券的公募，为了保护投资人适用提出证券申告书、附加公示义务等严格的规制。

③　和该法案一样，加入众筹内容的中小企业创业支援法部分修正法案（全夏镇议员代表提议，议案号5103号）虽然提交到了产业通商资源委员会，政府还是发表了要通过修订资本市场法促进众筹的法律化的立场。

　＊中小企业创业支援法部分修正法案主要内容：将中介众筹的人设定为"小额投资金筹集经纪人"向中小企业厅申请登记，对于现有的证券交易的《资本市场和金融投资相关法律》上的强制的规制排除（公示义务、免除证券申告书的提出义务等），使得更容易筹集到资金，通过筹集金额的限制和发行证券的限制、投资相对企业的限制等，使得小额资金筹集在"对创业企业等的投资"的特定目的下运营下去。

④　可以发行的证券种类是股份证券、债务证券、投资协议证券（法案第9条第27项）。

投、中小企业的资金供给不足的现实等①，投资型众筹的引进对于创业初期的企业顺利筹集资金有所帮助，可以预料到能够全面覆盖资本市场（见表3）。

表3　　　　　　　　　　　韩国和美国的天使投资规模比较

区分	美国	韩国
投资金额	约24兆元（同比GDP0.15%）	296亿元（0.002%）
天使投资人数	318千名（同比全体人口0.1%）	2.8千名（0.005%）

注：2011年，韩国天使投资人数是2012年基准。

资料来源：金融委员会提供资料。

②考虑到为了鼓励在市场中新形成的小额创业金融，重新制定制度上有所不足的众筹投资人保护制度进而加强投资人保护等问题时，认为修正案的立法意图还是有可取的部分的。

但是，对于引进投资型众筹制度的修正案，以一般投资人的较高的投资损失可能性和未来价值评价的困难等为理由，认为有必要采取对一般投资人的保护制度是否完备应进行充分检讨的措施的意见正在被提及②，对此观点如下。

首先，中小企业的创业生存率以创业后十年为基准才不超过13%③，对于一般投资人通过众筹对财务危险度高的创业初期风投、中小企业投资时，有着投资损失可能性也会高的看法④。

其次，一般投资人为了向众筹投资，以企业（发行人）提供的营业计划书、财务文件等信息为基础，来判断企业的成功可能性。但考虑到一般投资人的投资经验和知识等方面，有意见⑤认为以企业提供的营业计划和简化的财

---

① a. 风险资本（VC）7年以上后期投资比重（%）：（'00）10.6→（'06）18.9→（'08）24.7→（'10）44.1→（'12）44.6；b. VC每件平均投资金额（'12年）是18亿元，难以满足创业企业的3亿未满的投资需要。

② 中央日报新闻，所谓解救风投的众筹，在美国是未被认证的"冒险手段，2013年6月25日"。

③ 每日经济新闻，三万个风投时代的光与影，2013年1月28日；根据金融委员会提出的资料，新生企业生存率为一年后62.5%，3年后41.2%，5年后30.2%。

④ 中央日报新闻，所谓解救风投的众筹，在美国是未被认证的"冒险手段，2013年6月25日"。

⑤ 首尔金融新闻，政府促进的"众筹"投资人保护欠妥，2013年4月3日。

务文件等信息为基础进行企业未来价值的判断本身是很困难的①。

最后，对于修正案，为了能让正面临通过现有的资本市场筹集资金困难的小规模的创业初期风投、中小企业通过投资型众筹可以持续性地顺利地筹集资金的立法宗旨，与此同时考虑到一般投资人的损失可能性也会高一点，有意见表示需要对保护一般投资人的制度是否充分存在这一点进行详细地检讨等，对于以上问题综合考虑后，表示有必要为投资型众筹提供法律性基础。

2. 互联网小额投资经纪人的定义（第 9 条第 27 项新增）

修订案将互联网小额投资经纪人定义为，在网络上无论以何人的名义，用他人的计算制定总统令的人以总统令制定的方法发行的债务证券、股份证券、投资协议证券的募集或与私募有关的中介（以下称为"互联网小额投资中介"）为营业手段的投资中介从事者。

表 4

现行法律	修正案
第 9 条（其他用语的定义）1—26 项 （省　略） （新　增）	第 9 条（其他用语的定义）1—26 项 （与现行法律相同） 27 项本法中"互联网小额投资经纪人"是指，在网络上无论以何人的名义，用他人的计算制定总统令的人以总统令制定的方法发行的债务证券、股份证券、投资协议证券的募集或私募有关的中介（以下称为"互联网小额投资中介"）为营业手段的投资中介从事者

修正案想要新增将担当众筹中介的互联网小额投资经纪人的定义。因为互联网小额投资中介（众筹中介）包含在资本市场法上的投资中介业的定义，所以互联网小额投资经济人（众筹经济人）定义为金融投资从事者中的投资经纪人，使得适用于资本市场法上投资经纪人的一般的规制体制同样适用于互联网小额投资经纪人为其意图（见表5）。

① 以与此类似的意图，资产或事业内容不足的创业企业只能以未来价值的内容实行证券发行，但因为未来价值的评价存在困难，有可能混入虚假性的要素使具有虚假性证券发行有关的发行人和投资人都被卷入诉讼当中，所以众筹的利用率可能会低的意见也被提及过（资本市场研究院，为了创业、风投中小企业支援的韩国版众筹制度化方案，2013）。

表5   投资中介业的定义

"投资中介业"是指无论以谁的名义，用他人的计算出售、购买金融投资商品，对于其中介或要约的劝诱、要约、接受要约或对于证券的发行、收购的要约的劝诱、接受要约适用于营业的意思（资本市场法第6条第3项）。

并且，修订案的发行人（投资对象公司）可以发行的金融投资商品限定为股份证券、债务证券及投资协议证券，使得和美国的 JOBS 法案一样将投资型众筹在资本市场法中进行规制（见表6）。

表6   各类证券的定义

区分	定义
股份证券	股权、新股认购优先权所指，根据法律直接设立的法人发行的出资证券。按照《商法》中规定的合资公司、有限责任公司、有限公司、匿名组合的出资股份，以及其他类似的出资股份或取得出资股份的权利所指。
债务证券	国债证券、地方债证券、特殊债证券（是指根据法律直接设立的法人发行的债券，下同）、公司债券（是指《商法》第469条第2项第3号的债券时，限定为属于第7项第1号的债券，下同）、企业票据证券（是指企业为了筹集在事业中必要的资金而发行的期票，需要符合总统令制定的要求，下同），以及其他类似的，被表示为支付请求权的内容。
投资协议证券	特定投资人向其投资人和他人（包括其他投资人，下同）共同事业投资金钱等，主要根据在他人执行的共同事业的结果接受损益的合同上的权利所指。

对于修订案①后援、捐赠型众筹因募集捐赠金等附随的申告义务等虽然存在问题，但不是金融当局的规制对象。贷款型众筹虽然能成为《贷款业等的登记及金融使用者保护相关法律》等的规制对象，但因不是资本市场法上规制对象，资本市场法迫切需要制定投资型众筹的法律依据。

②投资型众筹从根本上说是以证券为媒介而筹集资金，所以在现有的资本市场法上的证券规制内设计该制度属于最为适宜的规制设计的方法。

③以2012年末为准，风险资本的投资对象中，股份证券、债务证券及投资协议证券比重合计为92.8%，占据了高的比重①。正如数据显示，考虑到能够同时满足创业初期中小企业的实际证券发行需要和投资人的投资需要的

---

① 对风投企业的投资对象，股份证券58.5%、债务证券13.7%、项目型（能包括资本市场法上的股份证券或投资协议证券）20.6%、其他投资（海外投资、约定投资等）7.2%。

证券正是股份证券、债务证券、投资协议证券，认为确实具有妥当的一面。

但是，修正案将众筹证券的发行人（指投资对象公司）规定为"总统令规定的人"。可以通过众筹筹集资金的对象（发行人）是众筹制度的重要事项，却用所谓的总统令委任，在法律上存在不确定性的一面。考虑到引进众筹的目的是为了改善创业初期中小企业的筹集资金的条件，认为有必要在发行人中明示规定《中小企业创业支援法》的创业者[①]等。

对此金融委员会和中小企业厅应明示根据引进众筹制度的意图创业者可以进行投资，而且表明了需要由总统令委任规定具备总统令制定的条件的人也被包括在发行人中的立场。认为将发行人修订为也能考虑到创业者等比较合适。

一方面，资本市场法第4条第1项的投资协议证券规定为"资本市场法第3篇第1章（从第8篇到第10篇的规定中包括违反第3篇第1章规定的义务违反规定的部分）及适用于第178条、第179条的情况时，看做证券"，存在根据修正案第2篇5章（对互联网小额投资经纪人的特例）[②] 通过互联网小额投资中介发行的投资协议证券不属于证券的概念的问题。为了使通过互联网小额投资中介发行的投资协议证券在资本市场法上属于证券范畴，认为有必要对资本市场法第4条第1项进行修正，使得适用于资本市场法第2篇第5章的情况下的投资协议证券也能被视为证券[③]。

3. 互联网小额投资经纪人的登记（法案第117条之4）

修正案对互联网小额投资经纪人的进入规制比起核准制选择了更为缓和的登记制。互联网小额投资经纪人的等级要件有：①商法上的股份公司；②5亿元以上的总统令制定的金额以上的自有资本；③营业计划的妥当性和健全性；④为了投资人保护的人力和物资设备；⑤未符合高管的不合格事由；⑥大股东充分的出资能力，健全的财务状况及社会信用；⑦总统令制定的健全的财务状况和社会信用；⑧为防止利害相冲的体制等内容都应具备（见表

---

① 《中小企业创业支援法》第二条第二号中的创业者（中小企业的创业者和中小企业创业开始之日起未过7年的人。该情况中开始事业额详细事项由总统令制定）。

② 从修正案第117条之3（未登记营业行为的禁止）到第117条之15（检查及措施），为对互联网小额投资中介的修正案主要内容的大部分进行了规定的章节。

③ 对于通过互联网小额投资中介发行的投资协议证券的资本市场法上证券发行规制（第2篇第1章）能够被适用，根据修正案第2篇第5章的规定募集一定金额以下时，为了免予提出证券申告书等发行相关规制部分能够被顺利适用而要修订资本市场法第4条第1项。

7）。

表 7　　　　　　　　　　**法案第 117 条之 4（登记）新增**

第 117 条之 4（登记）1. 拟要成为互联网小额投资经纪人的在金融委员会申请登记时，视为根据第 12 条的规定获得了认可。

2. 根据第一项的内容拟要登记者应符合以下各项的要求。

①应属于以下各项中的一个

（1）《商法》规定的股份公司

（2）作为外国互联网小额投资经纪人（指根据外国法令在外国相当于互联网小额投资中介的进行营业行为的人，下同）需要的进行互联网小额投资中介的地点以及其他设置营业场所的人

②具有 5 亿元以上的，总统令制定的金额以上的自有资本

③营业计划妥当健全

④可以保护投资人，具备能够经营的充分的人力和电算设备，以及其他物资设备

⑤高管不能符合第 24 条各号的任意一项

⑥大股东（第 12 条第 2 项第 6 号所指的大股东）或外国互联网小额投资经纪人具备充分的出资能力、健全的财务状况及社会信用

⑦总统令制定的健全的财务状况和社会信用

⑧该体系是为防止互联网小额投资经纪人和投资人间、特定投资人和其他投资人之间的利害相冲的，应当具备总统令制定的要件

⑨（省略）

资本市场法上金融投资人中对于投资买卖人、投资经纪人、集合投资人及信托人，原则上是根据认可①准入的，但考虑到修正案比起一般投资经纪人，互联网小额投资经纪人的营业范围局限在通过网络进行证券发行中介，以及投资人的财产不直接管理等问题，所以选择了以登记制为互联网小额投资经纪人的进入规制。

并且，因为修正案并不直接受托互联网小额投资经纪人的客户资产，所以至少自有资产、人员要件等级要件应设定为采用登记制的投资咨询企业类似的水准，反映在网络上进行交易的特性，将为了投资人保护等的物质要件②应当规定得比投资咨询业更加严格。同时，为了确认事业的实现可能性和预

---

① 资本市场法第 12 条（金融投资人的认可）。

② 法案第 117 条之 4 第 2 项第 4 号，投资人保护变得可行，具备能够经营的充分的人力和电算设备，以及其他物质设备。

防金融事故的内部统制装置是否具备等，追加营业计划的妥当性和健全性①为登记要件。

表 8 　　　　　　　　　　　主要金融投资人进入要件的比较

区分	认可对象 金融投资人 （包括投资经纪人）	投资咨询人	互联网小额 投资经纪人
认可/登记与否	认可制	登记制	登记制
公司形态	商法上的股份公司等	左同	左同
自有资产	5 亿元以上总统令 制定的金额	1 亿元以上总统令 制定的金额	5 亿元以上总统令 制定的金额
营业计划	营业计划应适当健全	—	营业计划应适当健全
人力和物质要件	投资人的保护变得可能，具备经营金融投资业充分的人力和电算设备，以及其他物资设备	招商咨询人力应在总统令制定的人数以上	投资人的保护变得可能，具备经营金融投资业充分的人力和电算设备，以及其他物资设备
人力要求	《高管》 ·法§24 资格要件 *不属于不合格事由	左同	左同
	《大股东》 ·具备充分的出资能力、健全的财务状况及社会信用	左同	左同
利害相反防范体系	·构建利害相反防范体系义务	左同	左同
健全的财务状况和社会信用	○	○	○

注：金融委员会提供资料再构成。

但是，修正案虽然将互联网小额投资经纪人的进入规制规定为登记制，但在金融委员会具有干涉裁决余地的正常要件中，将营业计划的妥当性和健全性规定为登记要件，使得随着金融委员会对于营业计划的妥当性和健全性

_____

① 法案第 117 条第 2 项第 3 号。

进行审核的结果，可以拒绝想要登记为互联网小额投资经纪人的登记申请，所以认为其具有不符合引进登记制的意图的一面。

对此，中小企业厅的等级要件包括营业计划的妥当性和健全性时，金融委员会能够反映裁决要件的本身，具有可以被解释为事实上的认可制的余地，因此提出了登记要件有必要限定为定量制要件的意见。

金融委员会的等级要件中包括营业计划的妥当性和健全性时，作为和中小企业厅的具有以认可制度运营的余地的意见一样的立场，表明了有必要删除登记要件中营业计划的妥当性和健全性的要件的立场。

据此，对于修正案，考虑到互联网小额投资经纪人的进入规制采取了登记制，排除使金融委员会的裁决具有干涉余地的定性要件更符合登记制引进的意图，有必要仔细检讨修订在登记要件中排除营业计划的妥当性和健全性的方案。

4. 募集证券时缓解公示负担（法案第 117 条之 10 第 1 项及第 2 项新增）

修正案按照互联网小额投资中介的方法募集总统令制定的金额以下的证券时免除证券申告书中提出，为了保护投资人而公示证券的发行条件和财务状况书面文件及营业计划书，以及规定实施其他总统令制定的措施（见表 9）。

表 9　　　　法案第 117 条之 10（证券的募集）第一项及第二项

第 117 条之 10（证券的募集）1. 用互联网小额投资中介的方法募集总统令制定的金额以下的证券时不适用第 119 条。

2. 用互联网小额投资中介的方法募集证券的发行人为了保护投资人而公示证券的发行条件和财务状况书面文件及营业计划书，以及规定实施其他总统令制定的措施。

修正案对于通过网络小额证券公募免予提出伴随证券发行的证券申告书①而大幅度缓和了发行公示规制，缓解了需要迅速进行资金筹集的创业企业的负担，促进了顺畅地募集资金的同时，为了投资人的投资判断公示了发行条件、财务文件、营业计划书等，被视为是为了共同谋求投资人保护的立法

---

① ＊对于证券的募集或出售的内容，向金融委员会提出证券申告书，在被受理、生效前、生效后的阶段性地限制或许可其募集或出售的制度。

＊证券申告书记载事项：（ⅰ）募集或出售的相关事项（8 个项目），（ⅱ）发行人相关事项（9 个项目），（ⅲ）附加文件（10 个项目）。

宗旨。

查看与此相关的美国 JOBS 法案的立法例的话，在证券申告书的免予提出对象包括众筹①，代替免予提出证券申告书而需提供发行公司的信息，根据资金募集的金额，将需提供的信息差别化。募集金额越大，越需要按照严格化要件的财务报表提供信息②（见表10）。

表 10　　　　　　　　　　**JOBS 法案发行公司的信息提供**

发行公司需将以下信息提供给证券交易委员会（SEC），也要向投资人、经纪人及资金入口（Funding Portal）提供该信息，并且需要接收到潜在投资人的相关信息。

·董事和员工、具有股份20%以上的人、经营项目说明、财务状况、对于活用募集资金的说明、募集金额和期限、证券价格或价格决定方式等。

·根据资金募集金额，对需提供的信息差别化，募集金额越少越能缓解企业的负担。

企业募集金额和提供信息

募集金额（12个月）	提供信息
10万美元以下	所得税申告书（最近年度），财务报表（确定高管）
10万—50万美元	财务报表（独立注册会计师检讨）
50万美元以上	财务报表（审计）

·每年向 SEC 报告企业募集资金结果、财务状况等。

资料来源：金融委员会，为了引进众筹的资本市场法修正案主要内容，2013 年 7 月；Securities Act Sec. 4A（b）（1）。

7 月；Securities Act Sec. 4A（b）（1）

金融委员会及中小企业厅对于发行人记载证券发行条件和财务状态的书面文件及营业计划书要求进行公示的修正案第 117 条之 10 第 2 项中，为了减少对创业初期中小企业的"公示"一词的负担，改用"登载"的表述更为适用。对于记载证券的发行条件和财务状态的书面文件，认为确有必要应当于网页上进行登载。

---

① 金融委员会，为了引进众筹的资本市场法修正案主要内容，2013 年 7 月；Securities Act Sec. 4（a）（6）。

② 金融委员会，为了引进众筹的资本市场法修正案主要内容，2013 年 7 月；Securities Act Sec. 4A（b）（1）。

对此就算营业计划等的"公示"变更为"登载"，对于投资人提供的信息内容也与营业计划书等一致。对于不采取"登载"措施的制裁规定也和500万元以下附加渎职罚款①一致，所以预计可以在不减弱对投资人信息提供功能的情况下，可以减少创业初期中小企业所感受到的主观负担。

因此，修正案通过免予提出证券申告书等方式，缓解需要迅速地筹集资金的创业企业的负担，促进顺利地筹集资金和美国立法例等虽然看着较为妥当，但考虑到创业初期中小企业的负担，营业报告书等的"公示"修订为"登载"的方案尚需检讨。

5. 投资人的投资限度（法案第117条之10第5项）

修正案①所得等具备总统令制定的要件的投资人，对于同一发行人的年累积投资金额限度为1000万元，投资人的年总累积投资金额为2000万元；②不具备要件的投资人，对于同一发行人的年累计投资金额限度为500万元以下，投资人的年总累积投资金额限度为1000万元；③专业自认等对于总统令制定额人，有不制定投资限度的规定见表11。

表11　　　　　　　法案第117条之10（证券的募集）第5项

第117条之10（证券的募集）第5项　投资人（专业投资人等总统令制定的人除外）通过互联网小额投资中介投资的金额不得超过以下各项的限度。 1. 具备所得等总统令制定的要件的投资人 （1）最近一年内同一发行人的累积投资金额：1000万元以下，总统令制定的金额 （2）最近一年内累积投资金额：2000万元以下，总统令制定的金额 2. 不具备第1号要件的投资人 （1）最近一年内同意发行人累积投资金额：500万元以下，总统令制定的金额 （2）最近一年内累计投资金额：1000万元以下，总统令制定的金额

修正案考虑到创业、风投中线企业的投资具有相当大的危险②、到回收投资资金为止需要相当久的期限③，以及从投资人保护侧面看投资人投资过度的金额而受到全额或大部分损失具有防止必要性等问题，欲规定同一发行人年

---

① 根据修正案第449条第1项第35号之5，不采取"公示"或"登载"措施时可以附加5000万元以下的渎职罚款。

② 新生企业生存率（％）：（1年后）62.5→（3年后）41.2→（5年后）30.2。

③ 创业后想要通过向风投企业出售或交易所上市回收投资资金的话，一般需要7—12年。

累积投资金额限度和投资人的年总累积投资金额的限度。该立法意图具有妥当的侧面。

而且，修正案对于具有充分的投资经验和专业投资人等由总统令制定的人们不规定投资限度。因为专业投资人在自我的责任下，下了投资决定，能够承担之后可能发生的投资损失。并且新生、创业企业也具有偏好投资巨额并可以提出公司运营建议的专业投资人等的侧面。以上各情况应该都进行了考虑。

与此相关，就美国 JOBS 法案的立法例而言，投资人对于同一发行人的年投资限度，在投资人年所得或纯资产未满 10 万美元的情况下，不得超过 2000 美元、年所得或纯资产 5% 相当额（最多 5000 美元）中最高的金额。该投资人的年所得或纯资产是 10 万美元的情况下，不得超过年所得或纯资产 10% 相当额（但该金额不得超过 10 万美元）①。

但考虑到韩国 2012 年每人国内生产总值（GDP）是 23679 美元是美国 49601 美元的一半都不到，修正案中对于不具有所得等总统令制定的要件的投资人，同一发行人累积投资金额限度制定为 500 万元这一点相对于美国 JOBS 法案年所得 4 万美元（4446 万元）以下的人的投资限度 2000 美元②是相对较高的水准。对于不具备所得等要件的投资人同一发行人投资限度 500 万元是否为恰当的水准，考虑到众筹投资高的投资顺势可能性和我国平均所得水准及美国 JOBS 法案的限度等问题，需要进行详细的检讨。

中小企业厅对于修正案是为了活跃企业通过众筹筹集资金，诱导投资人的分散投资而需要废止年累计投资金额限度的立场。

对此，金融委员会为了诱导投资人分散投资，防止投资人因众筹投资而受到损失危险，废止投资人年总累积投资金额限度。对同一发行人年累计投资金额限度具有不考虑所得等要件，而是以"500 万元以下总统令制定的金额"进行一元化的必要的立场。金融委员会表明总统令将投资人同一发行人的年累积投资金额限度规定为 200 万元水准是恰当的。

对于这样的金融委员会的立场，随着投资人的年总累积投资金额限度被

---

① 金融委员会，为了引进众筹的资本市场法修正案的主要内容，2013 年 7 月；Securities Act Sec. 4（a）（6）（B）。

② 所得在年 4 万美元（4446 万元）以下的人，投资限度为 2000 美元。

废止，同一发行人累积投资金额被限制为 200 万元以下时，虽然期待降低同一企业的投资损失限度、诱导分散投资的情况。但因没有了投资人的年投资规模的限制，具有扩大投资损失规模的可能性这一点，需要一同进行考虑。

因此，对于修正案，考虑到创业中小企业投资高损失的可能性，为了保护投资人过度的损失，根据投资人的所得要件对同一发行人的年累计投资金额限度和投资人年总累积投资金额限度进行规定的立法宗旨一起，综合考虑到美国 JOBS 法案的投资限度、我国的所得水准、防止投资人的过度的损失的必要性及金融委员会的立场等，认为确有必要对投资人的投资限度进行立法政策上的决定。

6. 公示内容的事实确认（案第 117 条之 11）

修订案以下面内容为主：互联网小额投资中介业者应被赋予在互联网小额投资中介前对①财务状况，②工作计划，③代表人及其经营管理层的履历，④募集资金的使用计划，⑤除此之外由总统令所规定的，作为可以确认发行人可信性的事项等进行相关的事实确认的义务，同时确认事实的方法及程序则由金融委员会决定并进行告示（见表 12）。

表 12　　　　　　　　法案第 117 条之 11（公示内容的事实确认）

第 117 条之 11（公示内容的事实确认）1. 互联网小额投资中介商在互联网小额投资中介前应对相对发行人相关的以下各序号的事项进行事实确认。 　　①发行人的财务状况 　　②发行人的工作计划 　　③发行人的代表人及其经营管理层的履历 　　④募集资金的使用计划 　　⑤除此之外由总统令所规定的，作为可以确认发行人可信性的事项 　　2. 第一项各序号的事项相关确认事实的方法及程序则应根据金融委员会的决定和告示的内容。

修正案是考虑到互联网小额投资中介业者具有发掘需要资金的企业并把它介绍给投资者的作用的特点，同时考虑到投资者是通过互联网小额投资中介业者的网页取得发行人的相关信息的特点等，为了保护投资者，因此才对互联网小额投资中介业者赋予对发行人的主要信息的事实与否亲自进行确认的义务，所以认为该立法宗旨具有恰当的一面。

但是考虑到，工作计划及募集资金的使用计划（以下称为"工作计划等"）不仅仅是事实的罗列，而是包括往后对事业的展望及收益创造方案等，所以具有中介业者难以进行事实确认这一点，再考虑到拿美国 JOBS 法案中，中介企业的事实确认对象也限定为发行企业的管理人员、理事，保有超过 20% 股份的股东的履历和证券相关规制违反情况等可以进行事实确认的投资对象企业信息的这一点①，中介业者的事实确认对象里包括工作计划等的这一点是具有不适当的一面的。

对此金融委员会打算就现小额投资中介业者的事实确认而言，只向其赋予为了防止发行人的明确的欺诈，事实关系的错误等而征收证明文件等基础性的确认义务，因工作计划等很难视为属于单纯的事实关系确认的范围，所以金融委员会认为这应从互联网小额投资中介业者的确认对象中去除。

因此，就修订案而言，很难视为属于事实关系确认的范围的工作计划及募集资金使用计划应从互联网小额投资中介业者的事实确认范围中去除的修订方案具有进行缜密检查的必要。

7. 损害赔偿责任等（法案第 117 条之 12）

修订案规定，记载着证券的发行条件和财务状况的文件或工作计划书中的相关重要事项存在虚假记载或者虚假标识，再或者缺乏重要事项的记载或标识，而因此通过互联网小额投资中介取得证券的人若是受到了损害，发行人，发行人的代表人或理事，指示或执行填写该事项的业务执行者等②应承担赔偿责任。还规定，应承担赔偿责任的人员如果可以证明其已履行了相当的注意义务，却依然无法知道这一点时，应免予承担赔偿责任（见表 13）。

---

① 　更为具体的措施事项由 SEC 规定（Rule）所规定。Securities Act Sec. 4A（a）（5）；金融委员会提交资料。

② 　《商法》第 401 条之 2（业务执行指示者等的责任）1. 符合下面各序号的 a 的人员，就其指示或所执行的业务适用第 399 条、第 401 条及第 403 条时，被视为理事。

a. 利用自己对公司的影响力向理事指示执行业务的人。

b. 用理事的名字直接亲自执行业务的人。

c. 不是理事，但使用名誉会长·会长·社长·副社长·专务·常务·理事等可以被认为具有执行其他业务的权利，并执行公司业务的人。

表 13　　　　　　　**法案第 117 条之 12（损害赔偿责任等）第 1 项**

第 117 条之 12（损害赔偿责任等）1. 根据第 117 条之 10 第 2 项所公示的记载着证券的发行条件和财务状况的文件或工作计划书（包括根据第 11 条之 10 第 4 项所修改的公示）中的相关重要事项存在虚假记载或者虚假标识，再或者缺乏重要事项的记载或标识，而因此通过互联网小额投资中介取得证券的人若是受到了损害，下面各序号的人员应承担对该损害的相关赔偿责任。但应承担赔偿责任的人员如果可以证明其已履行了相当的注意义务，却依然无法知道这一点时，或者在该证券的取得者请求取得时才知道该事实的情况下，该人员不承担赔偿责任。

1. 发行人

2. 填写记载着该证券的发行条件和财务状况的文件或工作计划书的当时的发行人的代表人或理事（没有理事时指符合此的人员，填写若发生在法人设立前，则是指该发起人）

3. 符合【商法】第 401 条之 2 第 1 项各序号的任一规定的，指示或执行了填写记载着该证券的发行条件和财务状况的文件或工作计划书的。

从现行《资本市场法》的规定来看，成为互联网小额投资中介的对象的证券的发行人等并不发生依据不实·虚假信息记载而产生的直接性的损害赔偿责任，[①] 因此为了投资者可以向发行人等追究其民法上的责任，让投资者证明不实记载与否和因此而产生的损害之间的因果关系有着很大的难度。

与此相关，就美国的 JOBS 法案而言，为了保护投资者及提供的发行公司信息的准确性，发行公司虚假记载了证券募集或卖出相关的重要事实，或者遗漏了填写提交文件所需要的重要事实，并把该虚假记载及遗漏的信息提供给不知情的买受者时，应由发行公司承担责任。

基于此，修订案参考了美国的 JOBS 法案的立法例，给发行人赋予了很强的责任，使发行人向投资者提供的最低限度的信息应根据正确的事实填写。同时，为了防止因信息不对称的投资者的损害，因发行人的虚假记载·遗漏重要事项等导致投资者产生损害时，修订案明示了发行人等的损害赔偿责任，因此认为该立法宗旨具有恰当的一面。

---

　① 免去提交证券报告书（投资说明书）时，适用因虚假记载证券报告书等而产生的赔偿责任（法 §125 条）。

2015 年《日本农业协同组合法》最新修改概要^①

陈景善　译

2015 年 6 月、8 月日本陆续修改了农业协同组合法等（2015 年法律第 63 号）部分内容。修改的法律包括：农业协同组合法的部分修改；农地法的部分修改；农业水产协同组合储蓄保险法的部分修改；农林中央金库及特定农林水产业协同组合等信用事业重组以及强化法律的部分修改；农业仓库业法的取消。

本次修改是为应对农业形势的变化等，为了农业成长的产业化，主要是重新审视农业协同组合，农业委员会以及农业生产法人而进行的。本文重点介绍农业协同组合法的部分修改内容。即，明确组合事业运营原则；确保作为自律性组织的组合的运营；重视理事等构成；组合的新设分立，组织变更规定的创设；取消农业协同组合中央会；对于进行信用业务的农业协同组合等赋予必设会计审计人的义务。

一、修改的主要内容

（一）旧法第 8 条规定："组合以其运营的事业给组合员以及会员提供至高的服务为目的，不得以营利为目的进行其事业。"

修改法删去了第 8 条后段，增加了第 2 项^②："组合进行事业时应最大限度照顾到农业所得的增加。"同时增加了第 3 项^③："组合在农畜产品销售事业中，通过确切地履行事业实现高收益，以其收益确保经营的健全性并用于事业成长发展的投资或用于事业分配。"本次修改对农协组合的性质做了根本的修改，将农民所得的提高作为宗旨。

---

① 参见日本法务省网页。
② 修改后该条变更为第 7 条第 2 项。
③ 修改后该条变更为第 7 条第 3 项。

（二）新设了第 10 条之 2 的规定："组合进行事业时，不得强制组合员以及会员利用。"如此，新设了禁止强制利用的规定，并取消了专属利用合同相关规定。

（三）取消了回转出资制度①，该制度于 1951 年从美国导入（取消了旧法第 13 条之 2 以及旧法第 52 条之 2）。该制度在实践中基本没有有效利用。

（四）修改法放宽了组合的设立，章程变更等需要行政审批的基准。设立组合批准要件是为了规范重复设立不利于地区发展等问题。如以下情形不批准。即，旧法第 60 条 3 号规定："设立农协组合，该地区或部分地区的农业与其他农业协同组合的地区重复，给该地区的农业发展造成阻碍的情形。"该条第 4 号规定："设立农业协同组合联合会，该联合会与农业协同组合中央会事业的全部或部分同种类型事业给农业协同组合中央会的事业发展造成阻碍的情形。"另外，第 44 条第 3 项规定："第 60 条第 3 号，第 4 号规定适用于章程变更的情形。"同时，删除了变更章程的要件规定。旧法第 46 条之 2 规定："变更章程各个组合在各自的大会基于投票做出决议。"

（五）理事等的构成

农业协同组合法第 30 条第 12 项规定："农协的理事定数的过半数原则上应由认定农业者或农畜产物销售及其他事业或关于法人经营具有实践能力者。"另外，该法第 30 条之 2 第 4 项，第 7 项规定："农业协同组合设经营管理委员时，经营管理委员过半数原则上应认定为农业者。同时，理事应为在农畜产物的销售及其他事业或法人的经营具有实践能力者。"此外，新设了第 30 条第 13 项，第 30 条之 2 第 4 项规定，新增加的内容：农协的理事（设经营管理委员会的组合的理事除外）及经营管理委员，年龄以及性别上不得有显著的倾向。

（六）组合的组织变更等

①新设分立

修改法在现有的合并，营业转让以外，再新增加了组织分立，变更为股份公司的规定。但是，关于变更为股份公司的问题，旧农业协同组合法第 73 条之 2 对于已成立为农事组合法人时，认可股份公司形式。因而这次组合［除了信用和互保（共济）组合以外］新设了变更为股份公司的形式。修改

---

① 回转出资制度是指每年利用组合者提供资金之后，返还给其中最早的组合员的一种退出机制。

法在农业协同组合法第 70 条之 2 到 70 条之 8 新设了关于分立的规定。一般分立分为新设分立与吸收分立，修改法只认可新设分立。而且，规定通过新设分立承继的事业中不包括信用事业或互助共济事业。根据分立，分立的组合的组合员并不一定持续性的称谓组合员，对于退出的组合员根据分立计划基于出资份额支付现金对价。但是，届时产生税负的问题。

另外 70 条之 4 规定了通过分立承继的资产规模小的情形，可以用简易分立程序。

②组织变更

修改法认可的组织变更形式：变更为股份公司；变更为一般的社团法人；变更为消费生活协同组合；变更为医疗法人。但是，并不是所有的组合都能自由变更。如前所述，变更为股份公司时信用事业以及互助共济事业就排除在外。变更为一般的社团法人时，只限于非出资的组合或非出资的农事业组合法人（农业协同组合法第 77 条）。变更为消费生活协同组合，除了进行信用事业或互助共济事业的农业协同组合，并且跨越本地区的农业协同组合除外（81 条）。变更为医疗法人，只限于开设医院等的组合时，认可其变更。

（七）农业协同组合中央会制度的取消

修改法第 9 条至第 27 条规定，取消农业协同组合中央会制度，法律实施后在 3 年零 6 个月的期间，原中央会改为农业协同组合联合会，全国农业协同组合中央会改为一般社团法人。中央会是组合员的自律性组织机构，同时在法律上也是被赋予特殊地位的法人。

（八）设置信用事业组合等审计

该修改与取消中央会是配套的，主要是对金融机构设的制度。与公司法会计审计人设置公司相同。农业协同组合法第 37 条之 2 规定：经营一定规模以上事业的农业协同组合以及一定规模以上的农业协同组合联合会，赋予设置审计的义务，同时规定其他组合在章程中任意地设置审计。该条规定的审计是组织机构之一，与《信用金库法》、《劳动金库法》、《协同组合法》、《金融事业相关法律》、《中小企业等协同组合法》、《消费生活协同组合法》等法律规定中的审计义务是相同的。

（九）保护互助共济事业利用者

《农业协同组合法》第 11 条之 20～25 规定：签订共济合同时的信息提供义务；把握利用者意向的义务；禁止共济代理店自行签订合同；新设共济事

业相关的禁止行为。这些规定的修改为的是与保险业法等的部分修改统一。

（十）追加组合员生产的物资保管事业

如前所述，因为取消了《农业仓库业法》，赋予组合生产物资保管义务，进行保管业务的组合可以发行仓储单据（《农业协同组合法》第 10 条 1 项 8 号，第 11 条之 13 至 16）。

（十一）完善了理事等签订自我合同时的程序

①完善有关利益相反交易的规定。《农业协同组合法》第 35 条之 2 第 2 项以及第 4 项规定的是得到理事会批准后理事（或经营管理委员）与组合之间可以进行交易，也就是关于间接交易是有明确规定的，本次修改追加了交易结束后事后报告义务。

②删除了有关竞业禁止的义务。根据《农业协同组合法》第 42 条的规定，理事经营的事业与组合所进行的事业实质上处于竞争关系时，理事等负有竞业禁止义务。删除后，关于竞业禁止适用《日本公司法》第 356 条第 1 款第 1 号的董事竞业禁止义务相关规定。

③信托规定等的变更以及取消程序的简易化

《农业协同组合法》第 11 条之 42 第 3 款，第 4 款，第 11 条之 48 第 3 项，4 项，第 11 条之 51 第 3 项，第 4 项规定的是，经营一定的事业所需的信托规则，宅地等供给事业实施规则或农业经营规则的轻微的变更，原本需要行政机关的批准，但是修改之后只需要报备就可以了。

④在设置经营管理委员的组合中放宽了监事出席理事会的义务

设置经营管理委员的组合的监事有义务出席经营管理委员会和理事会，这应该是负担比较重的。因而修改法第 35 条之 5 第 5 款等规定减轻了监事的负担，规定：设置经营管理委员的组合的监事，通过互选在监事中选举尤其是出席理事会的监事。

（十二）债权人保护程序的合理化

旧法规定了出资份额的减少、合并等程序中债权人异议程序，应在做出决议之日起 2 周以内编制财产清单和资产负债表，修改法删去了该规定，修改为非出资组合的合并或非出资组合变更为一般社团法人时需要债权人保护程序（《农业协同组合法》第 49 条第 1 项、第 2 项，第 65 条第 4 项，80 条）。

（十三）完善资本公积金相关规定

关于资本公积金，原本《农业协同组合法》未设规定，但是修改法《农业协同组合法》第 51 条第 3 项、第 4 项规定，将资本公积金限定在减资差益，关于合并或新设分立时的资本公积金的计算应根据日本农林水产省的委任。

（十四）新设合并中止请求规定

组合的合并违反法令以及章程时，因合并当事人的组合员利益受损时，该组合员对所属组合可请求停止该合并（《农业协同组合法》第 65 条之 4）。

（十五）关于组合解散的决议，从批准变更为报备

修改后的《农业协同组合法》第 64 条第 2 项、第 4 项规定："除了经营信用事业或共济事业的组合以外的组合解散，无须经行政审批，只需报备。"

（十六）新设了整顿休眠组合规定

新设了第 62 条之 2 的规定："对于超过一定期间停止活动的休眠组合视为解散。"为了防止休眠组合违规被利用而进行了该修改。

（十七）新设了关于组合持续性的规定

《农业协同组合法》修改中在第 64 条之 3 明确规定："即使组合解散，但是在处分剩余财产之前，可以通过大会特别决议停止解散可持续事业。"

（十八）新设了非出资组合与出资组合之间互转程序

新设了《农业协同组合法》第 54 条之 4、之 5 规定，从出资组合转为非出资组合，从非出资组合转为出资组合时，通过一定的程序可互转。

后　记

在中国，基于农村的生产特性，农民所需要的资金常常具有金额小、成本高、缺乏有效抵押等问题，在一定程度上制约了传统金融机构农业贷款的发放，农民融资难问题仍然突出。

互联网金融的诞生，为解决"三农"问题提供了新的视野和路径。自2015 年政府工作报告将众筹作为试点纳入国家普惠金融创新范畴之后，如何运用众筹平台引导社会资金支持"三农"建设，实现资金和农业生产要素的优化配置，推动互联网金融与实体经济的对接融合，实现金融服务农业发展零距离，已成为业内热议的焦点问题。

为进一步了解互联网金融对传统农村金融所带来的冲击与变化，农商银行发展联盟于 2015 年 10 月 24 日在贵阳举办了以"前瞻与领跑：开启中国农村金融新格局"为主题的国际论坛，重点探索"互联网＋"金融行动能否为农村居民和小微企业投融资开启一扇新的大门，带来金融服务"三农"发展的新路径。会上，股权众筹作为一种通过互联网技术进行股权融资的模式，吸引了众多参会者的眼球。无论是给农民提供资金，为农民提供金融合作解决方案，还是通过众筹平台拓展农村领域的消费和创业贷款，这些通过互联网方式进入农村金融领域的具体众筹形式，切切实实地引起了传统农村金融机构的兴趣和关注。此外，参会的日韩专家也纷纷介绍了日本与韩国的传统农村金融制度的变迁、现行农村金融制度的实施，以及日韩众筹制度完善过程中的种种探讨，使与会者深受启发。

金融创新应靠制度完善，而在我国众筹实务在先，制度尚未完善，因而股权众筹在中国的推行，需要在股权众筹金融创新的过程中，及时建立健全相关法律制度。鉴于此，农商银行发展联盟收集了本次会议的参会论文、调研报告和东亚农村金融模式与东亚在农村金融创新中的众筹实务、制度完善等相关论文，结集出版。其中，既有我国农商银行的农村互联网金融实务介绍，也有日本、韩国最新农村金融制度介绍，还包括当前日本《农协法》的最新修改动态，对我国实务界与理论界均有一定的借鉴和研究价值。

作为《农商银行发展联盟系列丛书》之一，本书是农商银行发展联盟与中国政法大学东亚企业并购与重组制度研究中心的共同研究成果。成书过程中，得到了日本农林中金研究所古谷周三所长与韩国农协银行北京代表处吴政润代表等国际友人的大力支持。

借本书出版之际，再次感谢国际友人的支持，感谢各位作者赐稿，感谢各位译者的认真译校，感谢联盟同事们承担了烦琐的出版事务，感谢中国金融出版社的肖丽敏等编审人员付出的辛劳，大家共同的努力使得本书得以顺利出版，在此一并致谢。

农商银行发展联盟秘书长　吴红军
2016 年 3 月 17 日于北京